中国人民大学研究报告系列

中国能源国际合作报告
——中国能源国际合作七十年：成就与展望

2018／2019

CHINA ENERGY INTERNATIONAL
COOPERATION REPORT
SEVENTY YEARS OF CHINA ENERGY INTERNATIONAL
COOPERATION: ACHIEVEMENTS AND PROSPECTS

主　编　许勤华

中国人民大学出版社
· 北京 ·

总 序

陈雨露

当前中国的各类研究报告层出不穷，种类繁多，写法各异，成百舸争流、各领风骚之势。中国人民大学经过精心组织、整合设计，隆重推出由人大学者协同编撰的"研究报告系列"。这一系列主要是应用对策型研究报告，集中推出的本意在于，直面重大社会现实问题，开展动态分析和评估预测，建言献策于咨政与学术。

"学术领先、内容原创、关注时事、咨政助企"是中国人民大学"研究报告系列"的基本定位与功能。研究报告是一种科研成果载体，它承载了人大学者立足创新，致力于建设学术高地和咨询智库的学术责任和社会关怀；研究报告是一种研究模式，它以相关领域指标和统计数据为基础，评估现状，预测未来，推动人文社会科学研究成果的转化应用；研究报告还是一种学术品牌，它持续聚焦经济社会发展中的热点、焦点和重大战略问题，以扎实有力的研究成果服务于党和政府以及企业的计划、决策，服务于专门领域的研究，并以其专题性、周期性和翔实性赢得读者的识别与关注。

中国人民大学推出"研究报告系列"，有自己的学术积淀和学术思考。我校素以人文社会科学见长，注重学术研究咨政育人、服务社会的作用，曾陆续推出若干有影响力的研究报告。譬如自2002年始，我们组织跨学科课题组研究编写的《中国经济发展研究报告》《中国社会发展研究报告》《中国人文社会科学发展研究报告》，紧密联系和真实反映我国经济、社会和人文社会科学发展领域的重大现实问题，十年不辍；近年又推出《中国法律发展报告》等，与前三种合称为"四大报告"。此外还有一些散在的不同学科的专题研究报告也连续多年出版，在学界和社会上形成了一定的影响。这些研究报告都是观察分析、评估预测政治经济、社会文化等领域重大问题的专题研究，其中既有客观数据和事例，又有深度分析和战略预测，兼具实证性、前瞻性和学术性。我们把这些研究报告整合起来，与人民大学出版资源相结合，再做新的策划、征集、遴选，形成了这个"研究报告系列"，以期放大规模效应，扩展社会服务功能。这个系列是开放的，未来会依情势有所增减，使其动态成长。

中国人民大学推出"研究报告系列"，还具有关注学科建设、强化育人功能、推进协同创新等多重意义。作为连续性出版物，研究报告可以成为本学科学者展示、交流学术成果的平台。编写一部好的研究报告，通常需要集结力量，精诚携手，合作者随报告之连续而成为稳定团队，亦可增益学科实力。研究报告立足于丰厚素材，常常动员学生参与，可使他们在系统研究中得到学术训练，增长才干。此外，面向社会实践的研究报告必然要与政府、企业保持密切联系，关注社会的状况与需要，从而带动高校与行业企业、政府、学界以及国外科研机构之间的深度合作，收"协同创新"之效。

为适应信息化、数字化、网络化的发展趋势，中国人民大学的"研究报告系列"在出版纸质版本的同时将开发相应的文献数据库，形成丰富的数字资源，借助知识管理工具实现信息关联和知识挖掘，方便网络查询和跨专题检索，为广大读者提供方便适用的增值服务。

中国人民大学的"研究报告系列"是我们在整合科研力量，促进成果转化方面的新探索，我们将紧扣时代脉搏，敏锐捕捉经济社会发展的重点、热点、焦点问题，力争使每一种研究报告和整个系列都成为精品，都适应读者需要，从而铸造高质量的学术品牌、形成核心学术价值，更好地担当学术服务社会的职责。

目 录 ▶

引篇：新中国成立 70 周年能源
国际合作回顾与成就

新中国成立初期，中国通过与能源资源产出国建立和加强双边合作关系，以提高自身能源供给的安全系数，对能源国际合作机制参与较少，以对合作对象国的不对称依赖为主。随着 70 年来中国能源工业的飞速发展、能源国际合作的深入开展，中国的能源实力与能源权力逐步提高，中国开始以更加主动的姿态参与能源国际合作与能源国际治理机制的建设，在实践中深化全产业链合作，拓展合作对象国范围。同时，合作对象国也更加依赖中国的庞大市场、先进技术与设备、能源转型的管理理念，探索与中国开展更多合作的可能性，加深了对中国的依赖；这也加深了中国与合作对象国之间平等的相互依赖。

一、合作动力发生根本转变：化"被动"为"主动"

1949 年新中国成立以来，中国能源国际合作进程不断发展前进，至今已经成熟，中国全球能源战略已初步建立。总结起来，中国能源国际合作经历了四个时期：萌芽期、过渡期、发展期和成熟期。

新中国成立之初到改革开放前是中国能源国际合作的萌芽期，这一时期，中国能源国际合作追求以能源独立和自给自足为主，并在合作中获得外汇收入。新中国刚成立时，工业技术落后，能源供应缺乏，又面临西方一些国家的封锁。因此，新中国能源国际合作主要是与社会主义阵营的合作，以苏联为首的苏东国家出于意识形态和地缘战略的考虑也给予了中国一定的帮助。20 世纪 50 年代，与社会主义阵营的能源合作开启了新中国能源国际合作的征程，也为未来的能源国际合作打下基础。中苏关系破裂后，中国与社会主义阵营的能源国际合作减少，以加大能源开发生产来减少对外依赖。随着一大批油气资源的开发，到1973年，中国开始向日本出口原油并且成为石油净出口国。石油出口使中国获取了大笔宝贵的外汇，也重启了中国能源国际合作进程。

改革开放后到1992年是中国能源国际合作的过渡期，中国能源国际合作动力是通过原油出口换取资金、技术和设备。能源国际合作范围逐渐从以原油出口为主扩大到更加全面深入的合作。从美国西方石油公司投资平朔煤矿开始，中国能源国际合作开始全方位发展。中国能源开发合作经验和能力不断增长，合作领域逐渐丰富，合作对象国趋向多元。中国能源国际合作进程不断推进。但这一时期中国仍然以"引进来"为主，大多数合作仍然停留在双边针对具体项目的合作上。

1993年中国成为成品油净进口国后，中国油气公司开始"走出去"，能源国际合作进入发展期。中国能源国际合作动力变为以实现供应安全为核心，从油气自给自足过渡到利用好"国内国际两种资源"的能源供应安全。其特点是充分运用能源外交手段，由国家主导、能源企业及其他行为主体参与，利用外交资源保障国家能源安全所进行的各种与能源相关的活动。[①] 在这一时期的具体实践中，产油国的"油权"在国际市场中发挥关键作用，中国虽逐渐参与国际能源市场，但尚未成为主要买家，国有企业在合作中发挥主导地位，但话语权和主动权偏弱。

2008年金融危机之后，中国能源国际合作进入成熟期。合作动力从以石油、天然气为主的能源供给安全转变为多种能源均衡发展的能源消费安全。在传统煤炭领域的国际合作明显减少，而在相对清洁的天然气领域的合作有所增加。这一时期，高企的油价回落，消费国在国际能源市场的影响力不断增强，中国在合作过程中的主动权不断提升。中国开始寻求主导合作模式的转型，寻找合作领域与主体对象的替代品，并更加强调合作内容与主体模式的转型。

党的十八大以来，能源安全逐渐与社会生态文明发展结合在一起，能源安全成为一种综合安全需求。尤其是在2013年"一带一路"倡议提出后，中国能源国际合作逐渐从单纯的获取能源、保证能源安全扩展到实现经济与环境的双重效益。这一时期，能源权力被重新建构，不再以"油权"为唯一核心，还包含"能源供应权""能源需求权""能源技术权""能源金融权"以及相应的"能源碳权"等。[②] 中国因具有巨大的消费量，而拥有提供能源资源需求的强大市场权力。中国既是规模庞大、潜力巨大的能源市场，又是世界第一大能源生产国；既具有"战略买家"的优势，又在某些种类能源方面拥有资源优势和技术优势。中国开始在能源国际合作

---

① 许勤华. 改革开放40年能源国际合作踏上新征程. 中国电力企业管理，2018（25）.
② 许勤华. 中国全球能源战略：从能源实力到能源权力. 人民论坛·学术前沿，2017（5）.

实践中拥有话语权。在供给侧，中国重视与能源生产国的合作，也关注与能源消费国的协调性；在需求侧，中国清洁能源技术的输出与合作为中国能源转型带来外驱力，增强了中国在全球能源结构转型中的治理权力。因此，中国的"能源权力"内涵变得更加丰富。中国可以根据自己的需求进行合作内容、方式和主体的选择，拥有更大的主动权，逐渐形成与合作对象国平等的相互依赖关系。

二、形成了全产业链参与的国际合作良好态势

从新中国成立之初到 2013 年中国全球能源战略正式确立，中国对外能源合作实践取得了非常巨大的成就，这得益于中国完整的能源工业体系。完整的能源工业体系是一个在外部联系全部切断时，仍然能够自我维持、自我复制、自我升级的能源生产与发展体系，为中国能源安全提供了基本的保障。中国企业也在国际合作中学习总结了丰富的行业经验，培育了较强的国际竞争力，在国际合作中更加主动。这体现在中国的海外能源投资效益不断提高，各国对中国能源企业的认可度越来越高，中国在注重经济效益的同时取得了较高的社会环境效益，实现了可持续发展的目标。

在能源国际合作初期，中国在技术、设备等关键问题上受制于其他国家，能源企业的"走出去"任务之一是为国家外交战略"铺路"。合作方式以单纯的国际贸易为主，合作领域集中在产业链下游，合作内容主要为传统能源，中国在国际能源市场上扮演的是"买家"角色。而这一时期的能源国际市场以"卖家市场"为主，中国的市场参与度有限。

随着中国能源国际合作的深入开展，合作动力和认知均发生了改变，"低油价"时期的到来也为中国提供了机会。中国能源企业开始探索在产业链中上游开展合作。2009 年可以被称为中国的资源投资年。中国在多个地区，以收购能源企业股份、"贷款换石油"等多种方式，大力进行资源投资。中国逐渐从"买家"向"合作者"的身份转变。

"一带一路"建设的开展，使中国与合作对象国拥有更大的合作空间和机遇。在政策的推动下，包括国有企业和民营企业在内的中国投资企业，开始在一些能源合作对象国探索扩大其在全产业链合作中的参与度。国内金融机构在能源合作项目全周期的深度参与，形成了良好的能源"产业＋金融"投资方式，实现了投资稳定性的提升和良性循环。因此，在"一带一路"背景下，中资企业获得合作平台和良好的融资环境，能源合作进一步深入，资源配置进一步优化。

三、合作对象和合作方式均实现多元化发展

近年来，通过政府高层互访和各种首脑峰会等方式，中国与世界多个国家签订了政府间能源合作协议，并与多个国际组织签署了能源合作框架协定，为中国开展对外能源双边与多边国际合作奠定了扎实的基础。[①]"一带一路"倡议为中国能源国际合作搭建了更为有效的对话平台，创造了更加良好的国际合作环境，开辟了新的全球能源治理模式探索路径；而能源国际合作作为"一带一路"倡议的重要组成部分，增进了中国与"一带一路"国家的合作深度与广度，推动各国间的"五通"进程，实现战略对接，构建了"一带一路"能源伙伴关系。

中国能源国际合作的发展，一方面使得中国与能源产出国的合作范围进一步扩大，另一方面也使得中国与能源进口国开展多样合作，合作的可能性进一步增加。在与能源产出国的合作中，中国当前在全球 33 个国家执行着 100 多个国际油气合作项目，建成了包括中亚-俄罗斯、中东、非洲、美洲和亚太在内的 5 大国际油气合作区，这不仅满足了中国经济发展带来的能源需求，让中国的能源供给更加多元化，避免对个别国家或区域过度依赖带来的政治经济风险，还提升了中国在能源领域的话语权。尤其在当前积极推进"一带一路"建设的背景之下，中国开展国际油气合作的深度和广度都得到了拓展。中国已建立了多个油气国际合作区域，获得了相当规模的权益油气资源，形成了中国开展国际油气资源合作的全球性区域格局。

在与能源进口国的合作中，清洁能源合作、能源技术合作与能源金融合作等成为新的合作领域。在 2014 年 6 月召开的中央财经领导小组第六次会议上，习近平总书记明确提出，要推动能源消费革命、能源供给革命、能源技术革命、能源体制革命，并全方位加强国际合作，实现开放条件下的能源安全。"四个革命、一个合作"能源安全新战略成为我国能源改革发展的根本遵循。在中国经济增长放缓、增长模式向消费导向转变、政府寻求削减产能过剩和控制污染的背景下，中国在传统煤炭领域的国际合作明显减少。中国能源国际合作已经从最初的以石油和天然气为主，逐步扩展到包括致密油气、页岩油气、煤层气等在内的非常规油气领域，以及包括核能和太阳能、风能、潮汐能等各类可再生能源在内的新能源领域。

同时，合作主体也出现国有企业与民营企业共同发展的新局面。能源企业加大了全产业链的参与，合作企业所有制性质不再单一，在与对象国开展合作的过程

---

① 许勤华. 中国全球能源战略：从能源实力到能源权力. 人民论坛·学术前沿，2017 (5).

中，也更加灵活和高效。中国能源企业极大地提高了自身的国际竞争力。经过多年发展，能源企业掌握了国际能源合作项目运作模式，积累了丰富的资本运作、合同谈判等方面的经验，海外投资效益不断提高，实力不断壮大，国际影响力显著增强。

四、创新合作机制展示出我国的责任与担当

随着能源国际合作实践的开展和合作动力的转变，中国已从最初的能源独立观转向能源相互依赖观，从对能源供给安全的关注转向对能源需求安全的关注，进而使中国参与能源国际合作的模式产生相应变化。中国开始感知自己在全球能源治理中的地位与未来作用，并积极承担相应的国际责任。在能源国际合作机制参与方面，中国完成了从跟随到融合再到主动的蜕变过程。

在能源合作的早期阶段，中国参与全球能源合作程度比较低，主要是一般性和对话性的"点对点"合作，虽然拥有广阔市场，但参与国际能源合作的能力较弱。[①]中国虽逐渐尝试与主要能源合作组织建立联系，但由于关乎到国家安全与经济发展，也采取了更为审慎的态度。[②] 从 1990 年到 2000 年，中国开始逐渐接触区域多边合作组织，广泛参与 APEC 能源工作组活动，在亚太地区扮演重要角色，但对其他区域的能源合作组织鲜有涉足。

从 21 世纪初到 2013 年，中国开始探索推动区域国际能源组织的建立，并参与创立了上海合作组织"能源合作国家间专门工作组"。而到了 2013 年，"一带一路"倡议的提出与实施，大量丰富的投资实践和成功案例使中国能够有实力确立自己的全球能源国际战略，并引导逐渐建立符合自身利益和能源发展需求的能源国际合作机制。[③] 中国开始更加积极地参与全球能源治理框架，积极承担国际责任。不论是在气候变化、碳排放交易还是清洁能源使用上，中国都发出了自己的声音。在与对象国开展合作的过程中，对国际机制的依托和国际责任的承担，使得中国在国际合作开展过程中拥有了更多的可能性和话语权。

随着中国对国际能源市场中双边和多边关系的拓展与加深，中国能源实力显著提高，对于能源国际市场不再是"被动跟随"，而是更加主动、积极地参与其中，

---

① 管清友，何帆. 中国的能源安全与国际能源合作. 世界经济与政治，2007（11）.
② 许勤华，袁淼. "一带一路"建设与中国能源国际合作. 现代国际关系，2019（4）.
③ Karen Smith Stegen. Understanding China's Global Energy Strategy. International Journal of Emerging Markets，2015，10（2）：200.

提升了中国与合作对象国的相互依赖程度。中国已经建立了自己的对外能源贸易体系。初步建立起以石油、液化天然气、天然气、煤炭、铀矿为主的能源进出口贸易体系，在运输方式上以油轮为主、辅以管道和少量铁路，在国际市场上以现货、期货及长期购买协议等多种方式相结合。而"一带一路"建设的开展，将帮助中国在相关地区形成一个更加安全、开放、绿色的合作体系，提升中国在国际能源市场中的话语权与影响力，维护中国的综合能源安全，同时实现从地区到全球的良性合作与参与体系。

五、结语

纵观新中国成立70年来中国能源国际合作历程，中国与合作对象国的能源关系从被动型不对称依赖发展成为平等型对称依赖，形成了相互尊重、合作共赢的良好局面。随着中国与合作对象国之间相互依赖的逐步加深，中国在世界不同区域与不同类型能源国家（资源国、途经国和消费国）建立起能源安全共同体，提升了不同区域乃至全球的能源安全。

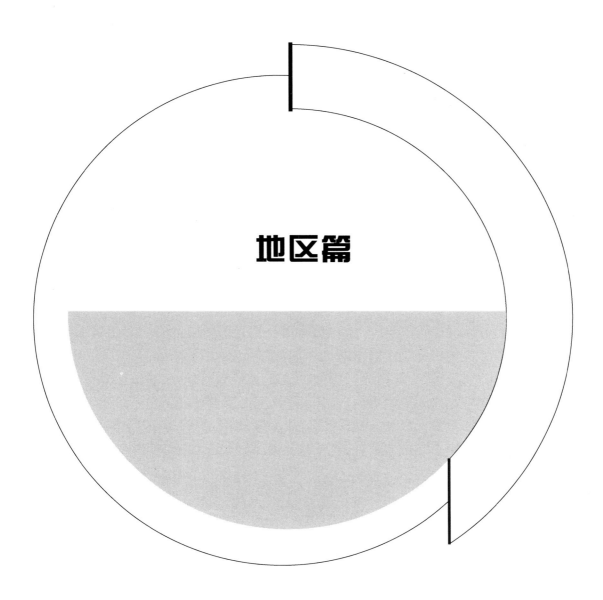

地区篇

原苏联地区

孙妍   张珊

一、2018年原苏联地区政治经济形势综述

（一）2018年原苏联地区地缘政治形势综述

1. 俄美关系是影响地区稳定的最大变数

俄罗斯与美国在2018年可谓摩擦不断。自特朗普政府上台后，"通俄门"调查、美国对俄罗斯多轮制裁以及多次外交争端等，令俄美关系始终在"冰点"徘徊。2018年末，美国总统特朗普表示，美国将单方面退出执行了三十多年的《中导条约》，这无疑将进一步加深美俄对立，同时也将对欧亚大陆的地缘政治、军事等方面产生深远影响。美国"退约"还将极大破坏国际核裁军事业，令今后美俄再次签署军控协议难上加难。如果《中导条约》成为一张废纸，那么欧亚各国可能出现新一轮导弹研发、部署热潮。美国退出《中导条约》后，很可能将中程导弹部署在欧亚地区，美国的前沿部署能力将得到大大增强，同时俄罗斯也绝不会坐以待毙，届时欧亚地区各国很可能成为潜在的打击对象——这意味着大国之间的军备竞赛以及地缘政治博弈会加剧，全球安全结构的稳定也会遭到破坏。俄美关系的不稳定，是原苏联地区地缘政治的最大变数。

2. 俄乌关系持续恶化，未来地区安全形势堪忧

自2013年11月底乌克兰危机发生以来，乌克兰国内及周边形势一直未能恢复稳定。乌克兰与俄罗斯仍不时发生政治、军事摩擦。2018年11月25日，乌克兰海军的两艘小炮艇和一艘拖船，从乌克兰在黑海的军港敖德萨出发，进入俄罗斯临时封闭的水域，意图通过刻赤海峡，进入位于乌克兰和俄罗斯南部海岸外的

9

内陆海亚速海，驶向马里乌波尔港。俄罗斯边防局发现后，派出 4 艘边防舰进行拦截，要求乌克兰军舰立刻停止前进并返航，但乌克兰海军舰队不予理睬，双方在海上纠缠了大约 5 个小时，最终俄舰采取了撞船方式，用护卫舰撞伤了乌克兰拖船，并对两艘小炮艇开火，3 名乌克兰海军人员受伤。乌克兰海军的小炮艇和拖船至今被俄罗斯扣压。此次事件给本来就紧张的俄乌关系蒙上了一层阴影。2018 年 9 月，乌克兰宣布废除乌俄友好合作伙伴关系条约。2018 年 10 月，乌克兰借君士坦丁堡牧首教区废除 1686 年法令之机，宣布基辅都主教区脱离莫斯科大牧首宗教管辖。2018 年 11 月，俄乌海军在刻赤海峡发生海上军事摩擦，双方相互指责对方违反国际法，侵犯本国主权。俄乌两国的政治、军事摩擦是原苏联地区地缘政治的又一大潜在风险。

3. 地区民族宗教矛盾错综复杂，助长极端主义的蔓延

2018 年，在"伊斯兰国"被击溃的形势下，新一波极端主义、恐怖主义狂潮正从中东向全球外溢和扩散。从世界各地来到中东进行"圣战"的人员纷纷回流，对各国的安全和稳定形成严重威胁。由于地处欧亚大陆的连结，同时有复杂的社会、历史、民族和宗教矛盾，原苏联地区的国家极易滋长极端主义。2018 年 5 月，乌兹别克斯坦总统米尔济约耶夫表示，有几百名乌兹别克斯坦人加入中东恐怖组织，如塔利班、乌伊运、"伊斯兰国"等。总之，中亚地区的极端主义势力的影响也在向外扩展。

（二）2018 年俄罗斯政治经济形势综述

1. 俄罗斯政治形势综述

2018 年，在西方主要大国的政治孤立和经济制裁下，俄罗斯总体而言依旧保持着相对稳定的政治形势。从国内政治来看，俄罗斯延续其较稳定的政治局面；从外交关系来看，俄罗斯务实主义倾向明显，一方面坚持与西方大国展开对抗，另一方面在保持其在原苏联地区的地缘优势前提下，逐渐与亚洲国家交好。

（1）国内政治形势稳定

2018 年 3 月 18 日，俄罗斯举行总统选举。在已统计的 99.84％的投票中，普京以 76.66％的得票率保持领先，远超其他 7 位候选人，开启了他第 4 次总统任期，并创造了俄罗斯联邦总统支持率历史新高。本次选举表明了普京在俄罗斯人心中依然保持着较高的声望，在其多年统治俄罗斯的生涯中比较有效地巩固了其政治地位。

在近 20 年的普京时代，一方面西方的孤立和制裁加强了俄罗斯内部的凝聚力，反而唤醒了俄罗斯内部更强烈的国家意识；另一方面普京的铁腕形象和威权主义也确实帮助俄罗斯从休克疗法的混乱中摆脱出来，因此到 2018 年世界杯时，俄罗斯和普京迎来了一个明显的胜利，国际足联的技术研究小组甚至称赞俄罗斯世界杯是"迄今为止最好的世界杯"。

2019 年 2 月，弗拉季斯拉夫·苏尔科夫在《独立报》发表了名为《普京的长久国家》一文，阐述了"普京主义"的长期运转。因此，从能源合作的角度来看，俄罗斯在可预期的未来内，其国内政局依然会保持高度稳定，国内政治风险较低，很难出现由政治颠覆所造成的合作损失。

（2）外交局势两极分化

但在政治形势的另一方面，俄罗斯的外交情况则表现得极为复杂，但总体上呈务实主义的趋势。

一方面，2018 年西方主要大国与俄罗斯延续了其政治冲突的强度，无论在意识形态对抗还是在经济制裁上，双方均呈现较为强硬的外交态度。

由于爆发于 2014 年的克里米亚危机，西方国家对俄罗斯实施的经济制裁一直持续至今，并成功地对俄罗斯的经济产生了重大打击。俄罗斯在承受了极高的经济损失的前提下，反而不断在重要外交场合，包括 2018 年的《国情咨文》中重申其克里米亚立场，因此形成了对抗局面。

由于"通俄门""前俄罗斯间谍被毒杀"事件、乌克兰问题，美国已对俄罗斯发起多轮制裁，而在 2018 年制裁不断升级：3 月 26 日，美国驱逐 60 名涉嫌从事间谍活动的俄罗斯外交人员，并关闭俄驻西雅图领馆，被驱逐人员须在 7 日内离境；4 月 6 日，美国财政部发布新一轮对俄制裁措施，对 38 个俄罗斯个人及实体实施制裁，包括俄铝这一全球第二大铝生产商及其总裁；8 月 8 日，美国国务院宣布对俄罗斯实施制裁，措施包括禁止美国向俄罗斯出口数亿美元的武器、电子器件以及航空设备等；9 月 20 日，美国发布声明说，因俄罗斯涉嫌干涉美国大选等问题，美国进一步扩大对俄制裁，将《以制裁反击美国敌人法》第 231 条款列出的对俄制裁名单新增 33 名个人及实体；11 月 8 日，美国财政部宣布对与俄罗斯有关的 3 名个人和 9 个实体实施制裁，以惩罚其在乌克兰问题上支持俄罗斯立场；12 月 19 日，美国财政部宣布对俄罗斯 18 名个人和 4 个实体实施制裁，以回应"俄罗斯对国际规则的藐视行为"。俄罗斯于年末进行反击，2018 年 12 月 31 日，俄罗斯联邦安全局确认拘押一名涉嫌从事间谍活动的美国公民，并发布声明说，俄罗斯依据俄罗斯刑法第 276 条对这名男子进行刑事立案，这一条款所涉罪名的对应刑罚最高为 20 年监禁。

欧洲同样对俄罗斯呈抵制态度。在2018年6月28日至29日欧盟峰会期间，法国总统马克龙和德国总理默克尔向欧洲理事会介绍了《明斯克协议》执行的最新情况，欧盟据此做出了延长对俄经济制裁至2019年1月31日的决定。欧盟对俄经济制裁主要针对金融、能源、防务和军民两用产品领域。其内容包括：限制俄罗斯3家能源企业、3家防务企业、5家国有金融机构及其主要控股子公司进入欧盟资本市场的一级和二级市场；禁止欧盟同俄罗斯进行武器进出口贸易；限制俄罗斯获取涉及石油勘探和生产等领域的技术或服务；禁止向俄罗斯出口可用作军事用途的军民两用产品等。

但另一方面，俄罗斯在新兴市场国家的外交中找到了新的突破口，充分地发挥务实主义的原则，在多个利益联盟中纵横捭阖。基于西方大国对于俄罗斯的强硬态度，近几年来俄罗斯的外交政策的重心放在了亚太地区，呈明显的"向东转"趋势。

首先，俄罗斯将中亚地区置于外交政策的核心，强化对周边的中亚地区、高加索地区和北极地区的巨大影响力，强调自身作为地区性大国的地位。

同时，在《国情咨文》中，普京强调俄中特殊关系，特别提到俄罗斯与中国平等互利的双边关系是国际事务的重要稳定因素，是良好经济合作的典范，有助于保障欧亚地区安全。俄罗斯将继续推进欧亚经济联盟与"一带一路"倡议对接；但出于其对东欧、中亚传统势力范围的维护，俄罗斯对于"一带一路"倡议、亚投行和上海合作组织必然会留有警惕。

2018年，俄罗斯与印度关系急速升温，尤其在军事关系上较为紧密。2018年10月5日，为期两天的印俄第19次领导人年度峰会在印度首都新德里落下帷幕。峰会期间，印度罔顾美国反对，与俄罗斯正式签署价值50多亿美元的S-400型防空导弹系统采购协议；此外，两国还同意在能源、航天、经贸等领域加强合作。2019年2月19日，俄罗斯国防出口公司新闻处发布消息称，该公司与印度的总订单达到100亿美元，并计划进一步扩大出口。

此外，日俄关系趋于缓和。2018年9月10日，日俄举行首脑会谈，双方决定搁置领土争议，通过了在"北方四岛"（俄罗斯称"南千岛群岛"）开展"共同经济活动"的路线图。2018年12月，日本表示一个月后其首相安倍晋三将访问俄罗斯莫斯科，会晤俄罗斯总统普京，商讨日俄缔结和约及双方争议岛屿"北方四岛"事宜。

总体而言，俄罗斯在外交中依然扮演着重要的独立大国的角色。在原苏联地区的地缘优势基础上，俄罗斯将与亚洲国家保持交好，并周旋于亚太地区的地缘冲突之间，以缓和其在西方所面临的外交困局。

2. 俄罗斯经济形势综述

2018年，得益于良好的通货膨胀控制和石油价格上涨，俄罗斯经济颇具起色，逐步与其政治野心相称。

据俄罗斯审计署署长阿列克谢·库德林公开审计署评估时表示，2018年俄罗斯GDP增长1.5%，通货膨胀率为4.2%；财政部部长、第一副总理安东·西卢安诺夫更为乐观，认为2018年俄罗斯GDP增长为1.8%，通货膨胀率为4.0%至4.1%。此外，2018年俄罗斯黄金储备加速增长，截至2018年11月底，俄罗斯央行全年共购入黄金264.3吨，位居世界各国之首，雄厚的黄金储备使俄罗斯具有足够的投资能力和对各类金融风险的抵御能力；为抵御西方大国对俄罗斯的经济制裁，并提高俄罗斯经济的稳定性，俄罗斯大幅减持美国国债，2018年8月后俄罗斯的美国国债持有量已降至140亿美元的低点，年内降幅超过85%，在"去美元化"方面成效显著。2018年俄罗斯财政自2011年来首次实现预算盈余，盈余额占GDP的2.1%至2.5%。在债务方面，2018年二、三季度俄罗斯外债减少530亿美元，总外债降至4 670亿美元，外债降速居全球首位。①

俄罗斯对自身的未来发展也充满了信心。在12月20日召开的第14次年度大型记者会中，普京表示，俄罗斯应成为世界第五大经济体，政府计划从2021年开始实现3%的经济增长，俄罗斯已经适应西方制裁俄罗斯的"常态"。

此外，国际主要机构对俄罗斯未来经济情况呈乐观态度。渣打银行在其对于全球经济的预测报告中称，结合购买力平价汇率和名义GDP增长率，2020年全球前五大经济体将是中国、美国、印度、日本和俄罗斯。世界银行在其《全球经济展望》中预测，俄罗斯2020年和2021年的GDP增速将达到1.8%，并将这一增长主要归因于"相对较低且稳定的通胀和石油产量的增加"。国际货币基金组织则将俄罗斯2019年GDP增长预期上调至1.8%。报告说，世界石油价格上涨对俄罗斯经济的积极影响将超过美国制裁的负面影响。

综上，俄罗斯在2018年维持了较为良好的经济发展局面，并在未来的长期发展中维持稳定上升的趋势，这对中俄能源合作显然是重要的利好信息。

(三) 2018年其他原苏联地区国家政治经济形势综述

1. 其他原苏联地区各国政治局势

(1) 中亚地区

总体而言，2018年中亚政治局势整体平稳。哈萨克斯坦总统纳扎尔巴耶夫地

---

① 赖毅. 俄罗斯经济再提速阻力重重. (2019-01-22). http://www.qstheory.cn/economy/2019-01/22/c_1124025584.htm.

位稳固，其领导的"祖国之光"人民民主党拥有广泛民意基础[1]；乌兹别克斯坦总统米尔济约耶夫制定了 2017—2021 年国家发展五大优先方向行动战略，加速推进经济、司法、行政等领域改革[2]；土库曼斯坦政局继续保持稳定，总统别尔德穆哈梅多夫执政能力和地位进一步加强[3]；阿塞拜疆、塔吉克斯坦、吉尔吉斯斯坦、格鲁吉亚、亚美尼亚等国，都没有发生严重的不稳定事件。虽然在 2010 年 4 月吉尔吉斯斯坦发生了第二次颜色革命，2010 年 6 月吉尔吉斯斯坦南部又发生了严重的民族冲突，造成近千人死亡，但近两年以来，吉尔吉斯斯坦没有再发生类似的事件。到了 2018 年，上述各国局势更趋稳定。

此外，在 2018 年，中亚国家对华政策和关系继续保持平稳发展的态势。中亚国家独立以来，其对华政策和对华关系没有发生过明显的摇摆，已经达到了成熟稳定的阶段；中国也一直重视和中亚国家发展良好稳定的关系，在周边外交政策中，中亚国家占有重要地位，双赢的国家关系已经达成高度共识。

（2）东欧地区

自 2013 年乌克兰危机爆发以来，乌克兰国内政治局势一直不稳，2014 年 10 月，乌克兰顺利举行第八届议会选举。波罗申科总统领导的"波罗申科集团"、亚采纽克总理领导的"人民阵线"以及"自助党""反对派联盟""激进党""祖国党"等 6 个政党进入议会。2016 年 2 月，乌克兰议会对亚采纽克总理进行不信任投票表决，但未获通过。随后"祖国党""自助党""激进党"先后退出执政联盟。2016 年 4 月，亚采纽克宣布辞职。随后乌克兰议会表决通过由前议长弗拉基米尔·格罗伊斯曼出任总理，原第一副议长安德烈·帕鲁比出任议长。在可预见的将来，这一不稳定的趋势预计不会得到明显改善。

白俄罗斯总统卢卡申科的持续当政，使得白俄罗斯国内政治局势一直较为稳定。1994 年，白俄罗斯开始实行总统制，同年 7 月，卢卡申科当选首任总统。1996 年 11 月，白俄罗斯举行全民公决，将卢卡申科总统任期延长至 2001 年。2001 年 9 月，卢卡申科在总统选举中获得连任。2004 年 10 月，白俄罗斯举行全民公决和议会选举，取消宪法关于总统任期不得超过两届的规定。2006 年 3 月、2010 年 12 月、2015 年 10 月卢卡申科均连任总统。政党在白俄罗斯社会政治生活中影响有限，

---

① 中国领事服务网. 哈萨克斯坦国家概况. http://cs.mfa.gov.cn/zggmcg/ljmdd/yz_645708/hskst_646454/gqjj_646462/t9465.shtml.

② 中国领事服务网. 乌兹别克斯坦国家概况. http://cs.mfa.gov.cn/zggmcg/ljmdd/yz_645708/wzbkst_647880/gqjj_647888/t9480.shtml.

③ 中华人民共和国外交部. 土库曼斯坦国家概况. https://www.fmprc.gov.cn/web/gjhdq_676201/gj_676203/yz_676205/1206_676980/1206x0_676982/.

白俄罗斯议会中也没有固定的议会党团。2016年9月，白俄罗斯顺利举行议会选举。2018年2，白俄罗斯顺利举行地方议会选举。

波罗的海三国中，立陶宛政局总体稳定，达利娅·格里包斯凯特总统保持较高民意支持率，于2014年5月连选连任，在国家政治和社会生活中继续发挥着较为重要的作用。2018年4月，立陶宛执政党农民与绿色联盟党与新成立的社会民主劳动党签署合作协议，组建新的执政联盟。① 拉脱维亚政局基本稳定，2018年2月11日，拉脱维亚议会以60票赞成、32票反对审议通过了由绿色农民联盟、团结党和民族联盟组成的新一届政府成员名单，马里斯·库钦斯基斯正式出任总理。爱沙尼亚政局总体稳定，但党派斗争激烈，2016年11月，由中间党、社会民主党和祖国联盟-共和国党组成的三党联合政府成立。中间党主席于里·拉塔斯出任总理。②

2. 其他原苏联地区国家经济形势综述

总体而言，纵然有一系列的地缘政治、经济、国际局势等方面的不确定因素，原苏联地区国家经济形势基本实现了稳中有进。

东欧地区，2018年乌克兰GDP约为950亿美元，同比增长2.5%；2018年外贸额为1 073亿美元，同比增长18.5%，其中出口523.3亿美元，进口549.6亿美元。③ 白俄罗斯工农业基础较好，机械制造业、冶金加工业、机床、电子及激光技术比较先进；农业和畜牧业较发达，马铃薯、甜菜和亚麻等产量在独联体国家中居于前列，2018年1—11月，白俄罗斯GDP同比增长3.2%。④

中亚地区，哈萨克斯坦经济以石油、采矿、煤炭和农牧业为主，2018年GDP增速为4.1%。⑤ 塔吉克斯坦2018年GDP为73亿美元，人均GDP约802美元，同比增长7.3%。⑥ 2018年1至11月，吉尔吉斯斯坦GDP为67.95亿美元，同比增长3.1%。⑦ 乌兹别克斯坦国民经济支柱产业是"四金"：黄金、"白金"（棉花）、

---

① 中华人民共和国外交部. 立陶宛国家概况. https://www.fmprc.gov.cn/web/gjhdq_676201/gj_676203/oz_678770/1206_679354/1206x0_679356/.

② 中华人民共和国外交部. 爱沙尼亚国家概况. https://www.fmprc.gov.cn/web/gjhdq_676201/gj_676203/oz_678770/1206_678820/1206x0_678822/.

③ 中华人民共和国外交部. 乌克兰国家概况. https://www.fmprc.gov.cn/web/gjhdq_676201/gj_676203/oz_678770/1206_679786/1206x0_679788/.

④ 中华人民共和国外交部. 白俄罗斯国家概况. https://www.fmprc.gov.cn/web/gjhdq_676201/gj_676203/oz_678770/1206_678892/1206x0_678894/.

⑤ 中国领事服务网. 哈萨克斯坦国家概况. http://cs.mfa.gov.cn/zggmcg/ljmdd/yz_645708/hskst_646454/gqjj_646462/t9465.shtml .

⑥ 中华人民共和国外交部. 塔吉克斯坦国家概况. https://www.fmprc.gov.cn/web/gjhdq_676201/gj_676203/yz_676205/1206_676908/1206x0_676910/.

⑦ 中华人民共和国外交部. 吉尔吉斯斯坦国家概况. https://www.fmprc.gov.cn/web/gjhdq_676201/gj_676203/yz_676205/1206_676548/1206x0_676550/.

"乌金"（石油）、"蓝金"（天然气），米尔济约耶夫就任总统后在经济开放和自由化、吸引外资方面采取了系列举措，乌兹别克斯坦经济保持向上势头。

但是，各国经济资源型特征明显，主要依靠出口能源资源保持经济发展，严重受外部因素制约。多国外债高企，接近甚至超过国际警戒线，对外依赖程度过高，抗风险能力羸弱。

二、2018 年原苏联地区能源形势分析

（一）2018 年俄罗斯能源形势

俄罗斯历来是全球重要的能源大国，其石油、天然气、煤炭均在世界能源格局中占据重要地位。自俄罗斯与西方国家外交关系破裂后，能源则成为其重要的对外谈判筹码和经济复苏拉动力。俄罗斯能源部部长亚历山大·诺瓦克在向俄罗斯总统普京汇报 2018 年俄罗斯能源体系工作时表示，2018 年度俄罗斯能源体系创造了俄罗斯 GDP 的约 25%，贡献了俄罗斯财政收入的约 45%。[①]

1. 石油生产及出口情况

受 OPEC 减产、美国制裁伊朗和俄罗斯等多重因素影响，2018 年国际油价不断攀升。俄罗斯抓住了这一市场机会，石油产量攀升至后苏联时代以来的最高水平，一度触及 1 150 万桶/天，平均比 5 月日均增加 45 万桶。2018 年，俄罗斯石油产量达到 5.56 亿吨，比 2017 年增加 1.6%；成品油出口达到了 1 500 52 亿吨，同比增长了 1.1%，只有 2018 年 12 月俄罗斯石油产品出口同比下降了 1.5%，至 1 160.40 万吨，原因是俄罗斯当局要求企业增加在国内市场的销售。[②]

此外，俄罗斯还不断积极降低石油出口税率，以求继续扩大石油出口。俄罗斯宣布自 2019 年 2 月 1 日起，俄罗斯石油出口税从 89 美元/吨调低 8.3 美元，至 80.7 美元/吨，东西伯利亚、里海油田等地的优惠石油出口税仍保持零税率。高黏度石油出口税由 1 月的 8.9 美元降至 8 美元，轻质油品由 26.7 美元降至 24.2 美元，重质油品由 89 美元降至 80.7 美元，商品汽油由 26.7 美元降至 24.2 美元，直馏汽油由 48.9 美元降至 44.3 美元，液化气和纯馏液化烃气体仍为零，焦炭出口税由

---

① 环球财经网. 2018 年俄罗斯石油天然气产量实现双增长. （2019-10-12）. http://www.jingjinews.com/t/201901121047.html.

② 中金在线. 俄罗斯 2018 年石油产品出口增长 1.1%至 1.5 亿多吨. （2019-02-12）. http://gold.cnfol.com/guojiyuanyousc/20190212/27246011.shtml.

5.7 美元降至 5.2 美元。[①]

2. 天然气生产及出口情况

2018 年俄罗斯天然气产量达到 7 250 亿立方米，比 2017 年增加约 5%。2018 年俄罗斯天然气出口量达到 2 250 亿立方米，比 2017 年增长 200 亿立方米；其中，得益于亚马尔 LNG 项目产能的扩大，俄罗斯液化天然气出口量比 2017 年激增 70%，达到 260 亿立方米。

美国由于自身页岩气革命后，极力打压俄罗斯的天然气产业，并向其欧洲盟友施压，呼吁德国叫停与俄罗斯合作的"北溪-2"天然气管道项目。但由于页岩气成本较高，且美国与欧洲相距较远，即使是克里米亚危机后，俄罗斯依然是欧洲的主要天然气来源。此外，2018 年中美贸易战以及俄罗斯独立天然气生产商诺瓦泰克（Novatek）亚马尔 LNG 项目的第三条生产线的启动，使俄罗斯的天然气产量和出口量均大幅提升。

据英国石油公司（BP）在《世界能源展望报告》中所作的预测，俄罗斯在未来 20 年内将成为世界上最大的石油和天然气出口国，将确保五分之一的全球初级能源需求，生产全球 14% 的石油和天然气。俄罗斯石油开采量将增至昼夜 1 250 万桶。[②] 在此形势下，俄罗斯必将继续扩大其能源优势，加强能源合作在其国际化合作中的地位。

（二）2018 年其他原苏联地区国家能源形势

2018 年其他原苏联地区国家大部分在能源生产上稳步提升，并且加速发展可再生能源，优化升级能源结构，促进能源多元化发展。以 5 个典型国家作为代表：

1. 哈萨克斯坦

哈萨克斯坦目前是石油输出国组织（OPEC）以外的全球第 5 大原油出口国，仅次于俄罗斯、挪威、加拿大与墨西哥。2018 年哈萨克斯坦生产原油 9 030 万吨，同比增长 4.7%，其中出口 7 150 万吨，占比近 79%[③]，同比增长 2.4%。

2018 年哈萨克斯坦开采天然气 548 亿立方米，出口 190 亿立方米，同比增长 10.4%。通过哈萨克斯坦境内天然气管道输送天然气 900 亿立方米，同比增长 6.4%，其中，输送至乌兹别克斯坦、土库曼斯坦、俄罗斯天然气分别为 105 亿立

[①] 国际石油网. 俄罗斯石油出口税调低. (2019-02-20). http://oil.in-en.com/html/oil-2859905.shtml.

[②] 俄罗斯卫星通讯社. 俄罗斯｜未来 20 年展望：2040 年前俄将成为世界最大石油出口国. (2019-02-21). http://www.sohu.com/a/296142597_626761.

[③] 中国石油新闻中心. 哈萨克斯坦 2018 年石油开采量增长 4.7%. (2018-12-27). http://news.cnpc.com.cn/system/2018/12/27/001715341.shtml.

方米、360 亿立方米和 435 亿立方米。

对于 OPEC 与非 OPEC 国家执行的减产协议，哈萨克斯坦政府表示有很多的生产因素并非政府所能控制，尤其该国的三大油田田吉兹油田、卡沙干油田与卡拉恰甘纳克油田都是由国际性的跨国企业负责营运。

中亚地区的可再生能源发展进入了加速阶段，2019 中亚可再生能源发展峰会于 2 月在哈萨克斯坦召开。目前，哈萨克斯坦可再生能源占比还不足 1%，2018 年哈萨克斯坦首次大型招标，吸引了国内外共 113 家新能源企业参与竞标。哈萨克斯坦政府希望到 2050 年，全国可再生能源发展占比达到 50%。

2. 乌兹别克斯坦

乌兹别克斯坦的矿产资源丰富，石油和天然气的储藏在中亚位居第二。但是 2018 年乌兹别克斯坦的石油产量与 2017 年相比减少了 8.2%，至 74.64 万吨。[①] 尽管石油产量下降，但乌兹别克斯坦在 2018 年增加了石油产品的产量。汽油产量增加了 3.7%，达到 114.7 万吨，柴油增加了 12.2%，达到 108.1 万吨。在石油产量下降的背景下，乌兹别克斯坦石油产品产量增加的原因主要是从俄罗斯进口的原材料的增加。

乌兹别克斯坦天然气冷凝的提取在 2018 年增长了 9.9%，达到 21.44 亿立方米。天然气产量增长 6.1%，至 598.42 亿立方米。由于在边界划分、跨界水资源利用等问题上存在分歧，乌兹别克斯坦 2012 年以天然气资源不足为由完全停止向塔吉克斯坦出口天然气。时隔 6 年，乌兹别克斯坦又重新恢复向塔吉克斯坦出口天然气。

乌兹别克斯坦每年电力需求约为 690 亿千瓦时，其中 85% 来自天然气和煤炭生产，其余部分由水力发电设施生产。乌兹别克斯坦表示已与俄罗斯达成协议，共同建造一座核电站，据称这一发展将有助于乌兹别克斯坦节约燃气和煤炭。

未来，乌兹别克斯坦将大力发展石油、天然气领域，乌兹别克斯坦总统要求国家石油天然气公司负责人扩大勘探范围、增加开采量、对现有矿场设施进行现代化升级、对石油天然气原料进行深加工、扩大投资吸引力。为在 2030 年前进一步发展该领域，乌兹别克斯坦计划实施 30 个总投资额为 365 亿美元的投资项目，用于地质勘探、碳氢化合物开采和深加工。

3. 土库曼斯坦

土库曼斯坦是欧亚大陆中心的一个关键天然气拥有国，探明天然气储量居世

---

① 电缆网. 乌兹别克斯坦石油产量下降，石油产品产量增加. (2019-01-22). http://news.cableabc.com/product/20190122727970.html.

界第四。土库曼斯坦也是天然气供应国之一，还是世界上汽油价格最低的十个国家之一。2018 年以来土库曼斯坦已生产近 650 亿立方米天然气，出口约 350 亿立方米，石油和天然气凝析油产量逾 980 万吨。据地质学家评估，仅位于土库曼斯坦东部的卡尔克内什气田天然气储量就超过 26 万亿立方米，几乎是俄罗斯乌连戈伊气田的两倍。土库曼斯坦的气田主要位于该国中部，80% 的天然气产量集中在此。土库曼斯坦的目标是到 2030 年将天然气产量增至 2 500 亿立方米/年，天然气出口量增至 1 800 亿立方米/年。[①]

运输的安全性是保障能源安全的重要因素，土库曼斯坦近年开始致力于天然气出口的多元化以提高天然气过境运输的独立性。其中的主要任务是确保长期、全面和包容的能源安全，并将其作为全球经济和国际合作均衡发展的决定性条件。保障全球能源安全的决定性因素是油气供应的多元化。多元化是指建立有多种选择的不同管道体系，保障全球能源增长及稳定可持续发展，使其免受政治、环境、技术及其他风险的影响。参与新的国际能源市场体系，能够为世界工业生产、贸易和投资增添强大的动力，并创造更多的就业机会。

4. 乌克兰

乌克兰是世界上最早开采石油的国家之一。乌克兰油气资源储量丰富，其中石油占 65%，液化天然气 35%，主要分布在三大油气富集区——东部、西部和南部，其中东部油气带占乌克兰石油储量的 61%。

乌克兰已探明天然气主要分布在东部油气带和黑海、亚速海大陆架。东部油气带富集了乌克兰 43% 的已探明天然气储量，超过 50% 蕴藏在地下 4 000～6 000 米。黑海和亚速海大陆架富集了约 46% 的已探明天然气储量。[②]

乌克兰煤炭储量占全球煤炭总储量的 3.8%，居世界第七位，煤炭资源主要分布在三大煤田——东部的顿巴斯煤田、西部的利沃夫-沃伦煤田和中部的第聂伯煤田。

据乌克兰能源与煤炭工业部数据显示，2018 年 1—12 月累计煤炭产量为 3 330 万吨，同比下降 4.7%。进口煤炭 2 138.8 万吨，比上年增加 161 万吨，增长 8.1%。俄罗斯仍然是乌克兰煤炭进口最大的供应国，其次是美国。

乌克兰近年来对可再生能源和能源效率问题非常感兴趣。2018 年，乌克兰绿

---

① 中华人民共和国驻土库曼斯坦大使馆经济商务处. 土库曼斯坦 2018 年以来天然气产量近 650 亿方. http://tm.mofcom.gov.cn/article/jmxw/201812/20181202816127.shtml.

② 中华人民共和国外交部. 乌克兰国家概况. https://www.fmprc.gov.cn/web/gjhdq_676201/gj_676203/oz_678770/1206_679786/1206x0_679788/.

色电力快速发展，全年安装了 813 兆瓦的可再生能源发电站，总投资达 7.3 亿欧元，可再生能源发电量同比增加了近 2 倍。[①] 截至 2018 年 11 月，乌克兰核电占电力生产份额高达 60%，世界排名第二。

虽然绿色电力迅猛发展，但是乌克兰仍然面临以下具体挑战：过度依赖能源产品进口；不能通过调整能源价格来掌控和降低经济风险；能源利用效率极为低下；电力市场税费和监管政策不完善；人均运输成本居高不下，能源运输成本指标排名最后。

5. 阿塞拜疆

阿塞拜疆拥有丰富的能源储备，是全球最古老的产油地之一。2018 年阿塞拜疆石油产量为 3 880.2 万吨，比预测多 84.99 万吨，比 2017 年增产 11.13 万吨，增长了 0.29%。[②] 2018 年阿塞拜疆天然气产量为 305.92 亿立方米，高于 2017 年 285.63 亿立方米的产量，出口天然气超过 79 亿立方米，出口额为 14.99 亿美元，占阿塞拜疆出口总额的 7.71%。与 2017 年相比，阿塞拜疆天然气出口量增长 4.7%，出口额增长 25.5%。预计未来几年阿塞拜疆将发现更多的天然气储量。

2018 年 12 月 7 日在维也纳举行的第五次 OPEC 成员国和卡特尔以外国家的部长会议上，达成了一项协议，每天减少石油产量 120 万桶，达到 2018 年 10 月的水平。根据新协议，自 2019 年 1 月起，阿塞拜疆承诺将每日产量缩减约 2 万桶，可以预见未来短期阿塞拜疆石油产量将下降。

近年来，阿塞拜疆正大力发展非石油领域以及多样化经济，尤其是电力行业发展迅速。过去十年，阿塞拜疆的电网容量增长了 40%，不但可以满足国内需求，而且开辟了出口潜力。

三、2018 年中国与原苏联地区能源合作概况

（一）"一带一路"倡议下中国与原苏联地区能源合作

1. 中国与俄罗斯能源合作

（1）中俄能源合作的贸易情况

随着中国经济增长和能源结构转型，据海关总署数据显示，中国 2018 年天然

---

① 中华人民共和国商务部. 2018 年乌克兰绿色能源发电量增加 2 倍. http://www.mofcom.gov.cn/article/i/jyjl/e/201901/20190102825080.shtml.

② 中华人民共和国驻阿塞拜疆大使馆经济商务处. 阿塞拜疆 2018 年石油产量 3 880 万吨. http://az.mofcom.gov.cn/article/jmxw/201901/20190102828206.shtml.

气进口同比增长 31.9%，至 9 040 万吨；同期内原油进口同比增长 10.1%，至 4.62 亿吨；年成品油进口同比增长 13%，至 3 350 万吨，已成为世界主要的能源消耗国和进口国。

相较于 2017 年，2018 年中国进口俄罗斯原油数量稳步上升，详情如图 1 所示。①

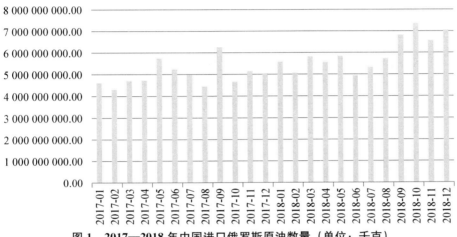

图 1　2017—2018 年中国进口俄罗斯原油数量（单位：千克）

同样，得益于亚马尔液化天然气（LNG）项目的进一步推进，中国进口俄罗斯液化天然气的数量自 2017 年末起大幅度上升，至 2018 年末俄罗斯已成为中国主要的天然气进口来源（见图 2）。②

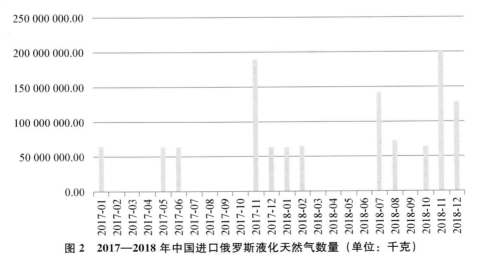

图 2　2017—2018 年中国进口俄罗斯液化天然气数量（单位：千克）

---

①　数据来源于 wind.

②　数据来源于 wind.

（2）中俄能源合作的项目建设

2018年，由于俄罗斯受西方大国经济制裁的进一步加深，俄罗斯能源企业在资金、技术的需求缺口进一步扩大，这为中俄能源领域战略性大项目的运营或开工建设提供了契机。

从工程建设方面看，2018年1月1日，中俄原油管道二线工程正式投入商业运营仪式在黑龙江省漠河县举行，中俄原油管道二线是我国东北油气战略通道的重要工程，也是中俄深化全面战略协作伙伴关系的典范项目。2018年5月30日，中俄东线天然气管道黑龙江盾构第二条隧道顺利贯通，该管道是构建我国四大能源运输通道，服务"一带一路"倡议，持续推进世界一流综合性国际能源公司建设的重大举措。2018年12月11日，由俄罗斯诺瓦泰克公司、中石油、法国道达尔公司和中国丝路基金共同合作开发的亚马尔液化天然气（LNG）项目第三条生产线正式投产，比计划提前一年；亚马尔项目是全球最大的北极液化天然气项目，也是"一带一路"倡议提出后在俄罗斯实施的首个特大型能源合作项目。

从企业间的投资合作看，2018年6月8日，中国核能电力股份有限公司与俄罗斯JSC ASE公司签署《田湾核电站7、8号机组框架合同》和《徐大堡核电站框架合同》两项框架合同，两项框架合同总价为36.2亿美元。2018年9月4日，以"绿色能源丝路万里行"为主题的"中国-欧洲国际交通走廊"天然气发动机燃料汽车拉力活动开幕式暨发车仪式在北京和如东同步举行，此次活动由中国石油天然气集团有限公司、俄罗斯天然气工业股份公司、哈萨克斯坦国家石油天然气股份公司共同发起，中国、俄罗斯和哈萨克斯坦三国开启了在天然气终端利用领域的首次合作。2018年9月11日至12日，俄罗斯第四届东方经济论坛在符拉迪沃斯托克举行，中国石油天然气集团有限公司董事长王宜林应邀出席论坛全体会议及相关活动，并与俄罗斯石油公司总裁谢钦签署了上游合作协议，与俄罗斯天然气工业股份公司总裁久科夫签署了技术合作协议，并就推进中俄油气领域合作交换意见。2018年9月17日，俄罗斯能源部部长亚历山大·诺瓦克表示，建设俄气公司与中石油集团签订的"西伯利亚力量"天然气管道的所有技术条件已基本商定，未来通过该管道每年可对华输气300亿立方米。2018年11月29日，由中石油和俄罗斯石油公司联合主办的中俄能源商务论坛在北京举行。围绕"进一步深化中俄能源贸易、投资及金融全方位合作"主题，来自能源、金融、信息等领域近90家企业的代表聚集一堂，深入沟通、凝聚共识，精准对接合作需求；此次论坛共签署14项合作协议，涉及油气、煤炭、信息技术等多个领域。2018年12月6日，俄罗斯石油公司发布消息称，该公司将与北京燃气集团有限责任公司成立合资企业，负责发展俄罗斯境内连锁加气站，中方将控股 45％。按照协议，中俄双方将在俄罗斯建设约 170 座压缩天然气（CNG）加气站，并探讨使用液化天然气（LNG）为汽车燃料的可能性。该项目进一步扩大了中俄双方在使用天然气等清洁能源领域的战略合作。

相较于贸易合作，与俄罗斯开展的项目类合作进一步提高了中俄双方合作的深度，加强了合作的稳定性和可持续性，扩大了开展进一步合作的空间。

（3）中俄能源合作的政治支持

2018 年，中俄双方进一步深化政治交往，双方高层交流及各层次官员会议频繁，为能源合作提供了较好的政治支持。

从政治官员间的交流看，2018 年 3 月 21 日，国家发改委外资司与俄罗斯经济发展部投资政策和公私合营司举行中俄投资合作委员会秘书处工作会议。会上，双方就中俄投资合作重点项目进展、举行委员会秘书长第十次会议、举行建材建筑领域企业圆桌会、更新重点项目清单等问题深入交换了意见，达成一系列共识。2018 年 4 月 17 日，国家发改委副主任林念修在北京会见俄罗斯总统经济顾问格拉季耶夫一行。双方就中国发展经验、中俄共同开发国际运输走廊项目、中俄地区发展投资基金等议题交换了意见；双方表示希望两国进一步加强各领域合作，不断提升两国务实合作水平。2018 年 4 月 24 至 27 日，国家发展改革委张勇副主任率团赴俄罗斯莫斯科，与俄能源部副部长安东·伊纽钦共同主持中俄能效工作组第一次会议，双方就加强中俄能效合作及两国在金砖国家等框架下进一步推动国际能效合作交换意见。2018 年 5 月 15 日，上海合作组织能源俱乐部高官会第四次会议在北京举行。来自阿富汗、白俄罗斯、伊朗、哈萨克斯坦、巴基斯坦、俄罗斯、塔吉克斯坦、土耳其等国的代表参会，各国代表重点介绍了本国发展新能源的情况。2018 年 9 月 12 日，习近平主席宣布中俄地区合作发展投资基金已成立。据新华社消息，2018 年 9 月 11 日至 12 日，习近平主席赴俄罗斯出席第四届东方经济论坛，并在论坛全会上发表了《共享远东发展新机遇 开创东北亚美好新未来》的致辞，表示"中方已设立首期 100 亿元、总规模 1 000 亿元人民币的中俄地区合作发展投资基金，愿同俄方一道支持运营好基金，推进重大项目落地，将其打造成为中俄地区合作的重要平台。"2018 年 9 月 14 日，中俄煤炭领域合作工作组第六次会议在俄罗斯莫斯科召开。工作组中方组长国家能源局副局长李凡荣和俄方组长俄罗斯能源部副部长亚诺夫斯基共同主持会议并讲话。2018 年 10 月 2 至 5 日，国家能源局副局长林山青在莫斯科出席俄罗斯能源周，在"天然气能否在世界范围内成为普及的交通燃料"高级别会议上发言。期间，林山青还会见了俄罗斯能源部副部长安东·伊纽钦并参观了莫斯科第十二热电站。2018 年 11 月 29 日，国务院副总理韩正在北京会见了来华出席中俄能源商务论坛的俄罗斯联邦总统能源发展战略和生态安全委员会执行秘书、俄罗斯石油公司总裁谢钦。韩正表示，中方愿同俄方一道，深化在能源贸易、油气勘探开发、能源技术装备等领域务实合作，加大金融支持。

此外，中国高层官员还积极与俄罗斯能源企业高管展开互动。2018年9月16至18日，国务院副总理韩正访问俄罗斯期间分别会见了俄罗斯天然气工业股份公司总裁米勒和俄罗斯石油公司总裁谢钦。

从民间智库交往看，2018年5月29日，以"中国与俄罗斯：新时代的合作"为主题的中俄智库高端论坛（2018）在北京开幕。与会代表围绕两国内政外交发展，聚焦中俄在变化世界中的协作、中俄地方合作潜力、中俄在安全领域的合作、中俄在能源和基础设施领域的合作、全球经济发展态势下的中俄经济关系、中俄人文合作等议题进行深入研讨，积极建言献策。

（4）中俄能源合作的前景

如上文所述，中俄能源合作在2018年进入了新阶段，在数量和质量上均有了显著提升。这既符合中俄传统地缘政治格局，又与俄美关系破裂、中美贸易冲突等新的国际政治事件高度相关。

从中国的角度考虑，首先，从奥巴马政府的"亚太再平衡"战略，到特朗普政府的"印太构想"，以及至今还悬在中美关系上空的关税摩擦，中国一直被美国看作其在经济、安全等方面的竞争对手。所以，尽量使自身的能源安全不受美国的影响对于中国的能源政治来说非常重要。其次，中东地区安全形势呈复杂化。冷战之后，中东就是美国关注的核心，而海湾地区的不太平正是国际油价一路攀升的重要原因。作为全球最大能源进口国的中国不能忽视这样的风险，因此中国有计划地逐渐降低从中东进口原油比重，加快了与俄罗斯、中亚各国的能源合作步伐。

从俄罗斯的角度考虑，正如上文对俄罗斯的政治、经济形势分析，俄罗斯在周边外交中重视运用能源手段，世界格局的巨变也促使俄罗斯转向东方能源外交。

基于双方的合作前提，笔者认为中俄能源合作未来依然会保持积极稳定的局面，有助于形成较好的良性互动。

2. 中国与其他原苏联地区国家能源合作

2018年，中国与其他原苏联地区国家的能源合作继续稳步推进，涉及石油、天然气、电力、太阳能等多种能源。

2018年1月28日，中塔天然气管道有限公司（TTGP）科技中心成功中标塔吉克斯坦天然气管道运行维护标准研究项目，标志着中国管道行业标准开始进入中亚地区。2018年1月30日，塔吉克斯坦能源部副部长扎姆舍德·绍伊姆佐达表示，土库曼斯坦-中国天然气管道铺设在塔境内部分开始实施。2018年4月6日，中国机械设备工程股份有限公司与乌克兰最大的私营能源企业——顿巴斯燃料和能源公司在乌克兰首都基辅签订合同，承建乌境内规模最大的200兆瓦太阳能发电站。2018年6月12日，中国能源建设集团有限公司举办的中东欧电力市场研讨会在立陶宛首都维尔纽斯举行。来自立陶宛、爱沙尼亚、拉脱维亚、波黑、乌克兰、格鲁吉亚等国的能源部门高官、国际组织负责人和业界人士，讨论了开拓绿色经济新空间、深化清洁和可再生能源合作等议题。2018年11月7日，塔吉克斯坦总理科基尔·拉苏尔佐达、中国驻塔吉克斯坦大使岳斌来到格拉夫纳亚水电站技改建设项目，为首台机组提前并网发电剪彩祝贺。2018年11月16日，塔吉克斯坦罗贡水电站首台发电机组实现并网发电，塔吉克斯坦总统埃莫马利·拉赫蒙当天亲自按下启动按钮。

（二）中国与原苏联地区能源合作的战略考量

能源从来不是普通的经济资源，它具有战略属性。能源合作已成为中国与原苏联地区国家关系中最为核心的内容之一。而在这些国家中，中俄关系最具代表性，同时是最重要的一对双边关系，因此下文以中俄能源合作为例。促进中俄能源合作的不仅有市场因素，还有许多地缘政治因素。中俄能源合作的长足发展，是国际政治、经济格局的一个缩影。

1. 中国的地缘安全需求

进入21世纪以来，中国的地缘政治环境出现了一些新变化。这里包括两方面的问题，一方面是中美关系的变化导致中国的周边安全环境开始多样化；另一方面，中国传统的能源进口来源地——中东地区的安全形势呈复杂化。

首先，中美关系备受世人关注。从奥巴马政府的"重返亚太"战略和"亚太再平衡"战略，到特朗普政府的"印太构想"，中国被看作其在经济、安全等方面的竞争对手。同时，美国作为全球政治经济和安全大国，中国的崛起也被其视为经济竞争对手。从奥巴马入主白宫开始，美国相继出台了"重返亚太"战略和"亚太再平衡"战略，从而维护美国在国际关系中的主导地位。东亚地区的朝核问题等历史问题被一些美国人扩大化，为维持美国的主导性存在提供了最重要的借口。这一政策不仅影响了东亚的一体化进程，而且也使中国认识到自身能源安全的重要性。

其次，中东地区安全形势呈复杂化。冷战之后，美国持续关注中东地区安全，几届政府都将中东安全和反恐重心放在海湾地区，下大力气协调巴以矛盾。美国及其盟友在中东地区打响了伊拉克战争和海湾战争。反观俄罗斯在冷战之后，快速收缩了在中东地区的投入，仅在叙利亚维持有限的军事存在。奥巴马执政时期，美国开始将战略重心转向亚太地区，中东地区的部族矛盾、恐怖主义重新抬头。其中，ISIS组织在中东很快做大，叙利亚危机的爆发也使得中东地区安全形势愈发复杂。恐怖主义、难民危机不断向周边地区扩散。近几年，美国在巴以矛盾的立场发生明显变化。进入2018年，美国政府宣布退出伊核协议。国际油价在地缘安全压力下一路攀升，作为全球最大能源进口国的中国也不能忽视这些风险。

2017年，中国石油对外依存度已经超过68％，天然气则为38％，而且80％的进口能源都通过马六甲海峡运输。因此，中国迫切需要能源进口多元化。2012年发布的《中国的能源政策》白皮书明确指出："近年来能源对外依存度上升较快，石油海上运输安全风险加大，跨境油气管道安全运行问题不容忽视。为了减少能源资源问题带来的纷争和不平等，需要国际社会树立互利合作、多元发展、协同保障的新能源安全观。"中国深刻地认识到，为了确保能源安全，必须坚持能源进口的多元化原则。以石油进口为例，中国有计划地逐渐降低从中东进口原油比重，加快了与俄罗斯、中亚的能源合作步伐。自2008年开始，中俄在能源领域的合作呈现全方位、多层次、宽领域的良好格局，覆盖能源政策、石油、天然气等领域。2018年9月，国务院印发的《关于促进天然气协调稳定发展的若干意见》中提出，要健全天然气多元化海外供应体系。加快推进进口国别（地区）、运输方式、进口通道、合同模式以及参与主体多元化。

2. "一带一路"倡议和"产能优势互补"为能源合作提供机遇

"一带一路"倡议连接了世界上最具潜力的两大经济区——亚太和欧洲经济圈，这对打造新一轮的经济共同体有着重要影响，对区域合作有着强大的推动作用，有利于巩固中俄两国已经形成的战略经贸关系和政治关系，对开发新的战略协作伙伴关系有着促进作用。其次，在"一带一路"倡议影响下，中俄双方积极进行政策沟通，加强了互联互通设施的建设，重视油气管道的运输安全问题，加大了管道设施的便利性，这些都将对两国的能源合作产生深远影响，有利于中俄开展深层次的能源合作。

俄罗斯具有丰富的石油、天然气等能源原材料，被称为"世界原料供应基地"，在资源上具有比较优势。中国原油资源匮乏，人均占有量更少，国内供不应求，每年进口原油数量呈逐年增长态势。在原油方面，中国一直处在原油进口大国的前列，主要从中东、俄罗斯、中亚以及南美的委内瑞拉等一些国家进口原油，进口国家比较集中。俄罗斯是目前中国原油进口量最多的国家，其原油进口量占中国全部原油进口量的14％，其次是沙特，占比为12.4％，安哥拉占比为12％，伊拉克占比为 8.7%。

自 1991 年后，中俄两国外交关系不断向着友好的方向发展，两国也长期维持着良好的政治和经贸关系。同时，同为世界经济大国的中俄两国具有开展贸易合作的优越地理位置，再加上积极的政策引导，两国双边贸易额逐年递增。目前，中国已发展为成俄罗斯对外贸易第一大国，是其最重要的经贸合作伙伴。此外，中俄两国总理等高层领导每年定期进行会晤，讨论两国经贸关系、文化交流、信息流通等情况，并及时出台对应的政策以解决出现的问题，进而提高两国经济发展水平。政治和经贸关系的稳定是能源合作的基本保障，2008 年两国建立了能源合作机制，这是对领导会晤机制在能源领域方面做出的一大扩展，很好地促进了能源合作。随着"一带一路"倡议的提出，中俄两国建立了全面的、更深层次的战略协作伙伴关系，这将有利于深化能源合作领域，最终实现互利共赢。

四、中国与原苏联地区未来能源合作的机遇与挑战

（一）能源合作存在的优势与机遇

目前，中国与原苏联地区的能源合作迅速发展，主要得益于中国的资金和技术优势，以及国际形势的积极变化。

1. 发挥中国的资金、技术优势

目前，原苏联地区在能源方面的主要问题在于其主要能源企业管理经验不足，技术水平落后，主要设备老化，且面临严重的资金短缺。

而彼之短板恰好构成了中国与原苏联地区合作的优势。中国在技术水平方面，长期以来在能源勘测、能源开采方面较原苏联地区有较好的技术优势；此外，通过"一带一路"倡议和丝路基金，中国对该地区的国家有较充足的投资金额，有意愿通过政府间贷款和商业银行贷款促进中国企业和原苏联地区企业的合作。

因此，中国在与原苏联地区合作时，应充分发挥中国的资金、技术优势。在西方世界对俄罗斯展开金融、能源制裁时，中国可以满足其资金、技术需求，这更有利于拓宽中国和原苏联地区国家的能源合作的深度，增强中国在合作中的主动权。

2. 利用国际形势的积极变化

无论是从欧美对俄罗斯不断升级的制裁来看，还是从俄罗斯主要官员的官方声明来看，俄罗斯和西方世界的对抗存在于意识形态和地缘政治的双重竞争中，在短期内不可能达成有效和解。而西方世界对俄罗斯的封锁迫使其转向东方，和目前发

展势头较快、能源需求较大的中、日、印等国开展能源合作，这有利于中国与原苏联地区的能源合作。

因此，从长期来看，美国、欧洲对俄罗斯的经济制裁仍将继续持续。页岩油产量的不断攀升也使美国逐渐构成与传统能源生产国的竞争。中国应利用国际形势的积极变化，提高对原苏联地区能源的议价能力。

（二）能源合作存在的风险与挑战

同时，中国与原苏联地区能源合作存在的风险和挑战也不容小觑，主要为原苏联地区的经济下行风险、中俄间的地缘竞争风险和国际能源价格的波动风险。

1. 原苏联地区的经济下行风险

目前，原苏联地区政治形势普遍较为稳定，各国政府能够对本国进行有效治理，但是经济发展问题依然是摆在原苏联地区国家面前亟待解决的难题。

原苏联地区国家普遍没有形成较为现代化的产业结构，经济发展高度依赖能源类资源的初级产品出口，因此受国际能源价格波动的影响较大；此外，各国内部还存在经济效率较低、经济寻租问题严重、基础设施不够完善等一系列问题。虽然在2018年俄罗斯等国较好地完成了经济增长目标，且对未来持乐观态度，但是这主要得益于2018年整体高启的油价，而这种增长本质上是不稳定和难以持续的。

因此，中国在与原苏联地区的能源合作中，要警惕当地经济下行的风险，建立健全的风险预警机制，避免合作企业出现难以承受的经济损失。

2. 中俄间的地缘竞争风险

在原苏联地区保持绝对地缘优势是俄罗斯最主要的外交目标之一，因此长期以来俄罗斯对于中国的"一带一路"倡议在中亚地区的进展持谨慎态度。

近年来，尤其是2018年，虽然俄罗斯在面对西方大国的压力下，着力推动欧亚经济共同体和中国"一带一路"倡议的对接，并积极推动原苏联地区多边能源合作的开展，这可能部分出于经济收益的考量，但本质上依然不能改变其防范中国过多地渗透到其传统势力范围内的政治目标。

因此，中国在与原苏联地区的合作中，要通过加强政治交往、建立多边合作制度等方式，增强与俄罗斯的政治互信，降低两国在相关地区的地缘竞争的风险，实现优势互补的合作共赢。

中东地区

唐皓琛　倪晨昕

一、2018 年中东地区政治经济形势综述

中东位于地缘政治学中所描述的"心脏地带"（Pivot Area），是重要的地缘战略区域，也是世界上地缘政治、民族、宗教关系最为复杂，长期混乱无序、动荡不安的地区。2010 年"阿拉伯之春"后，中东更是深陷旧制度瓦解、新制度尚未建立的过渡期，长期处于紧张局势中。

2018 年，中东形势依旧复杂动荡，老问题挥之不去。各方势力利益交织，地区内部国家间矛盾依然错综复杂且不断加剧，加之域外大国角逐愈演愈烈，给该地区的政治形势带来前所未有的不确定性，也使得该地区经济增长始终低迷。

（一）2018 年中东地区政治形势综述

1. 域外大国深入角逐，美俄竞争依旧激烈

中东仍是大国较量的舞台。由于美国页岩气革命，近年来美国在中东地区的战略投入力度有所收缩，干预主导地区事务的意愿有所下降，但其政策核心仍为打击"反美势力"，并支持、利用传统盟友，仍然试图建立自身主导的中东秩序。而俄罗斯在中东的影响力日益恢复和扩大，以美俄两国为首的集团博弈日趋升级。

第一，美国对伊朗摆出强硬姿态，遏制其崛起。美伊两国间的矛盾根深蒂固，并且随着近年来伊朗的地区影响力不断扩展，美国特朗普政府一改奥巴马执政时期与伊朗的谈判、接触政策，采取打压、遏制的应对策略。2018 年 5 月 8 日，美国提前宣布退出《联合全面行动计划》（Joint Comprehensive Plan of Action，JCPOA，简称伊核协议），并于 8 月和 11 月重启对伊朗的大规模高压制裁，涉及能源、金融

等重点领域。2018 年 12 月 19 日，美国以击败"伊斯兰国"极端组织为由，宣布从叙利亚撤军，将对打击极端组织的军事力量加以调整，用于打击与伊朗相关的也门胡塞武装及黎巴嫩真主党。[①]

第二，美国加强与传统盟友逊尼派国家以色列及沙特的关系，以削弱什叶派国家的势力。2017 年 12 月 6 日，美国总统特朗普宣布承认耶路撒冷为以色列首都，并启动将美国驻以色列大使馆从特拉维夫搬迁至耶路撒冷。此后，美国又将驻耶路撒冷总领馆并入驻以色列大使馆，由大使馆内新设的巴勒斯坦事务部负责处理巴勒斯坦相关事务。美国还对巴勒斯坦采取"断供"等施压措施。2018 年 5 月 14 日，美国驻以色列大使馆举行开馆典礼，这一"亲以抑巴"的立场加剧了巴以关系紧张，使巴以僵局愈加难解。同时，美国也致力于同沙特等阿拉伯国家商讨建立"阿拉伯版北约组织"，借力推行自身的中东战略。沙特也配合美国，表示有意提高原油产量以填补因制裁造成的供应缺口，引起伊朗强烈不满。

第三，随着俄罗斯强势介入叙利亚内战及中东反恐军事行动，俄罗斯不断强化其在中东地区的政治、军事影响力。中东地区的外围大国角逐已呈现集团抗衡的趋势。2017 年 12 月 6 日，俄罗斯总统普京宣布俄军在叙利亚已完全击退恐怖分子后，俄罗斯开始牵头联合土耳其、伊朗两国推进叙利亚问题政治和解进程，在 2018 年的安卡拉峰会和第十轮阿斯塔纳对话会上，俄、伊、土再次表示就推动叙利亚政治和解加强政策协调。俄罗斯正在全面发展与伊朗的正向战略伙伴关系。[②] 而由于土耳其发动针对库尔德武装的"橄榄枝"军事行动、监禁美籍牧师布伦森、未遂军事政变、伊朗制裁等问题，2018 年美土关系迅速恶化，土耳其"亲俄疏美"愈发明显。可见，中东地区的大国竞争有集团对垒的发展特征，即美、沙、以与俄、伊、土的两集团博弈。

2. 域内各国间矛盾升级，区域地缘均衡结构改变

（1）伊朗的区域性大国地位日益凸显

近年来，中东地区一系列地缘政治事件改变了区域地缘均衡结构，造成了一定的权力真空。[③] 而伊朗却置身于中东变局的乱象之外，为自身崛起创造了较为良好的条件。2018 年 5 月 8 日，美国宣布退出伊核协议，并重启对伊朗各领域的制裁。然而尽管美国重启制裁在短期内对伊朗造成了严重冲击，然而从实施效果来看，伊

---

① Kenneth Pollack, Bilal Y. Saab. Countering Iran. The Washington Quarterly, 2017, 40 (3): 97-108.

② 新华网. 普京"握手"鲁哈尼，意图打造中东战略支点. http://www.xinhuanet.com/world/2017-03/29/c_129521358.htm.

③ 迟永. 特朗普政府的伊朗政策及其影响. 现代国际关系, 2018 (9): 44-52.

朗仍能抵抗住制裁压力。一方面，伊朗在历史长期的制裁背景下已经形成了较为成熟的应对策略；另一方面，伊朗身处较为有利的国际环境。欧盟等一再强烈反对美国特朗普政府单方面退出伊核协议，企图建立绕过美国的新金融支付机制以抵制美国制裁，且第二轮制裁前夕公布的8个豁免国家和地区中便包括伊朗石油出口主要目的地中国，因此美国的实际制裁效果有限。

伊朗在"拥核"与"弃核"的谈判过程中利用石油武器与西方大国较量，积攒了强大的政治资本的同时[①]，在中东地区的影响力也日趋扩大。在叙利亚，伊朗同俄罗斯、土耳其积极推动停火和政治和解进程。在也门，伊朗支持下的胡塞武装与以沙特为首的多国联军支持的政府军在荷台达进行拉锯战，使得也门安全局势更加不容乐观。在5月进行的黎巴嫩议会选举和伊拉克国民议会选举中，黎巴嫩什叶派政党真主党及其政治盟友拿下超过半数议席，伊拉克什叶派宗教领袖萨德尔领导的"行走者联盟"获国民议会席位最多，表明伊朗的影响力仍然强大。

（2）沙特加强与伊朗的全面对立竞争

沙伊两国间本就存在难解的教派矛盾，如今两国间全面战略竞争进一步固化。沙特记者卡舒吉遇害事件已严重损害沙特的国际形象，然而美国未做出制裁，并且与沙特签订包括1 100亿美元军售订单在内的总金额达4 500亿美元的投资协议。不仅如此，沙特还曾公开支持美国退出伊核协议，并呼吁对伊朗施加更严厉的制裁，有意增产以弥补缺口。在也门，以沙特为首的多国联军支持政府军发起荷台达战役，试图打击伊朗支持下的胡塞武装。与此同时，沙特与以色列由于共同的亲美立场合作密切，联合打压伊朗。从黎巴嫩到叙利亚，再到也门、巴勒斯坦、卡塔尔，沙伊两国在各问题上全面对立竞争的态势日益明显。当前，中东地区内伊朗与沙特的战略竞争最为关键，并将重构未来一段时期影响中东战略稳定的一对主要矛盾。[②]

（3）卡塔尔断交风波依旧

目前，卡塔尔断交危机至今仍未缓解，并已呈现长期化趋势。2018年12月，卡塔尔宣布于2019年1月正式退出OPEC，这一举动使得沙卡关系进一步恶化，或将削弱沙特的地区影响力，加剧中东国家间的分裂。围绕此危机，卡塔尔强化了与土耳其、伊朗的关系，积极巩固与中立阿拉伯国家的关系，并主动拓展与欧洲国家的经贸、能源合作，大力发展天然气外交。

---

① 沈长成，陈俊华，高蕾，余玲. 中东地缘政治环境对伊朗崛起的影响浅析. 世界地理研究，2015，24（2）：31-38.

② 唐志超. 失序的时代与中东权利新格局. 西亚非洲，2018（1）：27-47.

3. 地区传统安全与非传统安全风险丛生

在中东地区，传统安全和非传统安全问题同时恶化，相互作用，形成了极其复杂的"复合型"安全问题。[①] 目前，中东地区以战争和武装冲突为主要形式的传统安全威胁远未缓解，非传统安全问题又变得日益复杂与尖锐。

第一，恐怖主义和宗教极端主义泛滥。一方面，中东地区原有的宗教教派、民族间的矛盾冲突极为复杂，加之新的地缘政治事件抑或是国家政权更迭的催化，各国国内安全状况恶劣，给恐怖主义和极端主义提供了可趁之机。另一方面，外围大国间的博弈和域内强国间的竞争日益加剧，使得各国对恐怖主义和极端主义采取双重标准，军事打击恐怖组织的同时，也利用恐怖组织进行国家间的竞争。因而，恐怖主义和宗教极端主义不断泛滥。

第二，民族矛盾、教派冲突等宗教文化安全问题不断恶化。中东地区民族、教派众多，各民族之间本就积怨甚深、矛盾不断。加之宗教极端主义的泛滥和对伊斯兰教的诋毁和妖魔化，使得中东地区的宗教文化安全难以维护。

第三，社会安全与生态环境安全威胁与日俱增。中东国家普遍国内政治动荡、经济发展落后、改革进展缓慢、内部贫富差距巨大、失业率居高不下，同时生态环境恶劣，水资源短缺严重导致粮食短缺，如此一来社会矛盾不断积累，在一定程度上引发了局势动荡。

(二) 2018年中东地区经济形势综述

长期以来，中东地区经济发展一直呈现混乱无序的特征，地区地缘经济格局碎片化程度高，经济合作较少，经济整合程度低，对外经济依赖度高，但在全球地缘经济中的独特地位及其外溢效应尤为突出。因此，中东地区经济发展转型及安全问题使得该地区国家在经济治理发展上面临许多艰难挑战，也亟需进行经济社会改革以提升经济增长质量，降低高失业率、贫困率，减少贫富差距。

2018年中东地区经济增长动力减弱，根据IMF的估计数据，2018年中东地区全年的经济增长率为2.4%（见图1），虽较2017年的2.2%有所上涨，但若干因素对该地区产生不利影响，经济增长仍处于较为低迷的水平。例如地缘政治局势紧张，各国间矛盾冲突不断；美国重启对伊朗的制裁；国际油价震荡加剧；国内经济改革进展缓慢等。由于目前中东形势复杂动荡，经济增长不确定因素显著增长，近两年中东地区经济增长水平在世界范围内仍处于较低水平。

---

① 王林聪. 中东安全问题及其治理. 世界经济与政治，2017 (12)：4-25.

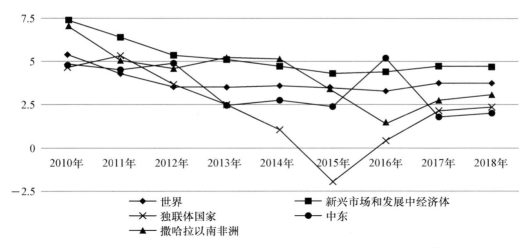

图 1　2010—2018 年中东地区及世界其他地区经济增长情况（％）①

数据来源：IMF World Economic Outlook Database.

　　国民经济与福利体系运行高度依赖油气出口收入的各中东地区资源国，普遍出现经常项目逆差、财政赤字、外汇储备锐减和汇率下行等问题，社会经济运行面临较大挑战。为积极应对油价风险，部分中东油气资源国持续优化油气合作政策，采取了包括修改财税条款和开启新招投标轮次等多种措施，努力吸引境外资本参与本国油气发展。然而，由于先前各国内战持续，石油价格下降，中东地区各国经济自2015 年后虽然稳中有升，但增长劲头不足，各国经济增长加速基础相当脆弱。2018年受美国制裁伊朗影响，短期石油价格猛涨，在此推动下，除伊朗外石油出口国经济有所回暖。体量最大的两个国家沙特和伊朗 2017 年 GDP 增速分别为－0.587％、3.732％，根据 IMF 的估计数据，2018 年两国 GDP 增速分别为 2.234％、－1.475％。

　　受美国重启大规模制裁的冲击，伊朗石油产量明显下降，国内企业及消费者信心受挫，对外资吸引力下降，2018 年伊朗经济出现负增长（见图 2）。尽管伊朗积极寻求欧盟的支持，并进行易货贸易、选择非美元货币交易等形式，最大限度减少对国内经济的冲击，但实际效果有限，美国制裁短期内确实冲击了伊朗经济。与此同时，由于伊朗政府财政情况紧张，伊朗总统鲁哈尼难以继续推动国内经济自由化改革，社会改革进展缓慢。鉴于内外部因素，2018 年伊朗经济动力不足。

　　反观沙特，作为中东地区第一大经济体，虽然 OPEC＋大幅削减石油产量使得沙特石油产量增长有限，但受益于伊朗制裁导致的油价上涨以及国内非石油部门的

---

　　①　此中东地区包括西亚及北非地区国家；2018 年数据为估计数据。

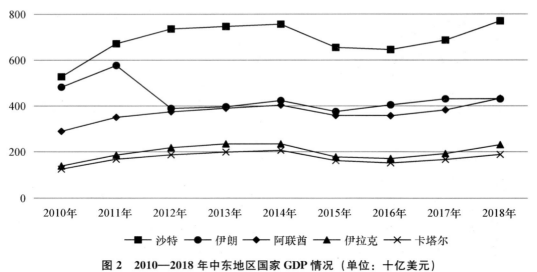

图 2　2010—2018 年中东地区国家 GDP 情况（单位：十亿美元）

数据来源：IMF World Economic Outlook Database.

经济情况增长，2018 年其经济增长走势向好。为应对 2015 年以来油价持续低迷局面，沙特政府于 2016 年推出旨在对经济和社会进行全面改革的"2030 愿景"计划。该计划提出通过摆脱对石油的依赖，发展非石油经济，特别是私营经济，寻求新的经济发展模式，从而实现经济多元化和可持续发展。2018 年 12 月 18 日沙特公布 2019 年财政预算案，其支出规模预计达 2.03 万亿人民币，为历史上规模最大的财政预算案，以进一步推动经济改革，提高财政透明度，促进私营经济发展。

二、2018 年中东地区能源形势

（一）OPEC 内部和外部压力增大

2018 年，OPEC 面临内部摩擦加剧、外部竞争增大的双重挑战。

在内部成员国方面，OPEC 成员国之间的分歧和摩擦加剧。2018 年 12 月 3 日，卡塔尔能源事务国务大臣宣布，卡塔尔将于 2019 年 1 月退出 OPEC。卡塔尔作为 OPEC 的早期成员国之一，加入 OPEC 已经 57 年，虽然卡塔尔石油日产量不足 61 万桶，在 OPEC 国家中占比不到 2%，但其天然气资源丰富，储量仅次于俄罗斯和伊朗，居全球第三，液化天然气出口量多年稳居全球首位。卡塔尔"退群"虽然不会直接影响国际油价，但是天然气与石油价格也存在相关性，从中长期看仍有一定的不确定性影响。再早之前，2017 年 6 月，沙特等四国宣布与卡塔尔断交，并对该国实施禁运封锁，引发中东地区"断交风波"。卡塔尔"退群"的举动可能进一步扩大其与其他海湾地区阿拉伯国家之间的裂痕，加剧海外地区国家之间的争夺和冲突的可能性，引发局势动荡。

在外部环境上，OPEC 也面临来自其他国家的竞争压力。根据美国能源信息署的信息，由于页岩油开采规模的不断扩大，美国在 2018 年 11 月第一周原油产量达到了创纪录的 1 160 万桶/天，超过俄罗斯和沙特此前记录。面对 2018 年底的国际油价下滑趋势，沙特在 2018 年 12 月与 OPEC 其他成员国、俄罗斯以及其他 9 个非OPEC 国家共同达成一项协议，计划从 2019 年 1 月开始每日减产 120 万桶原油。[①]在中东 OPEC 国家减产势头下，国际能源署预测美国在 2019 年原油产量可能超过俄罗斯和沙特，并巩固其全球最大产油国的地位，而通过减产以应对国际油价下跌的努力也可能受到美国产油量增加的影响。

(二) 地缘政治事件频发，影响地区能源稳定

2018 年，中东地区仍然饱受地缘政治事件的纷扰，风波不断，一定程度上影响了地区能源稳定，对国际能源供求关系和国际油价带来一定震荡。例如在 2018 年，美英法联军对叙利亚境内实施军事打击后，国际油价站稳 70 美元/桶；而在美国决定退出伊核协议并重启对伊制裁后，国际油价突破 80 美元/桶。但是由于域内其他国家及域外其他国家的能源竞争和替代关系，这些地缘政治影响的持续时间相对较短，未必产生显著的直接影响，但仍要警惕可能潜在的长期风险。

伊朗局势长期以来是中东能源局势的重要影响因素。美国总统特朗普上台后，将打击"伊斯兰国"和遏制伊朗作为中东政策的两大重点。随着"伊斯兰国"败退，特朗普对伊朗的出招更为频繁。2017 年，伊朗的原油探明储量为 216 亿吨，居世界第四；原油产量为 2.34 亿吨，居世界第五。2018 年 5 月 8 日，美国总统特朗普宣布退出 2015 年签订的伊核协议，引发市场对于伊朗石油出口的担忧。2018 年 8 月 7 日，美国政府重启对伊朗金融、金属、矿产、汽车等一系列非能源领域制裁；11 月 5 日，美国政府将对伊朗的制裁范围扩大到能源领域，但同时宣布将暂时允许 8 个国家和地区在美国重启对伊朗制裁后继续购买伊朗石油。[②] 这些国家和地区包括中国大陆、印度、意大利、希腊、日本、韩国、土耳其和中国台湾。美国和中国这些国家和地区从伊朗进口石油总量占到了伊朗石油出口总量的 3/4 以上。美国恢

---

① 新华网. 欧佩克与非欧佩克产油国决定日均减产原油 120 万桶. http://www.xinhuanet.com/world/2018-12/08/c_1123823932.htm.

② 新华网. 美国扩大对伊朗制裁名单. http://www.xinhuanet.com/world/2018-11/04/c_129985425.htm.

复制裁后，包括法国道达尔公司等纷纷选择暂停或退出伊朗石油开发市场，以避免美国制裁对自身造成不利影响。从石油的整体供求关系来看，由于沙特、俄罗斯等国相应的增产措施、美国原油产量增加以及主要进口国家受到豁免，短期内伊朗的石油出口虽然受阻但出口降幅不及预期，并未给国际油价带来巨大波动，但是从中长期范围来看，尤其是当8个国家和地区的豁免期到期后的影响仍然值得警惕。

自2011年爆发叙利亚内乱以来，叙利亚局势也一直值得关注。由美国等西方国家支持的反对派武装组织与俄罗斯支持的叙利亚政府军不断爆发战争冲突，严重影响地区安全稳定。2018年4月14日，美国联合英国、法国，以叙利亚小镇杜马发生"化武袭击"为由对叙利亚境内目标实施军事打击，此后还进行了多次空袭，其中就包括叙利亚的石油基地。叙利亚地区自2011年以来长期处于战乱之中，国内能源产业发展几近停滞，各方势力交织，给地区稳定和能源安全带来了更大的挑战。

2018年10月2日，曾为《华盛顿邮报》等多家媒体供稿的沙特记者卡舒吉进入沙特驻伊斯坦布尔领事馆办理结婚相关手续后再也没有出来，被质疑为沙特官方工作人员"谋杀"所致。在国际社会的舆论压力下，沙特检查机关通过正式调查最终认定卡舒吉死于谋杀，并宣布逮捕18名犯罪嫌疑人。这一事件使得中东地区主要产油国之一沙特面临来自国际社会的巨大压力，需要争取美国等主要国家的支持。2018年10月29日，沙特石油部长意外宣布沙特将很快从日产量1 070万桶的现有水平上增产30万桶，并且今后还有能力再增产至130万桶，达到每天1 200万桶的产量。这一增产行为一定程度上弥补了伊朗受到制裁后的出口减少量，是此后国际油价震荡下跌的重要因素之一，也受到期待"低油价"的美国总统特朗普在推特上的肯定。

因此，纵观2018年全年，中东地区种种地缘政治事件的频发为该地区能源产业的发展带来了不确定性，增大了油气能源开发的风险。

（三）中东国家能源转型继续推进

由于早先经济发展主要靠油气产业主导，近年来，以沙特、阿联酋等国为代表的部分中东国家正在积极进行国家改革和经济转型，力图减少对石油经济的过度依赖，发展多元化产业结构。

沙特在2017年提出了"2030愿景"并积极推进，试图找出一条新的经济发展之路。该计划提出通过发展非石油经济，特别是私营经济，实现经济多元化和可持续发展，其中一个重要的方面是能源转型，逐步扩大太阳能、风能等可再生能源的比重，在未来6年可再生能源发电占其电力生产的10%，在2030年完成30个太阳能和风能项目建设，2023年可再生能源发电能力达到9.5吉瓦，投资规模为300亿美元至500亿美元。阿联酋也于2017年1月公布了2050年能源战略。根据这一战略，到2050年阿联酋能源结构中44%为可再生能源、38%为天然气、12%为清洁化石能源、6%为核能，总投资预计达6000亿迪拉姆。[①] 在2018年，也有一批项目先后落地实施，例如中国同阿联酋合作的迪拜太阳能园区700兆瓦项目、光热发电项目等。

传统油气产业仍然是当前多数中东国家主要的国民经济支柱，但是对油气的严重依赖将可能导致其在国际能源环境发生变化时无法维持下去，因此中东国家相继开展了能源转型工作，并得以稳步推进。

三、2018年中国与中东地区能源合作态势分析

作为全球第一大石油进口国、第二大石油消费国，中国的能源需求日益增长已成为不争的事实。而中东地区作为全球主要的能源供应地，在国际能源体系中有着举足轻重的地位。同时，中东地区地缘战略位置显要，能源资源丰富，是"一带一路"倡议的重要枢纽地区，也是中国重要的能源战略合作地区。目前，中国与中东国家进入了前所未有的历史机遇期。近年来，在"一带一路"倡议背景下，中国与中东地区国家能源合作发展迅速，能源关系不断深入、日益多样化，除传统的油气贸易合作外，油气资源上下游项目合作、其他能源领域的合作也全面展开。

（一）油气贸易合作情况

在油气贸易方面，根据中国海关总署的数据，2018年中国原油进口量为4.62亿吨，同比增长10.1%，相当于日进口924万桶；进口天然气9 038.5万吨，同比大幅增长31.9%，增速较上年增加5个百分点。可见，进入四季度后，国际油价暴跌，中国大举进、存油。受此影响，2018年中国从中东地区进口原油及天然气贸易合作情况向好，中东依然是中国原油进口的第一大来源地区，处于绝对主导地位，自中东进口的原油占总进口的44%（见图3），是自非洲进口量的两倍之多。

---

① 辛恩波. 中国与中东能源合作模式改变. http://www.sohu.com/a/217097593_260616.

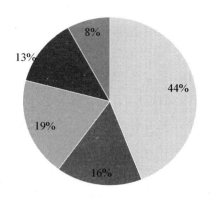

图3　2018年中国进口原油来源地分布

资料来源：中国海关总署.

　　中国原油进口前十大来源国中，中东国家占到了4个，分别是第二名的沙特（15%）、第四名的伊拉克（12%）、第五名的阿曼（9%）、第七名的伊朗（8%）及第八名的科威特（6%）。伊朗受美国的严厉制裁的利空影响，2018年12月中国自伊朗原油进口量迅速下滑，与2017年同期相比，从伊朗进口量下降5.5%（见图4）。

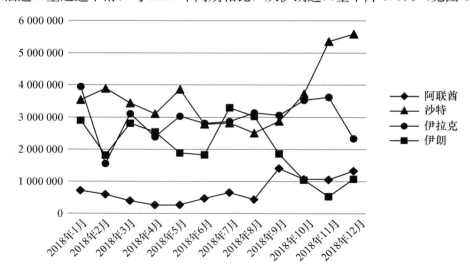

图4　2018年中国自中东国家进口原油情况（单位：吨）

资料来源：中国海关总署.

　　在天然气贸易方面，2018年中国天然气进口依存度达45.3%，同比增长6.2个百分点，中国与中东的天然气贸易显然如原油一般热烈。可喜的是，LNG进口增长较为高速，预计2018全年LNG进口量达5 400万吨（约合734亿立方米），同比增长 41.1%，来源包括仅次于第一位澳大利亚的卡塔尔。[①] 未来，随着市场需求增加、新 LNG 接收站投运、新合同进入执行窗口期等因素影响，中国可以同卡塔尔、伊朗、沙特这三大天然气生产国共同合作勘探、开发、利用天然气资源，与中东地区的天然气贸易潜力巨大。

（二）能源项目合作情况

中国与中东地区能源投资项目合作情况也呈积极发展态势。在油气等能源贸易态势良好，确保能源供应的前提下，2018 年中国在中东地区能源合作由原先的单一的上游领域延伸至上下游领域共同发展，投资合作模式涵盖上游的油气勘探开发、下游的基础设施建设、工程承包服务、科研开发等。同时，涉及的能源种类也不仅限于原油与天然气，更向太阳能等清洁能源的开发拓展。与此同时，为应对油价风险，各中东油气资源国持续优化能源合作政策，采取了包括修改财税条款、摆脱对油气的过度依赖、开辟新能源领域、开启新招投标轮次等多种措施，努力吸引境外资本参与本国能源发展，为中国与中东各国进行能源合作带来了新机遇。2018年中国与中东各国能源投资合作情况见表1。

表 1   2018 年中国与中东各国能源投资合作情况一览表

合作国家	合作对象	合作项目	能源种类	合作模式	是否具有战略性
沙特	沙特阿拉伯国家石油公司（沙特阿美）	"智能化钻井技术研究与应用"科研项目	原油	科研合作	
		哈拉德及哈维亚地区北部压气站管道项目	原油	基础设施	
阿联酋	阿布扎比国家石油公司	乌姆沙依夫-纳斯尔海上油田及下扎库姆海上油田开发项目	原油	战略入股	是
		三维地震采集服务项目	原油、天然气	勘探开采	
		巴布油田综合设施建设项目	原油	工程承包	
	迪拜水电局沙特电力工程公司	迪拜太阳能园区 700 兆瓦光热发电项目	太阳能	工程承包	是
伊朗	法国道达尔公司	南帕尔斯天然气项目	天然气	资产收购	是

---

① 中国石油集团经济技术研究院. 2018 年国内外油气行业发展报告. 2018-01-16.

续表

合作国家	合作对象	合作项目	能源种类	合作模式	是否具有战略性
卡塔尔	卡塔尔液化天然气公司	液化天然气（LNG）供应协议	液化天然气	资源供应	是
	卡塔尔石油公司	液化石油气（LPG）供应协议	液化石油气	资源供应	是
埃及		埃及本班光伏产业园	太阳能	工程承包	

资料来源：根据新闻搜集整理所得.

1. 沙特：能源合作模式多样化

2016年习近平总书记访问沙特期间，中沙两国元首共同见证了《中华人民共和国政府与沙特阿拉伯王国政府关于共同推进丝绸之路经济带和21世纪海上丝绸之路以及开展产能合作的谅解备忘录》以及能源等多领域的双边合作文件的签署。[①] 在此之后，双方不断拓展能源合作，"构建以能源合作为主轴，以基础设施建设和贸易投资便利化为两翼，以核能、航天卫星、新能源三大高新领域为突破口的'1+2+3'合作格局"。[②] 目前，中沙两国能源合作通过以中石油、沙特阿美等大型跨国能源公司为载体，以招投标的形式展开能源方面的密切合作，合作模式日益具有多样性。

除传统的原油勘探开采项目外，2018年中石油首次获得沙特阿美的科研合作类项目"智能化钻井技术研究与应用"，该项目打破了以往该公司科研项目基本由国际大型石油工程技术服务公司垄断的局面，也标志着中国的能源类科研实力得到国外大型石油公司的认可，进一步拓展了中沙能源合作的局面。同时，中国能建公司同沙特国际电力和水务集团签署战略合作协议，双方将在全球新能源发电、海水淡化等投资开发、咨询设计和建设运营领域开展深入合作。

2. 伊朗：制裁提供合作契机

受美国制裁伊朗的影响，长期在中东地区经营的国际石油公司法国道达尔公司出于降低风险、避免冲突等战略层面的考虑，退出开发世界最大的天然气田——伊朗南帕尔斯天然气田，南帕尔斯天然气田的探明可采天然气储量占世界总天然气探明可采储量的1/5左右。这为中国石油公司以相对较低的风险和成本投资中东油气

---

① 新华网. 习主席访问沙特五大高光成果. http://www.xinhuanet.com//world/2016-01/21/c_128652573.htm.

② 人民网. 共同开创中阿关系的美好未来——在阿拉伯国家联盟总部的演讲. http://politics.people.com.cn/n1/2016/0122/c1024-28074930.html.

资源提供了机会。随着其他国家逐步撤离伊朗市场，加之中国进入获准继续购买伊朗石油的豁免名单，中国继续与伊朗深化合作。中石油接手法国道达尔公司所持50.1%的权益，最终以80.1%的持股份额成为该气田项目的最大股东。可见，中伊之间包括能源领域在内的正常合作未因制裁中断，反倒提供了新的契机。

3. 阿联酋：政策支持、战略对接夯实能源合作基础

作为全球航运贸易的枢纽、世界能源供给的重镇，阿联酋是中国推进"一带一路"倡议的重要合作伙伴。继2016年习近平主席先后访问沙特、埃及、伊朗中东三国，与三国建立了全面战略伙伴关系并签署系列经贸能源合作文件后，2018年7月国家主席习近平对阿联酋进行国事访问。中国与阿联酋合作伙伴关系得到进一步扩展和深化，呈现高效、快速发展的新格局，两国以"一带一路"为主线的能源合作拾级而上，硕果盈枝。中阿两国签署了《中华人民共和国和阿拉伯联合酋长国关于建立全面战略伙伴关系的联合声明》，将中阿双边关系升级为全面战略伙伴关系。中阿两国一致认为油气领域合作是双方务实合作的重要支柱，支持两国企业在该领域进一步加强合作。同时，未来中阿两国将进一步加强在能源领域的全面合作，扩大两国在能源领域的相互投资，挖掘两国在清洁能源和可再生能源领域的合作潜力，加强在可再生能源发电、和平利用核能领域的合作。[①]

2018年，中阿两国再度牵手海上气田、工程技术服务、工程承包建设、新能源等合作项目，两国间的能源合作高质量发展。与此同时，在中阿两国领导人的见证下，中国石油天然气集团有限公司与阿布扎比国家石油公司签署了《中国石油天然气集团有限公司与阿布扎比国家石油公司战略合作框架协议》。根据协议，双方将在现有合作基础上，立足于站在新的起点，在石油上游、下游、贸易销售、技术支持等领域积极开展全方位合作，实现全产业链、全价值链合作，进一步深化双方的能源合作战略伙伴关系。

4. 卡塔尔：积极同中国开展天然气外交

卡塔尔断交风波一年半后，卡塔尔宣布退出OPEC，并开始积极推动其"天然气外交"。卡塔尔利用中国日益增长的天然气需求，以及中国扩大海外投资和基础设施建设的契机，寻求中国在卡塔尔天然气领域的投资。LNG、LPG亦成为中卡能源合作的新亮点。

2018年中国石油天然气集团有限公司与卡塔尔液化天然气公司签署了有效期为22年的液化天然气（LNG）供应协议，每年从卡塔尔购买340万吨液化天然

---

① 新华网. 中华人民共和国和阿拉伯联合酋长国关于建立全面战略伙伴关系的联合声明. 2018-07-20.

气。这是卡塔尔液化天然气公司迄今为止规模最大的液化天然气供应协议。而卡塔尔石油公司也已与中国东华能源股份有限公司签署 5 年期、每年供应 60 万吨液化石油气（LPG）的合同。

四、2018 年中国与中东地区能源合作展望

（一）潜在合作风险

1. 政治风险

中东地区国家的政治风险相对突出，地缘政治冲突频发，域外大国势力干涉，中东地区的能源合作需要将政治安全因素纳入考量。

首先，政治风险来自中东国家内部。自 2010 年以来，突尼斯、埃及、利比亚、也门等国的政权相继垮台，中东地区越来越多的国家陷入了内乱和战争等政治动荡状态。"民主转型"并没有给中东国家来带更稳定的政治环境，反而导致了政府执政能力下降，多方反对派势力展开斗争，乃至动用武力角逐权力，国家政治环境动荡不安，面临严峻的国内政治形势。此外，"伊斯兰国"的极端主义势力也仍然在中东地区存在，威胁民众生活与投资项目安全。中东国家国内这些现实的和潜在的因素可能导致政权更迭风险、社会动荡风险、政策变动风险等，成为中国在该地区投资的不利因素。

其次，政治风险也来自地区层面的国际组织，尤其是主要产油国所组成的OPEC。作为曾经主宰和垄断全球石油市场的国际组织，在经历卡塔尔的退出风波及沙特的卡舒吉事件后，如何继续维持和提高 OPEC 运转效率，如何制定组织内的减产协议并监督其实施效果，如何协调与俄罗斯及美国之间的产油关系等，这些都是 OPEC 在未来要面临的风险和挑战。

再者，政治风险也来自域外国家。美国、俄罗斯、英国、法国等西方国家在中东地区利益盘根错节、相互交织，直接或间接造成了中东地区当前的不稳定局势。以美国为例，美国总统特朗普延续了之前奥巴马政府的部分立场，利用空军、特种部队和无人机来帮助中东地区的盟友。但在伊朗核问题及巴以问题上，特朗普总统则采取了更加激进的做法，于 2018 年 5 月正式宣布退出此前奥巴马政府时期达成的伊核协议，重启对伊朗制裁；2018 年 5 月 14 日，在以色列建国 70 周年之际，美国正式将驻以色列大使馆从以色列第二大城市特拉维夫迁往耶路撒冷，更是激化了中东地区的巴以矛盾。此外，英国时隔数十年重返海湾，相继在巴林、阿曼等地区

建立军事基地，进一步巩固和拓展了其在中东地区的势力。

因此，从中东国家自身层面、地区层面和国际层面来看，这一地区的政治风险都处于较高水平，对于中国同中东国家的合作关系有较为直接的影响。

2. 经济风险

能源合作离不开能源要素价格。2018 年的国际油价呈现震荡上行又深度下挫的走势，能源价格的波动性给能源贸易收益带来了巨大的不确定性。例如 2018 年底，中国石化的子公司联合石化被报道在采购进口原油过程中，由于对国际油价趋势判断失误，部分套期保值业务交易策略失当，在油价下跌过程中部分原油套期保值业务的期货端产生损失。公告显示，联合石化去年经营亏损约 46.5 亿元人民币。[①] 而中东地区作为传统产油区，其能源产量对国际油价有着重要影响。中国在同中东国家开展能源合作时，应当加强市场研判，提高危机应对和风险管控能力。

此外，随着美国重启对伊朗制裁，相关金融风险也值得警惕。2018 年 11 月，美国给予了包括中国在内的 8 个国家和地区为期 180 天的豁免期。如何协调好能源合作自主性与"美国制裁"之间的关系，是值得政府和企业共同研究与探索的。2018 年，中兴通讯由于此前向伊朗售卖美国禁运设备，最终需要支付 10 亿美元的罚金并采取其他措施接受处罚。在豁免期结束后，中国企业同伊朗之间的正常能源贸易往来也将会受到一定影响，从而导致在该地区能源投资风险加大。

3. 社会风险

中东地区国家与中国的国情显著不同，社会情况、文化认知、法律法规也存在一定差异。因此，要在中东地区开展投资合作，首先要准确把握中东地区的基本情况。中东国家劳工保护、知识产权、环境保护、反贪污等领域制定有相关政策；而一些习惯于国内环境的企业走出去后并没有充分学习并适应这些政策。以中国铁建为例，由于缺乏对项目的分析和规范的设计，且对中东地区情况和工程模式缺乏必要研究，中国铁建在沙特麦加的轻轨项目净亏损 41.48 亿元人民币。[②] 因此，在参与中东地区投资的过程中，"入乡随俗"是需要引起相关企业人员重视的一大挑战。

4. 舆论风险

中东地区有着重要的地理区位，也有着丰富的油气资源，是以美国为首的西方

---

① 新华网. 中国石化发布 2018 年业绩快报并公布联合石化套保核查情况. http://www.xinhuanet.com//2019-01/25/c_1124044395.htm.

② 孙俊成，江炫臻. "一带一路"倡议下中国与中东能源合作现状、挑战及策略. 国际经济合作，2018（10）：67-72.

国家所重视且极力争夺的势力范围。面对近年来在该地区影响力日益扩大的中国，个别别有用心的西方国家将中国在中东地区的正常投资形容为"新殖民主义""新马歇尔计划"等内容，抨击中国的"一带一路"倡议为合作国家带来了"债务陷阱"等问题，指责中国在人权保护、环境保护、知识产权保护等方面的努力。中东地区和中国存在较大的社会习俗和文化差异，在民族主义不断抬头的今天，民众容易被西方国家的这些偏见言论所影响，认为中国在掠夺他们的资源、财富、就业机会等。因此，企业在中东地区开展能源投资的过程中，如何传播好中国形象、建立好民众关系也是一大挑战因素。

（二）未来合作前景

中国在中东地区的能源投资虽然充满挑战与风险，但同样存在合作与机遇。在这片有着丰富能源资源的土地上，中国企业在"一带一路"倡议的引导下，将在传统能源领域和可再生能源领域有着范围更广、质量更高、效益更好的合作前景。

1. "一带一路"框架下推进同中东地区能源合作

中东地区在丝绸之路经济带上处于关键节点位置，具有重要战略意义；同时，中东地区也有着丰富的能源资源，与中国在历史上有着一定的经济和文化联系。在"一带一路"倡议的指引下，中国将继续步稳蹄疾，推进同中东国家间能源合作。

"一带一路"倡议也与中东地区多国的国家发展战略相对接，例如沙特的"2030愿景"。2018年11月，中国国家主席习近平会见沙特王储穆罕默德的时候，提出双方要落实好"一带一路"倡议同沙特"2030愿景"对接，推进各领域合作。

在国家战略对接的基础上，中国同中东国家注重建立和完善具体的能源合作机制，例如中阿合作论坛、中阿能源合作大会、中阿能源合作联盟等，为"一带一路"倡议的延伸和拓展发挥了积极作用。

"一带一路"倡议强调中国同沿线国家做好政策沟通、设施联通、贸易畅通、资金融通、民心相通，将为中国与中东国家的合作提供更坚实的政策支持。例如来自国家银行机构的金融支持将更好地帮助中国企业在中东地区开展贸易提供资金服务；对能源基础设施互联互通的重视将进一步维护中国输油、输气管道等运输通道安全等。

2. 传统油气领域合作将继续稳步推进

传统油气领域一直是中国同中东国家合作的重点，合作规模保持较高水平。

近年来，中国与中东国家间的能源贸易关系不断加强。根据中国石油集团经济技术研究院发布的《2018 年国内外油气行业发展报告》，2018 年中国全年石油净进口量为 4.4 亿吨，同比增长 11%，石油对外依存度升至 69.8%；天然气进口量为 1 254 亿立方米，同比增长 31.7%，对外依存度升至 45.3%。预计 2019 年，中国油气对外依存度还将继续上升。[1] 在油气进口中，以沙特为代表的中东国家近年来一直是中国的主要进口来源地区，对维持中国传统能源安全至关重要。同样，对中东国家而言，中国也是其重要的贸易合作伙伴。目前中国已经成为沙特、阿联酋、伊朗等中东地区主要国家的第一大贸易伙伴。

除了油气领域合作的"量"的规模，在油气价格问题上，中国的能源议价能力也进一步提升。随着"一带一路"倡议的推进，中国一方面拓宽能源进口渠道，降低对中东国家的单向依赖；一方面同中东国家的合作关系向纵深发展，成为中东多国的最大或主要贸易伙伴，将有利于提升在能源议价领域的话语权。再如美国重启对伊朗制裁，中国作为伊朗的最大石油输出目的地，在其他国家因担忧美国制裁而纷纷停止或减少从伊朗进口石油的情况下，中国在能源合作谈判中也将具有更有利的地位。

在国家能源安全形势依然严峻的今天，构建全面开放条件下的油气安全保障体系，提升国际油气市场话语权，是中国国际能源合作战略中需要重点推进的方面。中东地区作为传统油气主产区之一，在中国国际能源合作中将继续发挥重要作用，双方在较长一段时间内将保持紧密合作势头并不断向前推进。

3. 可再生能源领域合作潜力巨大

在传统能源合作的基础上，当前国际能源战略合作正朝着"能源技术与能源网络共享、绿色发展"方向前进；中国的国际能源合作重点也正经历从传统能源向新能源与可再生能源逐步过渡。[2] 中国在发展现有油气能源合作的基础上，基于双方资源和技术优势，将在新能源和可再生能源领域有更大的合作前景。

一方面，中东地区可再生能源储量丰富，开发潜力巨大。中东地区大多处于温带、亚热带地区，日照充分，且位于海湾周边，风能条件较好，因此十分适合发展太阳能和风能，摆脱对油气资源的过度依赖。在可再生能源目标方面，沙特计划将装机容量提升到 3.45 吉瓦；阿联酋则希望到 2050 年，可再生能源发电量占到总发电量的 44%，并将建设预计耗资 32 亿美元的全球最大光伏发电厂；卡塔尔也计划

---

[1] 中国石油集团经济技术研究院. 2018 年国内外油气行业发展报告. 2018-01-16.

[2] 许勤华. 中国国际能源合作战略重点之一——能源技术、能源网络共享与绿色发展. 石油科技论坛，2018（4）：8-12.

投入 5 亿美元开展 1 吉瓦的太阳能合作开发计划等；科威特则希望到 2035 年，全国的发电量中有 15％来自可再生能源。[①] 由此可见，中东地区国家有着丰富的可再生能源资源，且开采和利用愿望强烈，将会成为可再生能源的一大市场。

另一方面，中国也拥有强大的新能源技术实力，可以为中东地区可再生能源开采和利用提供帮助。2018 年，中国水电、风电、光伏装机容量、核电站在建规模和年发电量均居世界首位，且风电、光伏、核电等技术逐渐发展成熟，成本不断下降，部分有实力的地区已经实现"无补贴"平价上网，显示出中国在新能源技术领域的领先地位。在中东地区，一系列中国承建的光伏电站、风力电站已经开始落地，反映出中国与中东国家的能源合作模式正在发生变化，由传统的购买能源变成引领中东地区可再生能源发展，向中东输出能源技术。

因此，结合中东地区的资源禀赋和中国的技术优势，双方在可再生能源领域有着巨大的合作潜力。

总之，2018 年对于中东地区而言仍然是一个形势严峻、冲突频发的年份，在将来一段时期内也仍将继续保持当前的一些不稳定因素。但是该地区有着丰富的资源储量和巨大的市场潜力，在"一带一路"倡议的全面展开和深入推进下，中国同中东地区国家之间的能源合作将越走越远、越走越紧密、越走越成熟，从传统油气领域合作拓展到更广的可再生能源合作与技术合作，为中国的国际能源战略发展、为中东地区的和平繁荣发展提供动力。

---

① 王灏晨，李舒沁. 中东北非地区可再生能源发展现状及其对我的影响与启示. 中国经贸导刊，2018（14）：21~23.

非洲地区

张梦琨 袁媛

一、2018 年非洲地区政治经济形势综述

(一) 2018 年非洲地区政治形势综述

1. 政治形势总体较为稳定

总体而言，2018 年非洲政治形势的总体发展较为稳定。首先，非洲国家的国内选举形势更趋和平与理性。从 2010 年开始，非洲国家在选举过程中产生动乱的情况已大大减少；从 2014 年到 2018 年，选举生乱的情况在非洲国家中进一步减少。从 2014 年到 2017 年，非洲地区均未出现国家政权遭遇政变推翻的情况。需要指出的是，"老人政治"（Gerontocracy）和"第三任期"在非洲地区仍有一定的市场。2018 年 6 月，布隆迪修改宪法，其中规定总统的任期年限从五年延长到了七年。按照这一新宪法，布隆迪现总统皮埃尔·恩库伦齐扎（Pierre Nkurunziza）可参选并担任总统一职直至 2034 年，虽然他表示并不谋求"第三任期"。2018 年 10 月，85 岁的喀麦隆现总统保罗·比亚（Paul Biya）第七次赢得总统大选，开始了他的第七个总统任期。

其次，伴随着全球性的生态挑战、地区之间冲突加剧、南北经济发展不平衡等问题，非洲政党正面对着诸多严峻的现实挑战，而非洲的政党政治则呈现"一党主导型""势均力敌型"或"碎片化型"等多种态势。[①] 在"一党主导型"的国家，执政党与国家权力大多具有紧密的联系，执政党既能决定国家的大政方针和发展方

[①] 许忠明. 非洲左翼政治力量的形成、建设与发展. http://www.cssn.cn/zx/bwyc/201810/t20181025_4731233.shtml.

向，也在重要的人事任命上享有较大的话语权，南非和厄立特里亚就是这种情况。但在这类国家中，党权关系也并非完全是紧密的，在乌干达、加蓬以及赤道几内亚等国的政治实践中，一党对国家权力的占有和支配比较有限。在"势均力敌型"的国家，其国内政治局势往往是两大政党平分秋色或三大政党三足鼎立，这些国家的政党和国家权力的关系或紧密或松散，如毛里求斯，有的则介于二者之间。在"碎片化型"的国家，其国内政党林立、数量众多，不同政党的力量格局呈现"碎片化"的状态，因此往往由两个以上政党结为政治联盟组建政府。在非洲地区，呈"碎片化型"的国家数量相对较多，其数量在撒哈拉以南的非洲国家中超过三分之一。①

2. 区域国际组织作用强化

在非洲政治的发展进程中，非洲区域国际组织的地位和作用得到强化，其在非洲地区事务上的主导权和话语权亦得到提升。以非盟为例，2018年11月17日至18日，非盟在埃塞俄比亚首都亚的斯亚贝巴召开了第十一届特别峰会，会议的主要议题为推动和深化非盟改革，而改革的目标则在于精简非盟机构、加强非盟机制建设、提高非盟决策效率，以建设更加强大、独立、自主和繁荣的非洲。② 此次会议所取得的主要成果如下：第一，自2021年起，非盟委员会成员将由10人减至8人，包括主席、副主席和6名委员，其中安全委员与政治事务委员、贸工委员与经济事务委员合并；委员会主席将由成员国元首投票产生，其他委员则由成员国外长选出；选举进程将更加开放，遵循区域代表性和性别平等、择优和透明等原则。第二，非盟将对拖欠会费的成员国采取包括禁止发言、取消参会资格等在内的制裁措施；在非盟框架中引入同行审议机制，优化非盟和非洲地区其他次区域组织间的分工。第三，发起成立预算为1亿美元的非盟和平基金，力争到2021年从成员国募集4亿美元资金，尽早结束在非洲维和与安全事务上对外部力量的过度依赖面。第四，新设立的非洲发展署的主要职责在于推动非洲一体化进程，加快实施非盟《2063年议程》，协调非洲大陆或区域性重点项目，为非盟成员国及区域机构能力建设提供智力支持，协调非洲各国与发展伙伴之间的关系等。③ 在非洲一体化的发展进程中，非洲的区域国际组织正在为构建非洲发展新范式发挥着独特的作用，贡献着不可或缺的力量。

---

① 许忠明. 非洲左翼政治力量的形成、建设与发展. http://www.cssn.cn/zx/bwyc/201810/t20181025_4731233.shtml.

② 曾爱平. 非盟改革进行时. 中国投资，2018（24）：18.

③ 同②.

3. 部分地区反恐形势较为严峻

在 2018 年，和平问题和恐怖主义依然对马里、南苏丹、利比亚、尼日利亚、喀麦隆、索马里、刚果（金）等多个国家有所影响，非洲部分地区的反恐形势依然较为严峻。自"阿拉伯之春"后，恐怖组织蔓延到了非洲，而非洲的西非和中非则成了该地区受恐怖主义困扰最为严重的地区。在非洲的恐怖组织中，"博科圣地"（Boko Haram，又译"博科哈拉姆"）具有较大的影响力。"博科圣地"的全名为"致力传播先知教导及圣战人民军"（People Committed to the Propagation of the Prophet's Teachings and Jihad），它于 2002 年成立于尼日利亚，是一个伊斯兰教原教旨主义组织，被称为"尼日利亚的塔利班"。2015 年，"博科圣地"宣布效忠"伊斯兰国"（ISIS）。2017 年，"博科圣地"发动了 60 多次恐怖袭击，其活动范围覆盖尼日利亚、乍得、喀麦隆、尼日尔四国约 5 万平方千米的边境区域。截至 2018 年 3 月，该组织造成的死亡人数超过 2 万，约占全球恐怖袭击的 14%。[1] 事实表明，目前部分非洲地区依然面临较为严峻的反恐形势。

（二）2018 年非洲地区经济形势综述

1. 经济发展缓慢恢复

自 2015 年以来，美元流量在国际社会中急剧减少，这导致"美元荒"在埃及、安哥拉、尼日利亚、埃塞俄比亚以及南非等多个非洲国家先后出现，很多国家不得不实行外汇管制，而美元加息也加剧了不少非洲国家的外汇流失，这对非洲地区的经济增长颇为不利。与此同时，大多数非洲国家的经济体量有限，对外借债和发行主权债是这些国家平衡外汇短缺的主要手段，但由于西方国家动辄降低其信用评级，这使其获得外汇的难度有所增加；加之因债务清偿能力有所欠缺而难以获得外部贷款，部分非洲国家不得不在债务负担沉重的情况下取消了对一些基本商品的进口补贴，这造成了其国内民众生活水平和购买力的下降。[2]

从 2017 年开始，非洲地区的经济有了恢复性增长。加之国际油价上涨、非洲石油出口国产油量增加、东部与南部非洲干旱气候缓解所带来的农业生产恢复等带来的影响，非洲经济呈现较为稳定的增长态势。由于非洲经济的外向性较为明显，国际经济环境的政体好转对非洲经济的好转亦有所裨益。2018 年，国际货币基金

---

① 王洪一. 非洲安全新挑战及其对中非合作的影响. 国际问题研究，2018（4）：100.
② 王洪一. 非洲安全新挑战及其对中非合作的影响. 国际问题研究，2018（4）：103.

组织发布了《撒哈拉以南非洲经济展望》，估测非洲在 2018 年的经济增长率为 3.1%，这一数字略高于 2017 年的 2.7%。[①] 总体而言，尽管非洲地区经济的增长动能有所减弱，但其经济发展依然呈现良好的态势。

2. 地区发展差异仍存

区域经济发展不平衡是经济发展中普遍存在的现象。从近期非洲的经济发展情况来看，不同地区之间的发展差异仍然存在，且非洲地区不同国家在经济增速上的差异化特征依然有所延续。在当前的非洲经济发展中，北非、中非、东非、南非和西非五大板块的区别已经有所表现，非洲大陆大致呈现"两强三弱"的区域经济发展格局。

近期，东非地区的经济表现颇为突出。2017 年，东非地区的 GDP 预计增长 5.6%，北非和西非地区的 GDP 增长均为 3.4%，中部非洲地区 GDP 增长约为 2.2%，而南部非洲地区的 GDP 仅增长 1.4%。如果从是否为石油出口国的角度来看，非石油出口国的经济增速要明显高于资源富集国，其中撒哈拉以南的非石油出口国[②]在 2017 年的 GDP 增速为 5.5%，远远高于该地区石油出口国 0.8% 的 GDP 增速。[③] 随着非洲经济的恢复与发展，能否做到区域内部各地区的均衡发展越发影响未来非洲地区的经济发展状况。

3. 债务问题较为突出

长期以来，非洲地区的债务问题一直存在。在经济繁荣时期，非洲的债务问题往往在一定程度上被忽视，但当非洲的经济发展遭遇困难时，债务问题就立即显现出来。

从 2014 年开始，非洲的外债平均增速已经超过 10%，其外债总额超过了 4 400 亿美元。[④] 目前，非洲各国政府债务水平大幅上升，在撒哈拉以南的非洲国家中，其政府债务中约有 38% 来自商业银行，约有 36% 的债务来自世界银行和国际货币基金组织等多边机构，还有约 26% 来自其他国家政府。[⑤] 其中，肯尼亚政府的债务已占其 GDP 的 32%，而乌干达政府和坦桑尼亚政府的债务则分别占其 GDP 的 57% 和 63%；在众多非洲国家中，莫桑比克的债务问题格外突出，其政府债务已经

---

① 袁武. 2018 年的非洲：喜忧参半 新热点凸显. http://opinion.china.com.cn/opinion_76_198076.html.

② 不含南非共和国.

③ 殷悦. 当前非洲政治经济形势. 国际研究参考，2018（5）：10.

④ 同③.

⑤ 人民网. 2018 年南部非洲国家或将面临新一轮债务危机. http://world.people.com.cn/n1/2018/0119/c1002-29775895.html.

占到了其 GDP 的 299％。[①]

2018 年 7 月 4 日，中国进出口银行（The Export-Import Bank of China）副行长谢平在中非智库论坛表示，中国和非洲国家政府、企业、金融机构应共同努力，促进非洲债务可持续性，非洲国家要根据自身的具体国情、资源禀赋和区位条件等制定与自身发展阶段相适应的发展路径。[②]

二、2018 年非洲地区能源形势概况与分析

（一）2018 年非洲地区能源形势

1. 能源资源丰富 投资相对不足

非洲地区能源资源十分丰富。在传统能源方面，《BP 世界能源统计年鉴 2018》数据显示，截至 2017 年底，非洲探明的石油储量约为 167 亿吨，约占世界石油总量的 7.5％；截至 2017 年底，非洲探明的天然气储量约为 13.8 万亿立方米，约占世界天然气总储量的 7.1％；截至 2017 年底，非洲探明的煤炭储量约为 132.2 亿吨，占世界煤炭总探明储量的 1.2％，撒哈拉以南的非洲煤电潜力大约为 290 000 兆瓦；非洲水力资源丰富，其可开发的水电资源约占全世界的 12.2％。[③]

在可再生能源方面，非洲的可再生能源种类齐全且丰富，具有很大的开发潜力，世界能源委员会（World Energy Council）还把非洲评为全球可再生能源最丰富的地区。在太阳能方面，非洲是全球太阳能资源最为集中的地区之一，该地区的太阳辐射量分布较为均匀，约有四分之三的土地可接受太阳垂直照射，85％的陆地表面每年每平方米可接收大约 2 000 千瓦时的太阳能[④]，开普敦最好的位置每年有超过 2 500 千瓦时/每平方米的潜在发电能力，日平均太阳辐射水平在 4.5 到 6.5 千瓦时/每平方米之间；在风能方面，非洲国家的风力条件大多较好，其风能所蕴含的电力为 5 000 万亿～7 000 万亿千瓦时/年。[⑤] 据估计，到 2040 年，非洲的可再生能源供应将达到每年 585 百万吨油当量的水平，其中可再生能源发电量将增长至

① 人民网. 2018 年南部非洲国家或将面临新一轮债务危机. http://world. people. com. cn/n1/2018/0119/c1002-29775895. html.
② 中华人民共和国外交部. 谢平：各方应共同努力促进非洲债务可持续性. https://www. fmprc. gov. cn/zflt/chn/zfgx/t1575092. htm.
③ 国际能源网. 再加 600 亿美元支持 非洲能源投资指南. http://www. in-en. com/article/html/energy-2272946. shtml.
④ 张建新，朱汉斌. 非洲的能源贫困与中非可再生能源合作. 国际关系研究，2018（6）：46.
⑤ 同③.

170 吉瓦，所占发电比重将接近 50%。[1]

虽然非洲地区具有丰富的能源资源，但它在开发和投资方面却十分不到位，存在明显的不足。世界银行数据显示，在撒哈拉以南的非洲地区，2016 年非洲总人口中约有 57% 的电力需求无法满足。美国能源信息署表示，非洲电力总装机容量为 175 吉瓦，其中火电装机占有很大比重；在发电量上，2015 年非洲发电总量为 7 400 亿千瓦时，火力发电占 80.13%。地中海沿岸的北部非洲的发电量占了全非洲 3/4 以上，同样是以火电为主，其他国家的电力来源主要是中小水电，电网规模也不大，其更新换代和升级需要投资更新。[2] 在能源消费情况方面，美国能源信息署指出，非洲地区具有劳动力成本低且自然资源丰富等比较优势，这有助于其制造业的增长，因此在未来，非洲地区对工业能源的需求将增加；在经济增长较高的假设下，预计 2040 年非洲人均能源消费量将比标准情况高出 30%，达到 2 200 万英热单位/人。[3]

2. 可再生能源发展迅速

2018 年，非洲在可再生能源上有着明显的进步和发展。

早在 2015 年，联合国曾提出 17 项可持续发展目标，用于在千年发展目标到期之后继续指导 2015 年至 2030 年的全球发展工作，其中包括贫困、不平等、气候、环境退化、繁荣以及和平与正义等多项涉及全球治理的内容。[4] 在非洲地区，对储量丰富的可再生能源进行有效开发利用和推动该地区可持续发展，于联合国而言，两项努力具有内在一致性。在 2015 年第 21 届联合国巴黎气候变化大会上，非盟提出了《非洲可再生能源倡议》，在倡议中提出预计到 2030 年为非洲增加发电容量 3 亿千瓦[5]，还提出帮助非洲国家向可再生能源体系跃进，以此支持其低碳发展战略，强化非洲地区的经济和能源安全。这是非洲地区对当年气候变化大会的重大贡献。全球风能理事会（Global Wind Energy Council）近期表示，非洲和中东地区在 2018

---

① 张建新，朱汉斌. 非洲的能源贫困与中非可再生能源合作. 国际关系研究，2018（6）：46.

② 国际能源网. 再加 600 亿美元支持 非洲能源投资指南. http://www.in-en.com/article/html/energy-2272946.shtml.

③ 中华人民共和国驻肯尼亚共和国大使馆经济商务处. 2018 国际能源展望报告：非洲人均能源消费量将随经济增长而增加，但仍低于其他地区. http://ke.mofcom.gov.cn/article/jmxw/201808/20180802781544.shtml.

④ 联合国. 17 项可持续发展目标. https://www.un.org/sustainabledevelopment/zh/sustainable-development-goals/.

⑤ 中国电力企业联合会. 可再生能源倡议促非洲发电容量翻番. http://www.cec.org.cn/guojidianli/2016-01-26/148435.html.

年新增了 962 兆瓦陆上风电装机容量，其增幅较 2017 年高出了 300 兆瓦[①]；据统计，非洲大陆自 2010 年来总装机容量增长了 236 吉瓦，其增幅约 63%，其中光伏装机容量的增量超过 45 倍；预计在未来两年内，这一数字还将再翻一倍，即从 2018 年的 4 吉瓦提高到 2020 年底的 8.711 吉瓦。[②]

2018 年 9 月 4 日，非洲能源互联网发展论坛在北京举行。在论坛上，全球能源互联网发展合作组织（Global Energy Interconnection Development and Cooperation Organization）发布了《非洲能源互联网规划研究》，为非洲清洁能源开发、电网互联等现实问题提供了解决思路和解决方案。在论坛上，全球能源互联网发展合作组织还和几内亚联合倡议成立"非洲能源互联网可持续发展联盟"，并分别与联合国非经委、非洲电力公用事业协会、东非电力池和西非电力池签署了 4 项合作协议，这对于推动深化中国与非洲能源合作、助力非洲各国可持续发展而言具有重要意义。

（二）2018 年部分非洲国家能源情况

尼日利亚目前是非洲最大的石油生产国。在 2015 年，它还是当时的世界第四大液化天然气出口国。近年来，尼日利亚政府在可再生能源的政策和监管框架上取得了越来越多的进展。尽管如此，能源缺乏的现象在尼日利亚的部分地区仍存在，尼日利亚的部分州在 2018 年依然处于电力短缺的状态。[③]据悉，尼日利亚政府已开始利用可再生能源，计划将尼日利亚打造成西非欠发达地区的新能源中心。

安哥拉油气资源丰富，其已探明的石油可采储量超过 11 亿吨，原油日产量约为 170 万桶，常年位列非洲最大产油国前两名，与西非产油国尼日利亚的产量不分伯仲。由于近海投资不足，安哥拉 2018 年的产油量较 2017 年有所下降。近年来，安哥拉致力于扩展电力网络，并批准了新的可再生能源战略。

利比亚是非洲重要的产油国，其石油和天然气资源丰富，石油和天然气也是利比亚经济的主要驱动力。2014 年，因利比亚国内局势动荡，利比亚的能源勘探和开发活动受到巨大影响。2018 年 10 月 8 日，利比亚国家石油公司宣布与两家欧洲石油公司签署协议，恢复在利比亚的石油勘探工作，这对于利比亚能源经济的恢复

---

① 国际电力网. 2018 年非洲和中东地区的新增风电装机容量接近 1GW. http://power. in-en. com/html/power-2310462. shtml.

② 中国能源网. 2020 年非洲光伏装机容量将达到 8.71GW. https://www. china5e. com/news/news-1045245-1. html.

③ 中国能源网. 关注丨尼日利亚 13 个州电力供应不足 40%. http://www. cnenergy. org/dl/201808/t20180806_674044. html.

和发展有所帮助。[1]

埃及是非洲重要的能源国家，也是北非地区人口增速最快的国家之一，其能源需求的增速也非常快。为此，埃及政府采取了能源多样化战略，即综合可持续能源战略（ISES），以确保该国能源供应的持续安全和稳定；此外，埃及还大力发展新能源，特别是太阳能。2018 年，埃及正在建设全球最大的太阳能发电场。[2] 不仅如此，埃及还着力连接周边国家的电网，其连接苏丹的电网于 2018 年底投入使用。2018 年，埃及于 2 月和 9 月分别与以色列和塞浦路斯签署了天然气合作协议。

三、2018 年中国与非洲能源合作概况与分析

（一）2018 年中国与非洲能源合作概况

中国与非洲是命运共同体，中国与非洲的友好关系世代流长，双方互相支持，在多个领域有着密切的合作，其中能源是中非合作的一个重点领域。中国与非洲的利比亚、尼日利亚、安哥拉、阿尔及利亚、南非等国均展开了深度的能源合作。中国能源企业积极走出去，与非洲企业进行贸易、建设、开发等全方位、多领域、高水平的能源合作。在 2015 年的中非合作论坛上，国家主席习近平提出将中非新型战略伙伴关系提升为"全面战略合作伙伴关系"，中非能源合作迎来新的发展机遇期。2018 年，中国国家能源局发布的《2018 年能源工作指导意见》中明确指出，中国要扩展能源国际合作，保障国家能源安全；推进"一带一路"建设，加强能源基础设施互联互通，深化技术装备和产能合作；积极参与全球能源治理。[3]

回顾 2018 年，中非能源合作总体上呈现重点突出、领域扩展、投资力度加大的特点；展望未来，中非能源合作潜力无限，但与此同时，双方的合作中也存在一些不可忽视的风险。

1. 中非能源合作重点突出

中国石油集团经济技术研究院发布的《2018 年国内外油气行业发展报告》显示，中国在 2018 年的天然气进口持续高速增长，成为全球第一大天然气进口国，

---

① 新华网. 利比亚与欧洲能源公司签署恢复石油勘探协议. http://www.xinhuanet.com/fortune/2018-10/09/c_1123533085.htm.

② 人民网. 埃及大力发展可再生能源. http://energr.people.com.cn/n1/2018/0809/c71661-30217816.html.

③ 中国国家能源局. 2018 年能源工作指导意见. http://zfxxgk.nea.gov.cn/auto82/201803/t20180307_3125.htm.

在天然气方面的对外依存度大幅攀升至45.3％，而在石油方面的对外依存度也上升到了69.8％。① 中国对油气的大量需求在中非能源合作上也有所体现。2018年的中非能源合作重点突出，能源贸易集中在油气领域的合作上，特别是石油。

根据国际能源署（IEA）的数据，强劲的世界经济有望支撑石油需求的稳固增长，预计石油需求增速将达到120万桶/天，到2023年石油需求将达到1.047亿桶/天，比2017年增加690万桶/天；其中，中国和印度将合计贡献近50％的全球石油需求增长。② 中国海关总署发布的2018年全国进口重点商品量值表显示，中国2018年的原油进口量达46190.1万吨，同比增长10.1％。③ 非洲依然是中国除中东外最大的石油进口地。安哥拉连续第三年成为中国的第三大原油进口国，仅次于俄罗斯和沙特，2017年中国自安哥拉进口的石油总量占当年中国石油总进口量的12％④；在2018年1月至11月，中国自安哥拉进口的原油占总进口量的13％，但由于安哥拉近海投资不足，所以其对中国原油出口较同期有所下降。⑤ 除此之外，刚果共和国、利比亚、南苏丹等也是中国在非洲的重要原油进口国，上述国家与中国的原油贸易量均较大。除了与安哥拉等传统的合作伙伴的油气领域合作外，中国也积极扩展了与非洲其他主要产油国之间的合作，如尼日尔总理布里吉·拉菲尼（Brigi Rafini）一行于2018年5月到访中国石油天然气集团有限公司，双方就推动和扩大中尼石油领域等合作交换了意见。

2. 中非能源合作领域扩展

2018年，中非能源合作的领域不断扩展，逐渐演变为集能源勘探、开发、建设、贸易为一体的综合性能源合作。

在油气领域的上游合作方面，中非之间的合作有着明显的扩展，如2018年3月，中石化高达9亿美元的收购案获南非竞争法庭批准。中石化的这一项目是其在非洲的首个大型炼油项目，也是其在非洲的最大单笔投资，其资产纵跨价值链中的炼油、油品和非油销售及润滑油业务。2018年10月，珠海格力电器股份有限公司超过10 000套的制冷设备中标了非洲尼日利亚D集团炼油厂项目，获得世界上最

---

① 中国石油集团经济技术研究院. 2018年国内外油气行业发展报告. http://news. cnpc. com. cn/system/2019/01/18/001717430. shtml.

② 中国经济网. IEA发布《石油市场报告2018》：化工产品成石油需求增长主要动力. http://ce. cn/cysc/ny/gdxw/201804/26/t20180426_28950208. shtml.

③ 中国海关总署. 2018年12月进口主要商品量值表（人民币值）. http://www. customs. gov. cn/customs/302249/302274/302276/2278855/index. html.

④ 数据来源：https://atlas. media. mit. edu/zh/visualize/tree_map/hs92/import/chn/show/2709/2017/.

⑤ 根据中国海关总署相关公开资料计算得出。

大单体炼油厂的认可等。这些事实说明，中国企业在非洲的市场基础更加牢固，中国能源企业在非洲的能源参与也朝着油气上游领域迈出了更为坚实的步伐。除在油气领域的上游合作方面有着一定的进步，中非在油气领域的下游合作领域同样有所扩展。2018年9月，由中国重型机械总公司承建的尼日利亚燃料乙醇项目日前在尼日利亚西南部埃基蒂州埃耶梅洛地区举行开工仪式。这是中国企业第一次同尼日利亚在生物燃料加工领域展开合作。中国在2018年新增炼能超过全球净增能力的一半[①]，中国炼油能力结构性过剩趋重，中非之间能源合作的扩展也能对中国缓解炼油能力结构性过剩所带来的问题有所帮助。

在中非能源合作中的工程承包方面，双方能源合作的工程承包方式并未因能源合作领域的扩展而缩减。非洲地区是中国对外承包工程业务的传统市场。近两年来，中国企业在非洲市场对外承包工程业务发展面临一定困难，2017年新签合同额为765.0亿美元，同比下降6.8%，占对外承包工程新签合同总额的28.8%；完成营业额为511.9亿美元，占对外承包工程完成营业总额的30.4%，同比下降1.4%，连续两年出现负增长，但降幅收窄。[②] 在2018年的中非合作论坛北京峰会上，中国决定和非洲联盟启动编制《中非基础设施合作规划》，支持中国企业以投建营一体化等模式参与非洲基础设施建设，重点加强能源、交通、信息通信、跨境水资源等合作。因此，2018年，中国企业赴非承包能源领域的项目依然是中国企业"走出去"的重要内容，如中国机械设备工程股份有限公司（CMEC）于2018年6月与肯尼亚SMGP公司签署了《肯尼亚Menengai 35MW地热项目EPC总承包合同》、中电装备公司于2018年9月与加蓬战略投资基金签署了合作框架协议和加蓬国家主干网项目工程总承包合同等。

3. 中国对非能源投资增长

2017年，中国流向非洲对外直接投资为41.1亿美元，同比增长70.8%，对非洲直接投资占当年对外直接投资流量的2.6%。截至2017年底，中国在非洲地区的投资存量为433亿美元，占中国对外投资存量的2.4%。[③] 2018年，中国对非洲能源领域的官方资金支持力度持续加大，中国政府继续引导中国企业对非洲的能源领域进行投资，铸就中非能源合作的企业与市场基础，推动中国企业"走出去"和

---

① 中国石油集团经济技术研究院. 2018年国内外油气行业发展报告. http://news. cnpc. com. cn/system/2019/01/18/001717430. shtml.

② 中国商务部. 中国对外承包工程发展报告2017—2018. http://fec. mofcom. gov. cn/article/tzhzcj/tzhz/upload/dwcbgc2017—2018. pdf.

③ 中国商务部. 中国对外投资发展报告 2018. http://images. mofcom. gov. cn/fec/201901/20190128155348158. pdf.

"走进去"。

在 2018 年的中非合作论坛北京峰会上,习近平主席表示将在未来的三年内重点实施"八大行动"。为了推动"八大行动"顺利实施,中国将以政府援助、金融机构和企业投融资等方式,再向非洲提供 600 亿美元支持,包括提供 150 亿美元的无偿援助、无息贷款和优惠贷款、推动中国企业未来三年对非洲投资不少于 100 亿美元等。在 2018 年的中非能源合作中,中国也一直在以行动践行这一主张。2018 年 1 月,标准银行和中国工商银行为莫桑比克珊瑚(Coral)浮式液化天然气项目提供约 80 亿美元的投资;2018 年 7 月,由中国水电建设集团国际工程有限公司承建的津巴布韦最大的火电项目万盖燃煤电站扩机工程正式开工,该项目总投资近 15 亿美元,中国进出口银行向津巴布韦提供近 10 亿美元的优惠贷款;2018 年 10 月,中国和安哥拉签署了信贷协议,中国国家开发银行将向安哥拉提供 20 亿美元的贷款,用于支持该国经济发展,特别是基础设施建设。除了中国官方的投资外,中国企业对非洲能源领域的投资也在持续增加。以中国海洋石油集团有限公司(CNO-OC)为例,该公司在尼日利亚的投资已经超过 140 亿美元,在 2018 年 7 月,该公司拟在尼日利亚再投 30 亿美元,追加投资主要集中于尼日利亚第 130 号海上石油勘探区块。

4. 中非能源合作具有互利互惠性

中非之间的能源合作具有互利互惠性。中国的投资与贸易有利于非洲经济的发展,帮助非洲增加能源供给量,有助于非洲提升其能源自给能力和能源利用效率,甚至能推动部分非洲国家的能源发展取得突破性进展。在非洲,从 2018 年中非能源合作中受益的案例主要有肯尼亚、埃塞俄比亚、摩洛哥、尼日利亚等国家。2018 年 4 月,肯尼亚能源监管委员会总干事帕威尔·欧梅克表示,由于中国优惠贷款融资,肯尼亚将对国有 50 兆瓦太阳能电厂的固定价格购买合同费用减半。2018 年 6 月,中国保利协鑫天然气集团在欧加登盆地为埃塞俄比亚产出第一桶原油,标志着该国油气产业发展进入新阶段,这将极大地改变埃吉两国的能源与经济发展格局。埃塞俄比亚索马里州长阿布迪·穆罕默德表示,中国企业的勘探开发工作为索马里州当地带来了巨大变化,为经济发展、解决就业和社区建设等注入了活力。[①] 2018 年 8 月,中国电建所属山东电建三公司总承包的摩洛哥努奥三期项目发电机首次并网一次成功,标志着目前全球装机容量最大的 150 兆瓦塔式光热电站项目并网目标

---

① 人民网. 中企为埃塞俄比亚产出第一桶油. http://world.people.com.cn/n1/2018/0628/c1002-30094502.html.

顺利实现。该项目建成后可帮助摩洛哥进一步摆脱能源困境，缓解其紧张的电力供应，同时能有效促进当地就业、带动当地技术提升和产业升级。据悉，该项目已为当地提供了 6 000 多个就业岗位，并为摩洛哥企业在电力设备材料制造和电力工程建设领域培养了大批人才。[①] 2018 年 9 月，尼日利亚国家石油公司（NNPC）宣布将在中国公司的帮助下，计划实现几个国内的生物燃料项目投资。

（二）中非能源合作的前景分析

1. 合作潜力巨大，天然气是中非能源合作长足发展的关键切入点

中非之间能源合作的互补性强，合作方式多样，合作潜力巨大。从短期来看，中国和非洲在石油领域的合作仍将是中非能源合作的重点，但除石油领域外，中非在清洁能源方面的合作前景亦非常广阔。在过去的十余年间，中国公司已经在光伏和风电等领域确立了全球领先优势，而非洲地区的能源和市场潜力也为中非在清洁能源领域的合作提供了条件。因此，中非在包括天然气、风能、太阳能、水电等在内的清洁能源领域的合作潜力巨大，合作前景广阔，尤其是在天然气领域。

如上文所述，非洲天然气资源十分丰富且目前尚处于开发前期。《BP 世界能源展望 2018》中曾提到，非洲在全球能源市场中的地位将上升，且其占市场份额最大的能源种类是天然气。[②] 与此同时，天然气在中国未来的能源消费结构中也将占有举足轻重的地位。这是因为：第一，全球能源消费结构日趋清洁化，中国作为积极应对全球气候变化的参与者和全球环境治理的引领者，其能源消费结构也将趋于清洁化。中国石油集团经济技术研究院发布的《2050 年世界与中国能源展望》中指出，未来天然气将超越石油成为第一大能源，而新能源和可再生能源将迅速发展，包括天然气在内的全球清洁能源比重将于 2050 年超过 50%，天然气将在 2025 年后超过煤炭成为第二大能源，2045 年前后超过石油成为第一大能源。[③] 该报告还表示，在经济结构加速调整和控制能源消费总量政策影响下，中国能源消费将在 2035 年前后达到峰值，中国化石能源消费将在 2030 年达到峰值。第二，中国是目前世界第一大天然气进口国，作为重要的新兴经济体，中国强劲的发展需求将持续驱动中国对能源需求的不断攀升，因此天然气在中国能源消费结构中的重要性的提升是

---

① 中国电建. 公司承建的摩洛哥努奥三期项目首次并网一次成功. http://www.powerchina.cn/art/2018/8/21/art_19_294462. html.

② 英国石油公司（BP）. BP 世界能源展望 2018. https://www.bp.com/content/dam/bp-country/zh_cn/Publications/EO18%E4%B8%AD%E6%96%87%E7%89%88. pdf.

③ 中国石油集团经济技术研究院. 2050 年世界与中国能源展望. http://etri.cnpc.com.cn/etri/qydt/201607/0d251da8cfef4c569aee255899d9a037. shtm.

可预见的。第三，提升天然气消费比重也是国家政策的发展趋势。中国国家能源局发布的《2018 年能源工作指导意见》提到，中国 2018 年非化石能源消费比重要提高到 14.3％左右，天然气消费比重要提高到 7.5％左右。^① 概而言之，天然气将成为中国能源进口、能源消费、能源安全的重要关注点之一。因此，中非在天然气领域的合作潜力是巨大的，天然气也将成为中非能源合作长足发展的关键切入点。

2. 中非合作风险不可忽视

由于非洲地区在政治和经济发展上仍具有一定的不确定性，因此中非能源合作中的风险不可忽视。

近年来，非洲基础设施状况及经济状况不断改善，非洲工业化总进程不断加快。在此情况下，非洲能源资源丰富但投资不足的事实则表明非洲市场潜力巨大，是一个投资的好去处。但从目前的情况来看，非洲的经济状况仍不甚明朗，当前的非洲经济发展进程仍处于量的积累过程，其经济发展基础、经济结构、经济发展速度和质量仍有较大的提升空间^②；与此同时，当前还有部分非洲国家处在"债务危机"之中，目前它们的偿债能力不足，可能影响其对于中国提供的优惠贷款等资金的债务清偿。除此之外，来自政治方面的不稳定和恐怖主义的威胁在部分非洲地区依然存在，这也可能为中非能源合作的发展带来一定的风险。

---

① 中国国家能源局. 2018 年能源工作指导意见. http://zfxxgk. nea. gov. cn/auto82/201803/t20180307_3125. htm.

② 中国商务部. 中国对外投资发展报告 2018. http://images. mofcom. gov. cn/fec/201901/20190128155348158. pdf.

亚太地区

何泉霖　李昊阳

一、2018 年亚太地区政治经济形势综述

（一）2018 年亚太地区总体政治经济形势

1. 总体政治形势

2018 年亚太地区的政治安全形势比起 2017 年呈现许多新变化与新特点，与 2017 年相比，2018 年亚太地区政治形势的总体特点是紧张与缓和并生，机遇与挑战并存，其中缓和是 2018 年亚太地区政治形势的主旋律。特朗普在亚太地区的战略部署逐步明晰，埋下了亚太地区冲突的可能性；朝鲜半岛安全形势得到了戏剧性逆转，美朝、朝韩关系得到历史性缓和，一度濒临临界点的东北亚安全局势瞬间降温；南海地区"去热点化"，走向缓和与合作；作为亚太地区最重要的国家之一，中国和日本的关系在 2018 年得到了改善，推动了亚太安全局势的总体缓和。然而，美国政策的不确定性，使得走向缓和的亚太地区政治形势的前景更加扑朔迷离。总而言之，2018 年亚太地区总体政治形势有两大重点：第一是美国在亚太地区的活动日益频繁，第二是朝鲜核问题实现了突破性进展。

（1）印太战略基本形成，中美政治关系受经济关系影响

特朗普上台之后，印太战略成为美国亚太战略的新形式。印太，是一个地理概念，指的是印度洋-太平洋的广袤海域以及有关国家，在美国的战略中，特指北印度洋-西太平洋地区。所以，印太战略本身带有地缘的色彩。印太这一词汇最早提出要追溯到纳粹地缘政治学家卡尔·豪斯浩弗。虽然特朗普明确提出了印太战略，以替代奥巴马时期的亚太战略，但实际上印太这一词汇早在奥巴马时期就已经出现

在美国的话语体系中了。在奥巴马时期,印太是奥巴马时代"亚太再平衡"战略的重要组成部分。特朗普上台之后,出于国内政治"去奥巴马化"的需要,"亚太再平衡"的话语逐步被印太这一话语取代。2017 年特朗普参加亚太经合组织(APEC)领导人会议,并前往菲律宾出席美国-东盟峰会和美国东盟建交 40 周年纪念活动。在东南亚行之际,特朗普以印太替代亚太,宣布印太战略将成为美国新政府的亚太战略。2017 年的《美国国家安全战略报告》《国防战略报告》和《核态势评估》明确提出了印太这一概念。值得一提的是,印太战略并不是美国的"独创"。早在 2013 年,澳大利亚就提出了印太这一话语,2013 年 5 月发布的《澳大利亚国防白皮书》提出了"印太战略弧",白皮书将印太地区列为澳大利亚的四大战略利益之一,但与美国侧重于安全议题的印太战略相比,澳大利亚提出的印太战略更加侧重于区域合作。① 2012 年安倍再次当选首相之后,开始渲染联通亚非大陆和印太两洋的"自由开放的印太"战略,其核心思想是遏制中国的影响力。印度虽然没有提出明确的印太战略,也提出了类似于印太战略的东向战略,即兼顾印度洋和太平洋的利益。

2018 年,美国的印太战略开始逐渐落实。在这一年中,美国做了许多印太战略的配套措施。2018 年 4 月,美国国务院负责东亚和太平洋事务的助理国务卿黄之瀚,向外界通报了"自由开放的印度洋-太平洋战略"(FOIPS)有关情况,以阐释印太战略的内涵。2018 年 5 月 30 日,美军太平洋司令部正式更名为美军印度洋-太平洋司令部。东南亚地区成为美国印太战略的重点地区。对于印太战略而言,东南亚是不可缺少的一块拼图。从地缘的角度来看,东南亚位于印度洋和太平洋的十字路口,是联结印度洋和太平洋的重要枢纽,如果没有东南亚,印太战略在地缘上是不完整的。2018 年 8 月 1 日至 8 月 6 日,美国国务卿蓬佩奥到东南亚地区进行访问,在为期 5 天的访问中,蓬佩奥先后访问了马来西亚、新加坡和印度尼西亚,并出席了一系列与东盟相关的会议。在蓬佩奥的东南亚之行中,印太战略和随之而来的安全部署成为访问中最为重要的议题。2018 年 8 月 4 日,蓬佩奥在新加坡宣布,美国将为东南亚国家新提供近 3 亿美元的"安保资金"。他说:"作为我们致力于推动印太地区安全承诺的一部分,我很高兴地宣布,美国将投入近 3 亿美元的新资金,用于加强整个地区的安全合作。"他还表示,这些"安保资金"将用于加强海上安全、人道主义援助、维和能力和"打击跨国威胁"。② 此外,印太战略的主要参

---

① 人民网. 澳大利亚发布 2013 年国防白皮书. http://world. people. com. cn/n/2013/0503/c57507-21361534. html.

② 中国青年报. 美国"印太战略"走向落实阶段 但稍显力不从心. http://zqb. cyol. com/html/2018-08/08/nw. D110000zgqnb_20180808_1—05. htm.

与国之间加强了军事合作。2018 年 6 月 7 日，美国、印度和日本三国海军在关岛附近海域举行"马拉巴尔"联合军事演习。

（2）朝鲜核问题得到戏剧性逆转

朝鲜核问题戏剧性逆转，彰显印太战略相关国家在安全领域的紧密合作。

朝鲜核问题一直是亚太地区的热点话题。2017 年，朝鲜进行了第六次核试验，联合国对朝鲜进行制裁，美国总统特朗普一改奥巴马执政时期对朝鲜的政策，坚持对朝鲜强硬，朝鲜针锋相对，对美国进行强烈反击。朝鲜半岛局势急剧恶化，美朝之间处于战争边缘，这种情况一直延续到 2018 年初。

平昌冬奥会成为朝鲜半岛局势走向缓和的契机。2018 年 2 月 12 日，朝鲜领导人金正恩会见出席平昌冬奥会开幕式访韩后回国的朝鲜高级代表团，向韩国传达了善意，半岛局势开始破冰。2018 年 4 月 27 日，韩国总统文在寅和朝鲜最高领导人金正恩在板门店举行会晤，并签署《板门店宣言》，宣布双方将为实现朝鲜半岛无核化与停和机制转换而努力。[1] 2018 年 4 月 28 日，美国总统特朗普在出席活动时表示，他将在未来三周或四周内与朝鲜国务委员会委员长金正恩举行非常重要的会面。同日，韩国总统文在寅与美国总统特朗普通电话，讨论韩朝首脑会晤的成果。双方商定早日举行美朝首脑会面，并保持紧密合作，力促会面成功。[2] 但是，美朝之间关系的缓和并不是一帆风顺的，由于矛盾根深蒂固，美朝关系在缓和的过程中遭遇过转折，美朝首脑会晤的时间始终不确定。直到 2018 年 5 月 10 日，美国总统特朗普宣布将于 6 月 12 日在新加坡举行与朝鲜最高领导人金正恩的会晤，美朝首脑会晤时间最终确定。2018 年 6 月 12 日，朝鲜国务委员会委员长金正恩与美国总统特朗普在新加坡举行两国在任领导人史上首次会晤，就朝鲜半岛无核化以及缓解双方紧张关系展开对话。在会晤中，金正恩与特朗普签署了历史性文件，重申了《板门店宣言》，确认了朝鲜半岛无核化的方向，并探索建立持久稳定的半岛和平机制。[3] 2019 年 2 月 8 日，美国总统特朗普宣布，美朝领导人第二次会晤将于 2 月 27 日至 28 日在越南河内举行。

朝核局势得到缓和的过程中，中朝关系实现了突破。中朝关系一度降到了冰点。2018 年，情况得到了缓和。在美朝领导人决定进行会晤之后，2018 年 3 月 25 日至 3

---

[1] 新华网. 韩朝首脑签署板门店宣言确认无核化目标. http://www.xinhuanet.com/world/2018-04/27/c_1122755438.htm.

[2] 央视网. 朝鲜 5 月关闭核试验场 特朗普表示 3 至 4 周内与金正恩会面. http://news.cctv.com/2018/04/29/ARTIMs9a462x9cOWOgf6EKcb180429.shtml.

[3] 新华网. 朝美领导人首次会晤在新加坡举行. http://www.xinhuanet.com/2018-06/12/c_1122972549.htm.

月 28 日，金正恩对中国进行访问，访问期间，习近平在人民大会堂同金正恩举行会谈。习近平总书记和夫人彭丽媛为金正恩委员长和夫人李雪主举行欢迎宴会并共同观看文艺演出。[①] 2018 年 5 月 7 日至 8 日，中共中央总书记、国家主席习近平同金正恩在大连举行今年内的第二次会晤。2018 年 6 月 19 日至 20 日，金正恩第三次访华。一年之内三次访华，可以显示出金正恩对中国的重视。尤其是在朝核问题走向历史性大变局的背景下，中国的支持对朝鲜而言有着十分重要的意义。未来朝鲜问题可能朝着更加积极的方向发展，但值得注意的是，在无核化的具体操作层面，美国与朝鲜之间难以达成共识。此外，朝鲜与美国的矛盾根深蒂固，这使得半岛未来的局势更加复杂和多变。

2. 总体经济形势

2018 年，亚太地区经济继续复苏，进入复苏的关键期。2017 年 12 月 18 日，中国社会科学院世界经济与政治研究所发布报告显示，亚太地区经济在 2018 年的增速预计会与 2017 年持平，约为 5.5%。报告指出，各国虽然处于复苏周期的不同阶段，但就平均增速而言，该地区的经济增长仍远不及 2008 年危机以前。在新的一年中，亚太地区的主要国家不仅要从自身发力推动经济稳步向前，还要为一些潜在风险做好准备。但总体来看，2018 年亚太地区经济增长的阻力远大于动力，风险远大于机遇，这是由全球经济大环境决定的。在全球范围内贸易摩擦的大背景下，亚太经济，尤其是中国经济，遭受到了严重的考验。

2018 年，亚太地区最重要的两个国家，中国与美国深陷贸易冲突的困境之中。特朗普上台后大谈"美国优先"，在"美国优先"的旗帜下，特朗普决定采取更加严厉的贸易保护措施，在刺激国内经济的基础上，通过加征关税的手段，保护本国产业，维护美国利益，限制其他有竞争力国家的发展。由于近年来中国的发展速度迅猛，中国首当其冲，成为美国贸易摩擦的重要对象。值得注意的是，特朗普的保护性贸易政策不仅针对中国，还针对与美国在产业上存在强烈竞争的其他高收入国家和经济体，包括日本、韩国等。2018 年 3 月 1 日，美国总统特朗普宣布，对进口钢铁加征 25% 关税，对进口铝产品加征 10% 关税，矛头直指中国以及其他发达经济体。2018 年 3 月 22 日，美国总统特朗普签署总统备忘录，宣布将对 500 亿美元中国进口征收关税。根据美国贸易代表办公室对中国"不当使用美国知识产权"进行的"301 条款"调查，将对中国征收关税和进行投资限制。面对美方的政策，中

---

① 新华网. 习近平同金正恩举行会谈. http://www.xinhuanet.com/politics/2018-03/28/c_1122600292.htm.

国进行了反击。2018年4月4日，国务院关税税则委员会决定对原产于美国的大豆、汽车、化工品等14类106项商品加征25％的关税。实施日期将视美国政府对中国商品加征关税实施情况，由国务院关税税则委员会另行公布。2018年6月15日，特朗普宣布对500亿美元从中国进口商品加征高额关税，美国海关和边境保护局将自7月6日起开始对第一批清单上818个类别、价值340亿美元的商品加征关税。2018年6月16日，中国商务部宣布对原产于美国的大豆等农产品、汽车、水产品等进口商品对等采取加征关税措施，税率为25％，涉及2017年中国自美国进口金额约340亿美元，上述措施将从2018年7月6日起生效。2018年7月6日，双方的关税措施正式生效。2018年8月1日，美国总统特朗普提议对2 000亿美元的中国商品加征关税，幅度提高至25％。中美之间的紧张局势，直到2019年初才稍有缓解。

除了广泛的贸易争端外，2018年亚太地区区域经济合作发展缓慢。特朗普上台后，奉行"美国优先"政策，强调以双边谈判替代多边的贸易安排，亚太地区内的经济合作与经贸互动遭遇挫折。特朗普担任美国总统后宣布，美国退出跨太平洋伙伴关系协定（TPP）谈判，这对于亚太地区经济合作是一个沉重的打击。TPP谈判由来已久。2005年，智利、文莱、新西兰和新加坡四国签署协议，成立了TPP的雏形。2008年，美国加入TPP谈判，标志着TPP建设步入正轨。2016年，TPP正式签署。2017年特朗普当选美国总统后，美国退出了TPP。但其余国家仍然继续推进TPP建设，并将TPP更名为全面进步的跨太平洋伙伴关系协定（CPTPP）。截至2018年底，CPTPP的成员国包括日本、加拿大、澳大利亚、智利、新西兰、新加坡、文莱、马来西亚、越南、墨西哥和秘鲁11国。虽然在美国退出后，其余11国保住了原TPP的主要成果，但是在缺少美国的情况下，CPTPP的前景仍然是未知数。此外，东亚区域全面经济伙伴关系协定（RCEP）谈判进展缓慢。RCEP谈判开始于2013年，2018年被看作谈判取得实质性突破的关键年份。在2018年初，各方对于在年内达成一致协议均表达了乐观的态度。然而事与愿违，2018年11月14日，中日韩和印度、东盟等16国参加的RCEP首脑会议在新加坡举行。由于至今为止的协商中参加国意见分歧明显，预计实际上放弃年内达成实质性妥协的目标，将确认把谈判延长至2019年的方针，会后将发表联合声明。① RCEP谈判的停滞，对受到严重挑战的多边自由贸易秩序具有严重的负面影响。

---

① 环球网. RCEP年内谈妥目标被放弃，首脑会谈或确认谈判延期. http://world. huanqiu. com/exclusive/2018-11/13541822. html.

（二）2018 年亚太地区重点国家政治经济形势

1. 日本

2018 年日本国内政治局势基本平稳，自 2012 年安倍晋三再度出任内阁总理以来，以安倍晋三为首的自民党牢牢把持着日本政坛，而安倍晋三也牢牢把持着在自民党内部的优势地位，其他政治派别和政客难以对自民党和安倍晋三构成实质性挑战。2018 年 9 月 20 日，安倍晋三战胜党内强劲的竞争对手石破茂，再度当选自民党总裁，并巩固了在自民党内部的优势地位。虽然安倍晋三牢牢把持日本政权，但他的支持率在年初呈现下降趋势。由于中日关系迟迟得不到关键性突破，加上森友学园事件对安倍晋三个人形象的极大损害，森友学园事件发酵后，日本国内对安倍的支持率下降至 30.3％。[①]

2018 年是《中日和平友好条约》缔结 40 周年，对中日两国关系而言意义非凡。2018 年下半年，中日两国开始就缓和两国关系展开积极的尝试。在缓和的背景下，中日两国总理实现了互访。2018 年 5 月 8 日至 11 日，应日本首相安倍晋三的邀请，国务院总理李克强赴日参加第七次中日韩领导人会议并对日本进行访问。2018 年 10 月 25 日至 27 日，日本首相安倍晋三访华，这是安倍晋三时隔七年再度访华，中日两国高层实现互访，对中日关系的持续缓和具有重要的意义。然而，在缓和的背后，日本仍将中国作为"假想敌"，2018 年 12 月中旬，日本政府批准新版《防卫计划大纲》和《中期防卫力整备计划》，写入了将现有舰艇航母化等有悖"专守防卫"方针的军备扩张内容，矛头指向中国。[②]

2018 年，日本经济缓慢复苏，经济形势良好，但增长势头有所放缓。2018 年，日本实际 GDP 为 4.9 亿美元，比上年增长 0.7％。为了刺激经济增长，日本采取了激进的货币政策和积极的财政政策，随着经济刺激的效果逐渐减弱，日本经济发展将趋于平缓。

2. 韩国

2018 年韩国国内政治较为平稳，执政党共同民主党的执政地位逐渐稳固。2018 年 6 月 13 日，韩国举行了地方议员和地方各级政府选举，执政党共同民主党在 17 个市道广域行政区首长竞选中赢得 14 个选区，执政地位更加巩固。2018 年最重要的政治事件是朝鲜半岛关系的改善。2018 年，韩国总统文在寅同金正恩一共进

---

① 凤凰网. 森友学园事件再发酵，安倍政权到了最危急时刻. http://news.ifeng.com/a/20180324/57026662_0.shtml.

② 新华网. 2018，中日关系趋稳向好. http://www.xinhuanet.com/world/2018-12/24/c_1123897982.htm.

行了三次会晤。第一次会晤是在 2018 年 4 月 27 日，文在寅与金正恩在板门店举行会谈，发表了《板门店宣言》，重申了朝鲜半岛无核化的重要意义。第二次会晤是在 2018 年 5 月 26 日，朝韩两国领导人在板门店再次进行会晤。第三次会晤是在 2018 年 9 月 18 日至 20 日，韩国总统文在寅访问平壤，与金正恩展开会谈并共同登上白头山，签署了《平壤共同宣言》。受制于全球经济下行和贸易冲突的影响，2018 年，韩国 GDP 增长率仅为 2.7%，是六年以来的最低值。国际贸易出现重要波动。2018 年，韩国出口比上年下降了 2.2%。其中半导体出口比上年下降了 8.3%，出现严重下滑。

3. 东盟国家

2018 年，东盟国家的经济增长速度普遍加快。IMF 在新版《世界经济展望》报告中的信息显示，2018 年东盟地区经济实际增速将超过 5%。2018 年，柬埔寨经济增长率为 7.3%，是六年来的新高，对外直接投资比上年增长了 12%。在国际贸易领域，对外出口显著增加。2018 年，柬埔寨农业出口增长 24.7%，其中稻米出口增长 23%。2018 年印度尼西亚 GDP 增长 5.1%，略高于 2017 年的增长率。越南 GDP 增长率为 7%，是 11 年来的新高。

4. 澳大利亚

2018 年 8 月 24 日，澳大利亚执政党——自由党举行议会党团投票，原财政部长莫里森接替特恩布尔成为新一任的澳大利亚总理。这次选举结束了澳大利亚近 11 年的国内政治动荡，国内政治趋向稳定。

澳大利亚经济持续稳定增长。2018 年 9 月，澳大利亚统计局发布的最新全国账户数据显示，在经历了 2016 到 2017 财年 2.1% 的增长后，2017 到 2018 财年，澳大利亚实际 GDP 增长率达到 2.9%，实现连续 27 年来从未间断过的经济增长，成为主要发达经济体中的唯一一个。[1] 澳大利亚政府预计 2018 到 2019 财年 GDP 增速为 3%，并保持到 2021 到 2022 财年。[2]

二、2018 年亚太地区能源形势综述

(一) 2018 年亚太地区总体能源形势

2018 年，尽管面临贸易摩擦、人口老龄化等一系列经济、社会问题，亚太地

---

[1] 搜狐网. 澳大利亚实际 GDP 已连续 27 年增长. http://www.sohu.com/a/256238071_180837.
[2] 新浪网. 澳大利亚政府预计 2018/2019 年 GDP 增速为 3%，并保持到 2021/2022. http://finance.sina.com.cn/7x24/2018-05-08/doc-ihacuuvv1952101.shtml.

区经济增长保持强劲态势。亚洲开发银行在 2018 年 12 月 12 日发布的《2018 年亚洲发展展望》更新版的补充报告中提到，得益于强劲的内需，今明两年亚太地区经济将能够应对全球贸易紧张局势等压力，实现经济稳定增长。此外，报告显示，亚太发展中经济体 2018 年增长预期为 6.0%。[1] 能源是实现经济增长的必不可少的要素，经济的增长，必然伴随着能源需求量的增加。伴随着亚太地区经济的迅速发展，亚太地区早已成为国际能源消费的主要地区，是世界能源市场的重要买家。对能源的需求，既包括美国、日本等发达经济体，也包括中国、印度尼西亚、越南等在内的新兴经济体。中国是亚太地区最大的能源消费国之一，《BP 世界能源展望 2018》中指出，21 世纪的前 20 年，中国已经成为全球能源需求增长的最主要来源之一，但由于中国正在转向更加可持续的经济增长方式，这必然伴随着能源消费方式的转变。报告预计中国的煤炭消费将会下降，可再生能源、核能和水电至 2040 年将会占能源消费增长的 80%，可再生能源将接替石油成为中国第二大能源来源。[2]

在能源结构上，可再生能源是能源消费增长的最重要的来源，亚太地区总体正持续向低碳能源经济转型。预计到 2040 年，石油、天然气、煤炭和非化石能源将各占能源总消费的四分之一，能源消费更加多样化。在石油方面，美国有望在未来成为领先于其他国家的最大液体燃料生产国，致密油产量将迅速增长。对中国而言，俄罗斯成为对华最大石油出口国。中国海关总署的数据显示，俄罗斯对华出口石油在 2019 年 1 月达到 697 万吨，即 164.8 万桶/天，较去年同期增长 25%，较上月减少了 1.05%，再次成为对华最大石油出口国。[3] 此外，亚太地区天然气的需求量增加，一方面，亚太地区的广大发展中国家正经历经济发展的加速阶段，工业化程度的提升带来了电力需求的提升；另一方面，2018 年，中国的"煤改气"工程将持续推进，带动巨大的天然气需求。由于 2017 年底中国出现了"气荒"，2018 年，中国的天然气进口与储备将持续提升，以免"气荒"的现象再次发生。中亚地区是中国天然气进口的重要来源地，是"一带一路"框架下沿线国家能源合作的重要典范。截至 2018 年 12 月 31 日，2018 年中亚天然气管道向中国输气 474.93 亿标方，同比增长 23.08%。[4]

---

① 新华网. 亚行预测亚太地区经济将保持稳定增长. http://www.xinhuanet.com/world/2018-12/12/c_1123842822.htm.

② 英国石油公司（BP）. BP 世界能源展望（2018 年版）. https://www.bp.com/zh_cn/china/reports-and-publications/_bp_2018_.html.

③ 环球网. 俄罗斯成为对华最大石油出口国 1 月石油出口量达 697 万吨. https://world.huangiu.com/article/9CaKrnKit7s.

④ 新浪网. 2018 年中亚天然气管道向中国输气逾 474 亿标方. http://finance.sina.com.cn/money/future/nyzx/2019-01-14/doc-ihqhqcis5928070.shtml.

与日益增长的石油需求相比，亚太地区的能源供给相对匮乏。除北美地区外，其他亚太地区的石油储量并不丰富，石油需求缺口呈现持续增大的趋势。然而，亚太地区却是全球石油运输最为活跃的地区。多数亚太国家的海上石油运输通道都要经过马六甲海峡，使得马六甲海峡成为世界上最繁忙的海峡之一，战略地位十分重要。此外，南海地区未开发的油气资源也成为相关国家争夺的对象，并成为南海问题逐渐升温的重要原因之一。以越南和菲律宾为例，越南在南沙群岛西部主要开发了三个大油田，即白虎、大熊和黄龙。这三个油田已查明的石油储量分别为 2 700 万吨、5 400 万～8 100 万吨和 2 100 万吨。菲律宾传统能源储量仍然不明确，目前油气开发的重点在与中国有争议的南沙海域大陆架以及巴拉望海域和苏禄群岛地区。美国是亚太地区的例外，2018 年，美国石油出口呈现增加态势。据美国能源信息署估计，美国 2018 年的原油产量为每日平均 1 090 万桶左右，与 2017 年相比增长近两成，时隔 45 年再次跃居世界首位。《BP 世界能源展望 2018》指出，在渐进转型的背景下，美国在全球石油生产中的份额将从现在的 12% 上升到 2040 年的约 18%，而在天然气领域，报告估计 2040 年美国将占世界天然气生产份额的 24%。

2018 年亚太地区能源区域合作成果显著。2018 年 4 月 19 日，中国亚洲经济发展协会能源发展委员会在北京正式成立。委员会成立后，将致力于推动亚太地区能源贸易合作、贸易互通，促进能源领域技术交流，能源产业不断升级，使亚洲各国的能源务实合作迈上新台阶。[①] 2018 年 9 月 20 日，第四届亚太能源可持续发展高端论坛在天津举办，来自亚太地区 21 个经济体的 100 余位代表围绕清洁化石能源、能源弹性、储能、绿色金融和可再生能源供给五个方面进行讨论，促进了可持续能源发展的先进理念和模式在各经济体间传播，推动亚太和中国能源可持续发展，对促进亚太地区能源区域合作具有重要的积极意义。[②]

(二) 2018 年亚太地区主要国家能源政策

1. 日本

(1) 日本重点发展可再生能源

2018 年 5 月，日本经济产业省披露了《能源基本计划》草案。该草案首次明确将推动太阳能和风能等可再生能源成为"主力电源"写入。据统计，2016 年日本

---

① 人民网. 亚太能源领域合作搭建新平台. http://energy.people.com.cn/n1/2018/0420/c71661-29938332.html.
② 搜狐网. 第二届亚太能源可持续发展高端论坛在津举行. https://www.sohu.com/a/118345578_274663.

可再生能源发电占比仅为 15.3%。根据日本 2015 年制定的一项目标，到 2030 年要让可再生能源占比升至 22%～24%，核电控制在 20%～22%，化石燃料降至 56%。日本《能源基本计划》草案认为，进一步制定支持太阳能的政策很重要，可以让太阳能发电企业或自己用太阳能发电的业主有足够动力继续进行太阳能发电。此外，为了推动海上风力发电，将完善海域利用规则，草案还提出要加强利用氢气能源，把多余电力转换为氢能加以储存，以对输出功率不稳定的可再生能源形成补充。①

2018 年 6 月，日本政府发布 2017 财年能源白皮书。这份白皮书将太阳能、风能等可再生能源定位为主力能源，计划到 2030 财年将可再生能源发电占比提高至 22%～24%。白皮书指出，目前日本发电成本偏高限制了可再生能源的发展。例如太阳能发电成本约是欧洲的两倍。为此，白皮书要求制定中长期价格目标并改革制度，以促进发电公司努力削减可再生能源发电成本，有效利用输电线路的容量输送更多来自可再生能源的电力。白皮书还指出，燃料电池不像太阳能和风能那样受天气左右，能够稳定发电。日本企业的燃料电池技术世界领先，应以举国之力支持，维持企业竞争力。②

（2）火力发电依然是日本的核心电源

日本将重拾燃煤与火力发电，根据统计，该国在过去两年内启用 8 座以上燃煤发电厂，更计划在 10 年内新增 36 座火力电厂，除中国与印度，在发达国家中火力发电计划数排名第一，而日本也预计更新其能源计划，其中燃煤发电将在 2030 年为日本提供 26% 的电力，放弃过去降至 10% 的目标。③

2018 年 4 月，日本政府出台能源计划明确，到 2030 年煤电将占该国能源的 26%。在上述官方能源计划中，放弃了将核电比例从当前的 29% 提高到 2030 年的 50% 的计划。日本选择重新接受煤炭的同时，全球煤炭市场似乎也正在复苏。④

（3）重归核能：主打小型化核电站

2018 年 7 月，日本政府内阁会议通过了最新修订的《能源基本计划》，该计划提出重点发展太阳能、风能等可再生能源，但未来核能发展仍将是重要方面。日本经济产业省认为，未来电力来源如果过于偏重某一类将带来巨大风险，新版计划将核电以及火力发电都定位为稳定的基本电源，核能发电在 2030 财年仍将维持 20%～22% 的占比。

---

① 中国能源网. 日本重点发展可再生能源. https://www.china5e.com/news/news-1031259-1.html.
② 中国能源网. 日本计划提高可再生能源比例. https://www.china5e.com/news/news-1028833-1.html.
③ 中国能源网. 日本计划未来 10 年内至少再增 36 座燃煤电厂. https://www.china5e.com/news/news-1028851-1.html.
④ 中国能源网. 日本重新拥抱燃煤电厂. https://www.china5e.com/news/news-1029228-1.html.

2018 年 11 月，日本经济产业省国际会议发布了一份新的核能发展计划。日本经济产业省认为，全世界都在推行可再生能源，发展核能是减少温室效应的必要手段。日本计划研究的第四代核电站主打小型化，发电量从现在的 100 万千瓦改变成 30 万千瓦左右。另外，核心机器从工厂生产出来以后直接运到现场组装，可以大幅降低成本。①

（4）光伏产业发展喜忧参半

2018 年 8 月，日本经济产业省下属的自然资源和能源局表示，日本光伏能源协会（JPEA）的新评估指南解决了过去五六年来光伏产业迅速发展所带来的许多问题。根据国际可再生能源机构的统计数据，日本旧的上网电价（FIT）系统在促进太阳能发展方面特别有效，将该国累计装机容量从 2012 年底的 6.6 吉瓦增加到 2017 年 12 月的近 50 吉瓦。②

但是，日本计划对延迟的光伏项目降低上网电价补贴。2018 年 11 月，日本经济产业省提议大幅降低 2012 年至 2014 年批准的、且无法在 2019 年 3 月前完成的大型光伏项目的上网电价补贴。据路透社报道，日本经济产业者估计受影响项目的总装机容量可能达到 23.5 吉瓦。在一份联合声明中，美国、澳大利亚、新西兰、加拿大和法国的日本商会以及欧洲商业理事会对此举表示担忧，称这将破坏人们对日本市场规则安全性、稳定性和可预测性的信心。③

2. 韩国

（1）持续推进光伏产业发展

2018 年 11 月，韩国政府计划在填海土地新万金上开发近 3 吉瓦的太阳能光伏及小型风电和电池储能项目。韩国发展局将负责监督 2.6 吉瓦的项目，包括 2.4 吉瓦太阳能、100 兆瓦风电和 100 兆瓦电池储能。同时，韩国农业、粮食和农村事务部将负责监督 400 兆瓦太阳能光伏项目。作为 2017 年 12 月推出的能源计划的一部分，韩国的目标是到 2030 年将可再生能源在其总电力组合中的份额提高到 20%，以减少对煤炭和核电的依赖。④

---

① 中国能源网. 日本推出新核能发展计划：主打小型化核电站. https://www.china5e.com/news/news-1046190-1.html.

② 中国能源网. 日本发布光伏产业发展指南振兴二级市场. https://www.china5e.com/news/news-1038474-1.html.

③ 中国能源网. 日本计划对延迟的光伏项目降低上网电价补贴. https://www.china5e.com/news/news-1045606-1.html.

④ 中国能源网. 韩国计划在填海土地上开发 3GW 太阳能风电储能中心. https://www.china5e.com/news/news-1043641-1.html.

2018年12月，韩国研究团队成功开发第二代钙钛矿型光伏电池。此项研究利用了钛基金属有机骨架材料，开发出的钙钛矿型柔性光伏电池具有新型的金属氧化物电子传输层。钙钛矿型光伏电池是第二代光伏电池，光能转化效率高，生产成本低，作为第二代能源应用技术备受业界关注。[1]

（2）强力加码氢能产业

2018年10月，2018年昌原国际氢能展览会暨论坛在韩国昌原市举行。近年来，韩国瞄准发展趋势，强力加码氢能产业特别是氢燃料电池汽车。无论是氢燃料电池汽车，还是相关配套的加氢站建设，韩国已经出台雄心勃勃的发展规划[2]。

到2020年，韩国氢燃料电池汽车预计达到9 000辆，到2025年将达到150 000辆，2030年将达到630 000辆，届时，韩国氢燃料电池汽车在汽车总产量中的占比可达到10%。另外，韩国加氢站预计到2020年达到80座，2025年达到210座，2030年达到520座。事实上，当前韩国已经成为世界上最大的燃料电池市场之一，截至今年6月，韩国燃料电池装机容量已超过250兆瓦，预计到今年年底将会达到300兆瓦，并将耗资约2 550亿韩元（2.24亿美元）建成当前世界上规模最大的氢燃料电池发电厂。在氢燃料电池汽车方面，韩国现代汽车公司已经生产出了第一款领导潮流的商业化氢燃料电池汽车。

（3）确立可再生能源发展目标

"可再生能源3020实施计划"是韩国政府为实现能源转型在2017年底提出的。其目标是到2030年，可再生能源占总能源消耗比例达到20%。为实现这一目标，在此期间需要增加48.7吉瓦的可再生能源装机容量，最终达到63.8吉瓦的装机规模，其中风电占比28%、太阳能占比57%。[3]

2018年7月，韩国电力交易所发布的《2017年电力市场统计》显示，2017年韩国电力交易总额为44.77万亿韩元，其中可再生能源发电交易额占比4.6%，达2.05万亿韩元，同比增长20.1%，创历史新高。可再生能源发电量排序依次为钢厂副产品煤气发电（占47.0%）、水利发电（占12.7%）、太阳能发电（占10.1%）、风力发电（占9.6%）、生物发电（占9.2%）等。[4]

① 中国能源网. 韩国研究团队成功开发第二代钙钛矿型光伏电池. https://www.china5e.com/news/news-1047818-1.html.
② 中国能源网. 韩国强力加码氢能产业. https://www.china5e.com/news/news-1043095-1.html.
③ 中国能源网. 韩国2030年可再生能源装机目标63.8GW. https://www.china5e.com/news/news-1036885-1.html.
④ 中国能源网. 2017年韩国新能源发电交易量创新高. https://www.china5e.com/news/news-1034796-1.html.

作为该计划的重要组成部分，海上风电的进展也相当迅速。未来新增的可再生能源装机 63％是光伏，34％是风电。基于该计划，未来 10 年韩国政府将投资 110 万亿韩元（约合 6 700 亿元人民币）用来发展可再生能源。

（4）燃煤发电量创历史新高

2018 年 4 月，韩国政府表示，得益于 3 个总发电能力为 5 300 兆瓦的燃煤电厂投入运营，2017 年，韩国的燃煤发电量创下历史新高。此外，韩国叫停了 24 个核反应堆中的 11 个，这推高了燃煤发电在韩国发电总量中的占比，达到 43.2％，同比增加了 3.6 个百分点。根据"可再生能源 3020 实施计划"，到 2030 年，燃煤发电的占比将减少至 36％，核能发电的占比将减少至 24％。不过韩国政府表示，大多数变化要到 2022 年以后才开始显现。[①]

3. 东盟国家

（1）印度尼西亚聚焦光伏产业和地热能

据预测，到 2018 年底，印度尼西亚地热发电量将增加 95 兆瓦。该国能源和矿产资源部可再生能源和能源保护局地热主任表示，截至 2017 年 9 月，印度尼西亚地热发电站的装机容量为 1 948.5 兆瓦。这装机容量将增加到今年年底。他说："计划是在 12 月再增加 95 兆瓦。"[②]

2018 年 12 月，印度尼西亚能源和矿产资源部通过了一项新法令（49/2018 号部长法令），允许住宅、商业和工业屋顶光伏系统的业主们按净计量方案向电网出售多余的电力。政府希望新的法令能在未来三年内给印度尼西亚带来约 1 吉瓦的新增光伏装机容量，并让光伏系统业主们的能源账单减少 30％。印度尼西亚政府表示，新法令将有利于那些自耗比例较高的光伏设施，且只会有极低的电量出售给公用事业机构。[③]

印度尼西亚希望至 2025 年将可再生能源的份额从目前的约 14％提升至 23％。实现这一目标将需要新增 14.9 吉瓦的可再生能源容量。该国目前的发电装机容量约为 62 吉瓦，其中只有 8.5 吉瓦来自可再生能源。

（2）越南制定风力发电新目标

越南于 2018 年 6 月成功举办了第一届风力发电研讨会议。越南政府于 2018 年

---

① 中国能源网. 2017 年韩国燃煤发电量创历史新高. https://www.china5e.com/news/news-1026137-1.html.

② 中国能源网. 印度尼西亚将获地热发电量达 95 兆瓦. https://www.china5e.com/news/news-1042375-1.html.

③ 中国能源网. 印尼推出净计量光伏政策 未来三年有望带来约 1GW 新增光伏装机容量. https://www.china5e.com/news/news-1046463-1.html.

8月建立了"关税"，为该国的风力发电市场创造了新的动力，吸引了大量的风力发电开发项目。越南目前的风力发电装机容量已经达到187兆瓦。目前制定的风力发电目标为：到2020年达到800兆瓦，到2025年达到2000兆瓦，到2030年达到6000兆瓦。[①]

此外，越南政府表示，将2019年6月11日举办一个主题为"扩大越南风力发电项目融资"的研讨会。该研讨会专门针对国际和越南的金融机构、开发银行和政府官员，并将解决风力发电项目融资面临的紧迫问题。

4. 澳大利亚

（1）液化天然气（LNG）出口创新高

2018年，澳大利亚液化天然气出口增长23％，出口总量达到创纪录的6950万吨，出口收入增长68％，约为433亿澳元。随着澳大利亚西北部大型液化天然气项目建成投产，2019年澳大利亚液化天然气出口还将进一步强劲增长。[②]

液化天然气是澳大利亚主要出口创汇商品之一，仅次于煤和铁矿石。目前，澳大利亚已经超越卡塔尔成为世界最大液化天然气出口国，同时是中国最大液化天然气供应国。截至2018年11月，中国46％的液化天然气进口来自澳大利亚，中国市场庞大的能源需求刺激了澳大利亚扩大液化天然气投资和出口。

澳大利亚天然气开发潜力巨大，近年来液化天然气开发掀起热潮，海内外资金投入已经超过2000亿美元。2018年底，位于达尔文的两个液化天然气开采项目耗资450亿美元投产，其今后两年产量将大幅提升。澳大利亚东部产气地区由于受到国内能源供应紧张影响，而且产量远低于产能，出口量增长不大。

（2）光伏装机量爆发式增长

2018年，澳大利亚新增光伏装机3.7757吉瓦，其中，公用事业装机达到了2.0826吉瓦，呈现爆发式增长状态。此外，根据咨询公司预测，2019年澳大利亚光伏装机将达到4.7吉瓦。据悉，2018年澳大利亚风电、光伏以及储能行业新增投资近200亿美元，在建可再生能源项目达到14.6吉瓦。[③]

2018年澳大利亚户用光伏装机1.2272吉瓦，同比2017年增长42.8%。截至2018年年底，澳大利亚户用光伏装机超过200万户。1/5以上的家庭都安装了光伏

① 中国能源网.越南制定风力发电目标：到2025年达到2GW!. https://www.china5e.com/news/news-1047596-1.html.

② 中国能源网.澳大利亚2018年LNG出口创新高. https://www.china5e.com/news/news-1052232-1.html.

③ 中国能源网.澳大利亚2018年光伏装机3.8GW预计2019年可达4.7GW. https://www.china5e.com/news/news-1051095-1.html.

系统，是世界上普及率最高的地区之一。

三、2018 年中国与亚太各国能源合作情况

（一）中国与亚太各国能源合作的成果

1. 能源外交的高层互动确立合作基石

2018 年中国政府领导人与亚太地区的众多国家，就国际能源形势以及能源合作等事宜深入交换了意见，强调了彼此合作的重要性，并就建立双边、多边能源合作机制达成了一系列共识。

2018 年 5 月 9 日，在李克强总理和安倍晋三首相共同见证下，中国商务部部长钟山与日本经济产业大臣世耕弘成共同签署了《关于加强服务贸易合作的备忘录》，中国国家发改委、商务部与日本外务省、经济产业省共同签署了《关于中日第三方市场合作的备忘录》。[①]

2018 年 10 月 24 日，国务委员兼外长王毅在北京会见印尼总统特使、海洋统筹部部长卢胡特。王毅指出，中国与印尼是共建"一带一路"的天然合作伙伴，中方愿同印尼开展共建"一带一路"与"全球海洋支点"战略的对接，积极推进印尼"区域综合经济走廊"开发，不断挖掘合作潜力和空间，全面落实两国领导人达成的合作共识，实现更多互利共赢。卢胡特表示，印尼愿进一步密切双方高层往来，借鉴中国发展和治理经验，加强投资、产业、基础设施、渔业、人力资源等领域合作，实现共同发展进步。[②]

同日，国务委员兼外长王毅在北京会见马来西亚前副总理安瓦尔。王毅指出，中方始终从战略高度、长远角度看待和重视中马关系。中马不仅要延续和巩固传统友谊，更要进一步拓展和加强两国关系，推进科技、创新等新领域合作，为两国共同发展注入新的动力。安瓦尔表示，马方愿深化同中方在投资、创新、文化等各领域务实合作，欢迎中国在马来西亚经济社会发展进程中发挥更重要作用。[③]

2018 年 10 月 29 日，国务委员兼外长王毅在达沃会见菲律宾财政部长多明格斯

---

① 新华网. 中日双方签署有关经贸合作协议. http://www. xinhuanet. com/2018 - 05/09/c_1122808739. htm.

② 海外网. 王毅会见印尼总统特使、海洋统筹部部长卢胡特. https://baijiahao. baidu. com/s? id = 1615257126454006215&wfr = spider&for = pc.

③ 中华精选. 王毅分别会见印尼和马来西亚客人. https://baijiahao. baidu. com/s? id = 161520830409567683 8&wfr = spider&for = pc.

及菲律宾内阁经济管理团队主要成员。王毅指出，菲律宾是海上丝绸之路的重要枢纽，中菲是共建"一带一路"的天然合作伙伴。双方应进一步加强共建"一带一路"合作，为中菲经济合作拓展新领域，发掘新潜力，造福两国和两国人民。中方欢迎菲方参加首届中国国际进口博览会，愿为菲方进一步扩大对华出口创造更有利条件。①

2018年10月29日至30日，中国国家能源局副局长刘宝华赴新加坡，出席第15届东盟与中日韩（10＋3）能源部部长会议和第12届东亚峰会能源部长会议，并分别会见菲律宾能源部部长库西、新加坡工贸部副部长许宝琨。②

2018年11月15日至21日，国家主席习近平出席亚太经合组织（APEC）第二十六次领导人非正式会议，对巴布亚新几内亚、文莱和菲律宾进行国事访问并在巴新同建交太平洋岛国领导人会晤。习近平主席此次访问期间同APEC成员共商区域经济一体化途径，同东南亚邻国共谋战略合作布局，同太平洋岛国共绘可持续发展蓝图。此行倡导命运共同体意识，深化伙伴关系合作，推进"一带一路"建设，坚定多边主义信心，为实现共同发展和进步汇聚更广泛共识、增添更强劲动力。国内外舆论认为，在保护主义、单边主义、强权政治抬头的国际背景下，中国始终坚持双赢多赢共赢，坚持共商共建共享，彰显了建设性、负责任、重道义的大国形象。③

2. 亚太能源领域搭建合作平台

2018年1月10日，国务院总理李克强在柬埔寨金边出席澜沧江-湄公河合作第二次领导人会议。李克强和柬埔寨首相洪森共同主持会议。澜湄合作是首个由流域六国共同创建的新型次区域合作机制，是共商共建"一带一路"的重要平台。④

2018年4月19日，中国亚洲经济发展协会能源发展委员会在京成立。来自新加坡、日本、韩国、蒙古国等十多个国家的驻华使节及国内外百余名企业家代表参加了揭牌仪式。能源经济是中国综合国力的重要组成部分。据能源发展委员会执行会长吕坤介绍，该会将依托中国亚洲经济发展协会的广阔平台和丰富资源，致力于推动亚太地区能源贸易合作、贸易互通，促进能源领域技术交流，能源产业不断升

① 新华网. 王毅会见菲律宾内阁经济管理团队. https://baijiahao. baidu. com/s? id＝1615668375477517319&wfr＝spider&for＝pc.
② 中国国家能源局. 刘宝华出席第15届东盟与中日韩能源部长会和第12届东亚峰会能源部长会议. http://www. nea. gov. cn/2018-11/12/c_137601132. htm.
③ 新华网. 习近平出席亚太经合组织第二十六次领导人非正式会议并发表重要讲话. http://www. xinhuanet. com/world/2018-11/18/c_1123730699. htm.
④ 人民日报. 李克强抵达金边出席澜沧江-湄公河合作第二次领导人会议并对柬埔寨进行正式访问. http://www. gov. cn/xinwen/2018-01/11/content_5255451. htm.

级，服务国家"一带一路"建设，加快新能源项目落地，让古丝绸之路在能源合作领域焕发新的活力，与亚洲各国的能源务实合作迈上新台阶。①

2018年9月11日，第15届中国-东盟商务与投资峰会框架下的柬埔寨首相洪森与中国企业CEO圆桌对话会在广西南宁举办，对话会的主题为"中柬经贸合作可再生能源实现共同发展"。②

2018年9月20日，第四届亚太能源可持续发展高端论坛在天津召开，该会议由亚太经合组织（APEC）可持续能源中心主办，APEC能源工作组和APEC 11个经济体代表、独立专家及国内政府部门、高校、研究机构和企业的120余名代表参加了此次会议，就能源的可持续发展和国际合作展开讨论。③

3. 中国加大对东盟国家的水电建设投资

东盟国家水能资源充沛，但目前在开发能力和设备等方面存在短板，无法充分利用其资源优势，亟需加强与其他国家的交流与合作。中国是电力大国，依托地缘因素与技术支持等优势，中国与东盟各国电力企业合作前景十分广阔。现今，中国与东盟国电力企业合作主要是以开发大湄公河次区域的水资源为主的能源工业。合作内容包括共同建立水电站、向周边国家出售电力、积极建设跨国与边境区域的电力系统等。

2018年1月22日，中国电建承建的老挝南湃水电站在项目现场隆重举行竣工仪式，标志着该项目正式竣工投产。④ 2018年5月28日，东方电气集团国际合作有限公司承建的国家"一带一路"建设的重点项目——老挝南俄1水电站扩机项目竣工仪式在项目现场举行。⑤ 2018年6月26日，中国南方电网公司在"一带一路"倡议下开发的第一个境外BOT水电项目——老挝南塔河1号水电站正式下闸蓄水，标志着该水电站首台机组发电在即。⑥ 2018年9月22日，巴基斯坦卡洛特水电站

---

① 人民网. 亚太能源领域合作搭建新平台. http://www.sohu.com/a/228856564_114731.

② 人民法治网. 柬埔寨王国首相洪森亲王与中国企业CEO圆桌对话会成功举办. http://www.rmfz.org.cn/contents/353/153261.html.

③ 天津大学新闻网. 开启亚太能源共享新时代——第四届亚太能源可持续发展高端论坛在津召开. http://news.tju.edu.cn/info/1003/40811.htm.

④ 中国电建. 中国电建承建老挝南湃水电站举行竣工投产. http://www.sasac.gov.cn/n2588025/n2588124/c8520419/content.html.

⑤ 东方电气. 东方电气承建的老挝南俄1水电站扩机项目竣工. http://www.sasac.gov.cn/n2588025/n2588124/c9090867/content.html.

⑥ 中国南方电网有限责任公司. 老挝南塔河1号水电站正式下闸蓄水 由南方电网投建. http://www.sasac.gov.cn/n2588025/n2588124/c9173930/content.html.

项目顺利实现大江截流，标志着中巴经济走廊首个水电投资项目进入全面施工阶段。[①] 2018 年 12 月 17 日，柬埔寨最大的水电工程——桑河二级水电站在柬埔寨上丁省举行竣工投产仪式。作为"一带一路"建设和柬埔寨能源建设的重点项目，该电站建成投产将为柬埔寨经济社会发展提供强大动力，成为中柬能源合作的典范。[②]

4. 可再生能源领域合作进一步深化

可再生能源是全球能源电力行业的未来，此领域的合作已经成为中国开展国际能源合作的重点与优势，这也顺应了全球能源结构变革的长期趋势。

在可再生能源领域，光伏产业的合作成为热点。2018 年 2 月 28 日，亚洲地区规模最大的可再生能源行业展会——第十一届日本国际光伏展览会在日本东京开幕。来自中国的英利公司携多款前沿光伏产品亮相展会。[③] 2018 年 3 月 21 日，2018 年亚洲可持续能源技术展在泰国开幕。中广核核技术发展股份有限公司电子加速器技术、电线电缆辐照加工用电子加速器、电子束处理工业废水技术等全面进军泰国市场。[④] 2018 年 5 月 19 日，第八届中国国际储能大会在深圳隆重召开，来自中国、美国、德国、英国、加拿大、西班牙、日本、韩国、澳大利亚等国家和地区 1 500 余位政府机构、科研院所、行业组织、电力公司、新能源项目单位、系统集成商的代表出席本次大会。[⑤]

5. 携手打造环保亚太

2018 年 1 月 2 日，中国与日本、泰国、马来西亚、印度尼西亚、蒙古国 5 国机构在北京签署《共建智慧城市合作协议》，通过石墨烯新技术和新能源汽车推广应用，构建物联网智慧城市管理大平台，推进智慧城市建设。[⑥] 2018 年 3 月 9 日，中国能建国际公司与菲律宾三个城市垃圾发电项目 EPC 合同正式签约。三个项目均位于菲律宾吕宋岛，建成后将成为菲律宾国内首批城市垃圾发电项目。[⑦] 2018 年 3

---

① 汇通网. 中巴经济走廊首个水电投资项目进入全面施工阶段. https://www.fx678.com/C/20180924/201809240134471850.html.

② 新华网. 柬埔寨桑河二级水电站举行竣工投产仪式. http://www.xinhuanet.com/power/2018-12/18/c_1210017693.htm.

③ 太阳能光伏网. 第十一届日本国际光伏展 (PVEXPO) 开幕 中国企业大展雄风. https://solar.ofweek.com/2018-02/ART-260009-8130-30204899.html.

④ 中国国际贸易促进委员会. 亚洲可持续能源技术展在泰开幕 中广核技参展并签多项协议. http://www.ccpit.org/Contents/Channel_4114/2018/0329/982724/content_982724.htm.

⑤ 新华网. 第八届中国国际储能大会 5 月在深圳召开. https://baijiahao.baidu.com/s?id=1591736751931986273&wfr=spider&for=pc.

⑥ 贤集网. 中国石墨烯凸显"全球分量". https://www.xianjichina.com/news/details_59871.html.

⑦ 北极星电力网. 中国能建签订菲律宾首批垃圾电站 EPC 合同. http://news.bjx.com.cn/html/20180417/892173.shtml.

月 27 日，中国和澳大利亚两国应对气候变化的科技联合研究项目——二氧化碳捕获和储集科技攻关项目在布里斯班正式启动，将进一步加强中澳两国在环保、能源方面的技术和供需大环境研究与开发合作。[1] 2018 年 5 月 25 日，第 21 届中国西部国际投资贸易洽谈会在重庆开幕。三峰环境集团响应国家"一带一路"倡议，在本次洽谈会重点项目集中签约仪式上签订越南胡志明市垃圾发电项目焚烧炉设备供货及技术服务合同。[2]

(二) 中国与亚太国家能源合作的机遇

1. 亚太局势趋于缓和

2018 年，亚太国家的地缘政治局势趋于缓和，为能源合作创造了良好的契机。从 2 月份开始，朝美关系开始走向缓和。2018 年 4 月 27 日，韩国总统文在寅和朝鲜最高领导人金正恩在板门店举行会晤，并签署《板门店宣言》，宣布双方将为实现朝鲜半岛无核化和停和机制转换而努力。朝核局势得到缓和的过程中，中朝关系实现了突破。3 月、5 月、6 月金正恩三次访华，显示出金正恩对中国的重视。

2018 年，中国在南海领域的领土争端也取得了一定的进展。8 月，中国与东盟国家就"南海行为准则"单一磋商文本草案达成一致，这被认为是在新加坡举行的中国-东盟外长会上"最大的亮点"，是"准则"磋商取得的又一个重大进展，具有里程碑式的意义。[3]

2. 亚太地区资源供求一体化

亚太国家既有能源资源丰富的国家，又有发展经济的能源消耗需求，满足较完整的供求链，对保障各方能源安全大有裨益。中国南海油气资源丰富，战略位置非常重要，是中国的核心利益所在。中国通过在"一带一路"框架下与东盟各国展开合作，共同开发南海油气资源。当前和今后一段时间里，随着南海周边国家能源需求缺口的增大，相关国家争夺南海油气资源的可能性将进一步增大，地区的局势将会日益紧张。在这种形势下，这既是中国解决南海问题面临的重大挑战，又是解决南海问题的机会。中国应抓住这一时机，寻求建立与东盟国家开展南海油气资源联

---

[1] 大众网. 中澳碳捕获技术联合研究项目正式启动. http://www.dzwww.com/xinwen/guojixinwen/201803/t20180328_17199059.htm.

[2] 东方网. 响应"一带一路"三峰环境"西洽会"上与越南签订重点项目. http://xinwen.eastday.com/a/180526221625498.html? xx=1&recommendtype=e.

[3] 大公网. 中国与东盟国家就"南海行为准则"单一磋商文本草案达成一致. http://www.takungpao.com/news/232111/2018/0802/196967.html.

合开发合作机制，明确各方参与的方式以及权益的分配。中国政府应考虑主动从政治军事外交等手段上对南海争议海域采取实际控制，并在此基础上及时推出南海油气合作的具体计划方案和开发项目，邀请东盟国家的油气公司共同参与，实现对南海油气资源的共同开发，并保证相关国家的相应权益，进而实现各国之间互惠互利，以求从根本上解决南海问题。

3."一带一路"经济带的统筹优势

从发展战略的角度看，"一带一路"经济带内建立统一能源空间的优势十分显著，不但有利于区域内战略相互接轨而且有利于各国间协同发展。一方面，扩大能源出口虽是东盟国家重要的能源政策，但出口市场单一也是东盟国家普遍面临的挑战。因此，通过开辟稳定安全的油气出口渠道增加油气出口成为其能源战略目标[①]。中国作为能源进口大国，对各国而言，与中国展开合作不但有利于本国经济发展而且能够促进两国间的友好往来。另一方面，振兴经济，加速经济发展是今后较长时期内区域内各国共同的战略任务，各国目前存在共同发展的客观需求。与此同时，加强对外能源合作是中国当前对外经济合作的核心战略之一。为了充分发挥能源优势，俄罗斯也在大力拓展能源市场，这一手段已经成为其战略选择。

从能源结构的角度看，"一带一路"经济带具备建立统一能源空间的资源和市场互补优势。在"一带一路"经济带辐射范围中，东南亚各国资源丰富，其能源结构满足建立统一能源空间的条件。并且，在"一带一路"经济带内建立统一能源空间也有利于争取大国信任，规避安全风险。大湄公河次区域合作（GMS）能源基础设施互联互通、能源政策规划和标准的接就是一个成功合作的案例。

---

① Chen Shen. Asia-Pacific inclusive cooperation and China's strategic choice. Fudan Journal of the Humanities and Social Sciences，2014（9）：20−32.

美洲地区

卓蕾　李娟

一、2018 年美洲地区政治经济形势综述

（一）2018 年美洲地区政治形势综述

1. 北美地区政治形势综述

（1）美国国内两党争夺席位，政府创史上最长停摆

特朗普上台以来，两党实力碰撞一直持续，而在 2018 年 11 月举行的中期选举中，一直占据劣势地位的民主党夺回了众议院多数席位，并将于 2019 年 1 月起正式成为众议院多数党。这一变化让民主党在边境墙拨款这一焦点问题上拥有更大话语权，而也因此，在 12 月 21 日午夜，联邦政府 2018 年度第三次出现了停摆。在联邦政府部分停摆持续的阴影下，美国第 116 届国会于当地时间周四（1 月 3 日）正式走马上任。美国《华尔街日报》称，这是美国现代史上首次在政府停摆期进行国会换届，新国会将为 2019 年的美国带来新的权力更迭，也将为 2020 年的大选年带来更多的不确定性。

（2）美国加大对拉美的介入，奉行"新门罗主义"

特朗普上台后，对拉美连烧三把火——在美墨边境修建新边境墙还要墨西哥出钱，威胁废除并重启北美自由贸易协定的谈判，限制拉美非法移民入境，使美拉关系趋于紧张。特朗普恶化了刚刚改善的美国与古巴关系，使美古关系正常化出现倒退。特朗普对墨西哥等拉美国家在美国的非法移民采取"零容忍"政策，并辱骂海地等国的移民为"粪坑"国家的移民，遭到强烈反对。特朗普政府加大了对委内瑞拉马杜罗政府制裁的力度，甚至扬言要军事干预委内瑞拉；此外，还打压玻利维亚和尼加拉瓜等拉美左翼政府。①

---

① 徐世澄. 稳中有变的 2018 年拉美地区形势. http://www.charhar.org.cn/newsinfo.aspx? from＝groupmessage&newsid＝14297.

特朗普于 2018 年 11 月底和 12 月初到阿根廷参加 G20 峰会，这是他就任总统后第一次到访拉美国家。

（3）美欧同盟基础削弱，关系疑出现更大裂缝

一方面，英国脱欧迫使欧洲进行广泛的重新调整，美国对英国在欧洲的地位认可度下降；另一方面，美国利用 2018 年的"伊朗威胁"，借机对日益分裂的欧洲进行分化控制，拉拢利诱"新欧洲"，威逼恐吓"老欧洲"，使欧洲最终屈服于美国的压力，顺从美国对伊强硬路线。然而，欧洲主要国家积极倡导多边主义国际秩序，同特朗普"绝对收益"以及"与盟友争利"的单边主义思维形成严重对立，美国通过大打"伊朗牌"绑架欧盟的做法只会进一步加深美欧之间的裂痕，跨大西洋伙伴关系必将受到更大的冲击。[①]

（4）"美国优先"战略引发"退群"热潮

美国带头掀起"退群"热，从特朗普总统上台以来，"美国优先"理念主导下先后退出 9 个"群"，如跨太平洋伙伴关系协定（TPP）、巴黎协定、联合国教科文组织、《中导条约》、万国邮政联盟、北美自由贸易协定（NAFTA）、联合国人权理事会、伊核协议、《移民问题全球契约》，这使得美国与世界互动关系逐步恶化，并深深牵动世界格局走向。

（5）加拿大被迫应对特朗普掀起的美加贸易战

美国总统特朗普在 2018 年为落实"美国优先"的施政纲领而对加拿大抡起贸易战大棒，要求加拿大在修改北美自由贸易协定的谈判中对美国做出重大让步，否则就对加拿大进入美国市场的商品征收惩罚性关税。特朗普和其贸易谈判官员利用加拿大 75％的出口对美国市场的依赖性，并祭出对加拿大钢铁和铝材征收惩罚性关税的大棒，胁迫加拿大在贸易谈判桌上做出让步。

加拿大政府虽然竭尽全力、见招拆招，但仍难免被特朗普政府掌握了谈判主导权。最后虽然达成了美国-墨西哥-加拿大协定（USMCA），却不得不在美国继续对加拿大征收钢材和铝材惩罚性关税的情况下签署。[②]

2. 拉美地区政治形势综述

2018 年，拉美政局持续动荡，各国迎来大选年，"左退右进"斗争激烈，各国政治环境复杂，部分国家新政府对原政府的方针政策做了较大幅度的调整，地区一体化进程也遭遇波折。总体而言，呈现不确定但较为稳定的态势。

---

① 中国国防报. 伊朗问题撕裂美欧关系. http://mil.gmw.cn/2019-02/20/content_32534581.htm.
② 加拿大政坛 2018 年的五件大事回顾. https://www.52hrtt.com/df/n/w/info/G1545892694622.

（1）拉美地区迎来大选年，各国政治环境复杂

2018 年，哥斯达黎加、古巴、巴拉圭、委内瑞拉、哥伦比亚、墨西哥、巴西、安提瓜和巴布达、格林纳达、巴巴多斯 10 个拉美国家先后举行选举。①

巴西和墨西哥分别是拉美地区的第一大和第二大经济体。2018 年的选举中，巴西、墨西哥的选举由原在野党候选人获胜，新政府对原政府的方针政策做了较大幅度的调整。其中，巴西右翼政党社会自由党候选人博索纳罗以"黑马"姿态当选新总统；墨西哥左翼国家复兴运动党候选人洛佩斯赢得总统大选，打破了长期以来由革命制度党和国家行动党主导的政治格局；哥伦比亚右翼候选人杜克当选总统，杜克组阁仅 3 天后，哥伦比亚便宣布退出南美洲国家联盟；哥斯达黎加、格林纳达、安提瓜和巴布达、古巴、巴拉圭、委内瑞拉 6 国由原执政党候选人当选新一届领导人，一定程度上保持了政策的延续。总体而言，2018 年拉美政局虽面临诸多不确定因素，但依然呈稳定态势。

（2）拉美地区一体化进程遭遇波折

21 世纪以来，拉美地区加速一体化进程，南美洲国家联盟、拉共体、南方共同市场等区域一体化组织相继成立。然而近几年，拉美各国进行大选，政治版图呈现"左右拉锯"的格局，国家间左右政见差异也使得以往各国达成的一体化共识出现分化迹象。

2018 年 1 月以来，南美洲国家联盟秘书长职位因成员国之间对阿根廷所提人选存有异议而一直空缺。2018 年 4 月底，阿根廷、巴西、秘鲁等 6 国宣布决定暂时退出南美洲国家联盟，意味着这一雄心勃勃的地区一体化计划遭遇重大波折②；2018 年 7 月 24 日，拉美区域一体化组织太平洋联盟和南方共同市场在墨西哥巴亚尔塔港签署共同宣言和行动计划，承诺共同应对贸易保护主义、推进地区一体化③。伴随 2018 年拉美各国的大选及复杂的各国环境，拉美地区的一体化进程虽暂时遭遇波折，但总体仍呈现积极的态势。

（二）2018 年美洲地区经济形势综述

1. 美国经济形势综述

（1）美国经济态势良好，各项指标表现俱佳

---

① 新华网. 特稿："大选年"催生拉美政治新版图. http://www.xinhuanet.com/world/2018－03/12/c_1122525564.htm.

② 新华网. 新闻分析：政治版图呈"左右拉锯"拉美一体化向何处去. http://www.xinhuanet.com/2018－06/07/c_1122953187.htm.

③ 新华网. 拉美两大区域组织共同推动地区一体化. http://www.xinhuanet.com/world/2018－07/25/c_129920432.htm.

2018 年，美国在发达国家中经济一枝独秀。2018 年，许多发达经济体的经济增长出现了一定程度放缓，其中欧元区 2018 年三季度 GDP 同比增速仅为 1.7%，远低于 2017 年同期的 2.8%，欧元区三大经济体——德国、法国和意大利的 GDP 增速均明显下滑。2018 年，日本 GDP 同比出现回落，但美国 GDP 增速则持续走高，2018 年三季度创下了 3.0% 的同比增速，为 2015 年二季度以来的新高。2018 年美国经济强劲的主要原因，是经济复苏时期采取减税措施带来的超预期刺激。2010 年至 2017 年美国 GDP 实际年均增长达到 2.1%，其实不需要额外刺激。而特朗普政府在 2017 年底通过的减税实际上是对美国经济增长多加了一把火。[①] 2018 年，美国个人消费支出增长 4%，成为支撑 GDP 增长最为重要的因素。同时，受就业环境改善和市场活力增强等利好因素驱动，2018 年以来美国失业率持续下降，10 月降至 3.7%，维持在 1969 年以来最低水平，就业市场接近充分就业。

（2）贸易保护主义盛行，美试图重写国际贸易规则

美国"经济优先"战略已转入贸易领域，美国试图重塑世界贸易格局，重写国际贸易规则。美国全面修改了已运行二十余年的北美自由贸易协定，并推出全新的美国-墨西哥-加拿大协定。该协定的达成是特朗普政府继 2018 年 8 月 27 日与墨西哥初步达成美墨贸易协定，2018 年 9 月 24 日与韩国正式签署新版美韩自由贸易协定后在国际贸易领域中取得的第三个重要进展。此外，美国还正在与欧盟、日本紧锣密鼓地开展三边贸易协定谈判，但谈判进程缓慢。

（3）中美贸易摩擦间歇不断，2019 年有望缓和

美国当地时间 2018 年 3 月 22 日，特朗普签署总统备忘录，将对从中国进口的商品大规模征收关税，并限制中国企业对美投资并购，由此拉开了中美贸易摩擦的序幕。之后，中美之间经历了贸易和谈、美方反悔、贸易摩擦、友好协商等阶段，中美贸易摩擦议题不断扩大，双方有望在 2019 年达成合作，签署协议并终结贸易战。即使双方暂时达成共识，也并不能从根本上解决中美贸易不平衡的结构性问题以及美方遏制中国的核心战略意图。中美贸易摩擦仍具有长期性和严峻性。

2. 拉美地区经济形势综述

全球经济持续增长，有益于拉美地区扩大总需求，带动地区经济继续复苏。据 IMF 预测，世界总产值的增速在未来两年内将达到 3.9%，这将有利于拉美地区经济的进一步复苏；此外，全球价值链已进入深度重整的新阶段，为拉美地区融入全

---

① 第一财经. 2019 全球经济或将同步回落 货币政策紧缩难继. https://www.yicai.com/news/100114595.html.

球生产提供了机会。然而，拉美地区的经济也具有一定的脆弱性。一方面，地区外债水平相对较高，外债的风险敞口较大，债务的可持续性差，拉美地区整体负债率已经超过 GDP 的 60%，其中有 6 个国家甚至超过 80%。另一方面，美国货币政策的正常化使得资本加剧回流、美元走高和拉美地区主要新兴市场的货币贬值。2018年 1 月拉美地区净资本流入为 496 亿美元，而 8 月仅为 188 亿美元。拉美地区经济形势具体表现如下：

（1）拉美地区经济增长缓慢，滞后于世界其他地区

2018 年 10 月，国际货币基金组织发布的《拉丁美洲和加勒比地区经济展望》报告中预测该地区经济将在 2018 年和 2019 年分别增长 2% 和 2.8%，私人投资和消费是拉动其经济增长的主要原因。① 在贸易局势紧张、金融环境趋紧以及商品市场波动的情况下，拉丁美洲和加勒比地区的经济虽然一直保持复苏，但增长十分缓和并且变得更加不平衡。

巴西由于政治动荡，2018 年经济只增长 1.2%，低于原预计的 2.6%。委内瑞拉经济连续恶化，2018 年经济增长为 －18.2%，年通货膨胀率到年底将超过 1 000 000%。值得关注的是，拉美平均外债占 GDP 的 60%，而有 6 国负债率超过 80%。自 2012 年以来，拉美已连续 6 年经济增长率低于世界其他地区。②

（2）阿根廷经济衰退严重，阻碍拉美地区经济复兴

阿根廷的经济状况尤其令人担忧。2018 年 4 月，阿根廷比索汇率出现大跌，短暂企稳后，8 月再次狂跌。比索对美元汇率 2018 年一度跌幅超过 100%。③ 本币贬值是阿根廷人心头挥之不去的"魔咒"，导致阿根廷 2018 年经济衰退幅度超过 2%，对拉美经济产生负面影响。阿根廷经济学家伊万·卡查诺斯基说：一方面，拉美第三大经济体阿根廷经济衰退直接拖累了拉美地区经济复苏；另一方面，阿根廷货币汇率波动也体现了拉美经济的脆弱性。④ 根据国际货币基金组织在巴厘岛发布的最新《世界经济展望》报告，受农业干旱、借贷成本上升、腐败丑闻等影响，2018 年阿根廷经济下降 2.6%，通胀率约为 40.5%；2019 年阿根廷经济将下降 1.6%，通胀率约为 20.2%。

---

① IMF. Outlook for Latin America and the Caribbean: An Uneven Recovery. https://www.imf.org/en/Publications/REO/WH/Issues/2018/10/11/wreo1018.

② 察哈尔学会. 稳中有变的 2018 年拉美地区形势. http://blog.dwnews.com/post-1082115.html.

③ 新华网. 阿根廷比索为何贬值不休. http://www.xinhuanet.com/world/2018-08/31/c_1123360524.htm.

④ 新华网. 财经观察：2018 年拉美经济持续复苏但不及预期. http://www.xinhuanet.com/fortune/2018-12/28/c_1123919795.htm.

（3）拉美地区各国经济增速不平衡

2018 年拉美经济形势的另一个特点是各小地区和各国经济增速不平衡。数据显示，加勒比地区的增速为 3.7%，中美洲和墨西哥的增速为 2.8%，南美洲的增速为 −0.1%。增长最快的国家是多米尼加共和国（5.4%），其次是巴拿马（5.2%）、巴拉圭（4.4%）、玻利维亚（4.3%）、智利（3.9%）等。阿根廷和委内瑞拉均为负增长。[①]

二、2018 年美洲地区能源形势分析

（一）2018 年美国能源概况

2018 年，世界石油需求稳步增长，但油价上涨及中美经贸摩擦等对需求有一定负面影响；美国继续引领非 OPEC 石油供应大幅提升；伊朗重遭美国制裁，石油出口下降明显；"减产联盟"相机调整产量政策（减产—增产—减产），世界石油市场基本面重归平衡后再度转向过剩，国际油价震荡冲高后深度下挫，但年均价连续第二年上涨，并一度创下近四年高点。同时，年内重大地缘政治事件多发，对国际油价短期波动的影响巨大。

2018 年，布伦特原油期货年均价为 71.69 美元/桶，比上年提高 16.96 美元/桶，涨幅达 31%；WTI 原油期货年均价为 64.90 美元/桶，比上年提高 14.05 美元/桶，涨幅达 27.6%。10 月 3 日，布伦特和 WTI 原油期货价格分别创下 86.29 美元/桶和 76.41 美元/桶的近四年高点；但 12 月 24 日，布伦特和 WTI 期货价格又分别跌至 50.47 美元/桶和 42.53 美元/桶的一年多来最低。[②]

1. 油气产量跃居全球首位，预计成为能源净出口国

2018 年油价的起伏让曙光乍现的全球勘探开发再一次蒙上阴影。世界油气勘探开发在波折中前行，但美国非常规油气产量继续保持增长。美国能源信息署（EIA）数据显示，2018 年美国 7 大页岩区页岩油产量达到 4.1 亿吨，比上年增长 27%；页岩气产量达到 7 560 亿立方米，比上年增长 22%。美国 7 个主要的页岩油产区在 2018 年底日产量超过 800 万桶/天，帮助美国超越沙特和俄罗斯成为全球最大的原油生产国。而美国在 2017 年曾排第 3 位，但 2018 年 9 月超过第 2 位的沙特

---

① 察哈尔学会. 稳中有变的 2018 年拉美地区形势. http://blog.dwnews.com/post-1082115.html.
② 回顾 2018 年国际石油市场，展望 2019 年石油市场新动态. https://www.yidianzixun.com/article/0LBE9jby/amp.

和第1位的俄罗斯，势力格局完全改变，时隔45年跃居世界首位。受到页岩油的拉动，美国原油产量在10年时间里增至2倍以上，对进口的依存度则降至30年来最低水平。

EIA预计，基于目前的政策及技术水平，美国的原油和液化天然气等油气产品产量在2020—2040年间将继续保持稳定增长。EIA预计，2019年美国原油日产量将上升114万桶，至1 207万桶/天，2020年再增加79万桶，至1 286万桶/天。与之相对应的是，2018年，美国的原油和原油产品净进口量从380万桶/天降至240万桶/天，2019年将降至110万桶/天。

据EIA报告，自1953年以来，美国一直是能源净进口国，但近年来石油和天然气的出口量持续增长。美国在天然气方面已经在2017年转为净出口国，并预计到2020年成为原油净出口国。在页岩油气产量保持大幅增长的形势之下，美国油气出口力度进一步加大。未来美国天然气的出口最主要流向是亚太、欧盟、日本等天然气消费大国已接近饱和，而中国及东南亚依旧具有需求空间。

2. 煤炭产量增幅回落，消费量下降明显

据EIA发布的2019年1月份能源评论（Monthly Energy Review, January 2019）数据，2018年1—12月美国煤炭产量为7.54亿短吨，同比减少2 090.3万短吨，下降2.7%。另据EIA 2019年1月短期能源展望报告（Short-Term Energy Outlook）数据，2018年美国煤炭出口预计为1.16亿短吨，比上年增加1 900万短吨，增长20%。消费侧，美国煤炭消费总量自1979年以来创下近40年新低。2018年，美国煤炭消费总量或较2017下降4%，至6 910短吨。2007年，美国煤炭消费达到峰值，之后一直呈现下降趋势；2018年，预计美国煤炭消费量或较2007年降低约44%。

2007—2018这11年间，燃煤电力行业是美国煤炭消费的主力军，占比为美国煤炭消费总量的93%。随着来自天然气和可再生能源的竞争加剧，不断挤占了煤炭在能源市场的占比，导致燃煤电厂陆续淘汰、燃煤发电能力和利用率连年下降，也导致2007年以来美国电煤消费量一直呈下降态势。

即使可再生能源消费不断增长，化石燃料仍将为美国提供大部分电力。2018年，煤炭和天然气合计提供了63%的电力，EIA预测2020年将提供61%。

2018年，天然气占美国总发电量的35%，高于2010年的24%。相比之下，燃煤电厂发电总量占比从2010年的45%降至2018年的28%。EIA预测，到2020年，天然气发电份额将增长至37%，煤炭发电份额将继续下降至24%。

EIA预测，到2050年，美国仍是煤炭（包括焦炭）净出口国，但由于来自更接近世界主要市场的其他全球供应商的竞争，煤炭出口预计不会增加。

3. 可再生能源发展迅速，政策优势明显

在全球有害气体排放量中，美国位居第三，仅次于中国和印度。为破解可再生能源发展瓶颈问题，美国政府推出了一系列能源战略和政策。虽然美国退出巴黎协定，但是这一决定并未改变美国社会对环境保护问题的态度。中期选举期间，至少有 7 个州提出了与能源相关的重要提案，其中不乏反对化石燃料、支持可再生能源的亮眼议题。美国新上任的州长们正在尽己所能的让美国离兑现巴黎协定的减排承诺更近一步，该国清洁能源产业发展势头仍然强劲。[①]

2018 年底，美国华盛顿特区市议会通过了具有里程碑意义的 100％清洁能源法案，该法案要求在 2032 年之前电网上的所有能源都来自可再生能源。但让整个电网 100％接入可再生能源电力是一项十分艰巨的任务，该领域的大多数工程师都认为将电网的可再生能源电力比重提高到 80％相对容易，但要实现剩下的 20％非常困难。也就是说，还可以采用其他能源和技术，例如核能、碳捕获与封存等，来帮助提高可再生能源的占比。但是总体而言，可再生能源政策得到极大重视和落实。

EIA 预计美国天然气和可再生能源占美国能源市场的份额将持续增长。其中，天然气份额将保持领先地位并持续增长，从 2018 年的 34％升至 2050 年的 39％。包括水力发电在内的可再生能源份额也将从 2018 年的 18％扩大到 2050 年的 31％。在未来不到 10 年的时间里，可再生能源将有望替代核能和煤炭成为美国主要发电方式。

(二) 2018 年拉丁美洲能源概况

根据英国石油公司的统计评估，拉丁美洲石油储量占世界的 20％以上，是世界第二大重要的石油产地。巴西、墨西哥和委内瑞拉均为拉美地区的重要产油国和石油出口国。2018 年，巴西石油产量不断增加，委内瑞拉遭遇严重的经济危机，石油产量大幅下滑，巴西石油产量超越委内瑞拉，位列拉美首位、全球第九。与此同时，2018 年拉美各国大选后，能源政策发生转变，墨西哥新总统上台后出台各种政策力图重振墨西哥石油工业，部分拉美国家进一步放宽招投标标准，推动油气资源招标，积极推动发展可再生能源。

1. 巴西石油产量不断增加，炼化能力有待提高

巴西盐下层油田的发现和开发使得巴西跃升至全球石油产量排行榜第九位，

---

① 新京报. 白宫经济顾问：美国将不再补贴可再生能源. http://news.bjx.com.cn/html/20181206/946969. shtml.

2018 年 9 月，盐下层石油日产量已达到 150 万桶。巴西国家石油公司表示，今后 5 年内还将有 13 个平台投入运营，因此石油日产量将继续攀升。预计到 2027 年，巴西将成为石油输出国组织外全球最大的石油生产国，到 2035 年，巴西石油产量将占到全球新增供应量的三分之一。[①]

巴西国家石油公司 2018 年平均日产量为 203 万桶，略低于 210 万桶的目标。巴西国家石油公司称，其石油和天然气总产量为 263 万桶油当量/天，其中海外产量为 10.1 万桶/天。该公司的目标是 270 万桶油当量/天。该公司在声明中表示，预计 2019 年产量将达到 280 万桶油当量/天。[②] 与此同时，巴西的炼化能力有待提高。

巴西碾压委内瑞拉，成为南美洲中国原油进口头号重镇，2018 年巴西向中国原油出口量跃升至 3 162 万吨，同比飙涨 37%，而委内瑞拉对中国的出口量则同比下滑 24% 至 1 663 万吨。[③]

2. 墨西哥新政府登台后大力发展石油工业

墨西哥是西半球第四大产油国，位居美国、加拿大和委内瑞拉之后。石油业对墨西哥经济的贡献举足轻重，原油出口占外汇总收入的 10%。尽管石油资源丰富，但墨西哥的产油和炼油能力欠缺。墨西哥新政府有意提振陷入衰退状态的国有石油工业，计划 5 年内把原油产量提升 45%。墨西哥新出炉的预算草案承载着新总统洛佩斯"拯救石油、重振经济"的希望，草案削减了多个政府部门的开支，取消了高税收收入计划，同时践行了增加福利支出和补贴资金的承诺。更重要的是，石油预算中加大了前两届政府未曾过多关注的深水资源开发和生产力度，同时强调加速扩大原油产量和炼化产能的必要性。[④]

3. 委内瑞拉石油产量进一步下滑，加剧国内经济危机

2018 年委内瑞拉陷入经济危机，石油产量大幅下滑。该国的经济命脉——石油业江河日下。据国际能源署（IEA）的估计，该国石油产量持续降低，2018 年委内瑞拉石油出口量降至 124.5 万桶/天，为 28 年来最低水平。据 OPEC 称，过去 5

① 经济参考报. 巴西石油：产量大增遭遇消化不良. https://www.china5e.com/news/news-1040152-1.html.

② 中国石化新闻网. 巴西国家石油 2018 年产量低于目标. http://finance.sina.com.cn/money/future/nyzx/2019-01-21/doc-ihqfskcn8956371.shtml.

③ 中国能源网. 巴西碾压委内瑞拉 成为南美中国原油进口头号重镇. https://www.china5e.com/news/news-1051030-1.html.

④ 中国能源报. 墨西哥全方位推进石油增产. http://paper.people.com.cn/zgnyb/html/2018-12/24/content_1900798.htm.

年中，委内瑞拉石油产量下降了一倍多，降至 134.6 万桶/天。石油出口是委内瑞拉财政收入的主要来源。由于面临美国制裁以及债权人要求没收资产的压力，石油出口减少将会进一步加剧委内瑞拉国内危机。[①]

4. 拉美国家进一步放宽招投标标准，推动油气资源招标

拉美国家近年来都在努力放宽招投标标准，减少沿海与内陆特许权差异，扫除投资障碍，以便吸引更多公司投资。[②] 拉美地区有超过 100 个油气资源区块启动许可证招标，多家全球石油巨头将参与竞标。[③]

墨西哥自 2018 年 1 月起开展深水勘探领域招标，吸引外资 930 亿美元，3 月继续浅水勘探项目招标，金额超 80 亿美元，7 月预计开放 37 个石油区块，9 月开放 9 个油气能源区块。2018 年 3 月，巴西外海域项目开发共发 24 亿美元债券。2018 年后几个月，巴西将长期开放 850 个沿海石油区块，2019 年将开放 1 700 个。哥伦比亚于 2018 年 4 月开展西努-圣哈辛托 15 个区块招标，于 5 月开放 25 个石油及沿海区块。乌拉圭于 2018 年 4 月底公布第三轮沿海地区石油区块招投标结果，其中包含 17 个石油区块，均在专属经济区内。同巴拉圭、阿根廷一样，乌拉圭对投标资格与程序要求较为宽松。

5. 拉美各国积极发展生物质能等可再生能源

在巴西的发电能源中，可再生能源的比例高达 80.4%，其中水电是最主要的能源来源，64% 的电力装机容量来源于水电站。巴西最大的水电站——伊泰普水电站 2018 年一季度表现出色，发电量打破了历史纪录。同时，巴西也是世界第二大生物燃料生产国和消费国。巴西的大部分生物燃料生产来自乙醇，其中甘蔗是巴西乙醇生产中使用的主要原料。由于 2018 年糖价低，2018 年前三个月巴西的乙醇和生物柴油产量均高于 2017 年同期。2018 年 1—8 月，巴西的生物质发电比去年同期增长了 11%，前八个月的生物质发电量已经超过了 2017 年全年的燃煤发电总量。[④]

南美洲另一大国阿根廷也把发展生物燃料作为一项重要国家发展战略。2018 年 11 月 8 日，阿根廷总统马克里称，2025 年阿根廷新能源发电占比将达到 20%。

---

① 中国商务部. 委内瑞拉 2018 年石油出口量降至 28 年来最低. http://www.mofcom.gov.cn/article/i/jyjl/e/201901/20190102823630.shtml.

② 中国商务部. 2018 年拉美将成为石油项目招投标最多的地区. http://ec.mofcom.gov.cn/article/jmxw/201804/20180402728013.shtml.

③ 新华网. 拉美油气资源招标将吸引多家石油巨头参与. http://www.xinhuanet.com/world/2018-03/27/c_1122599094.htm.

④ 中国能源网. 2018 年 1—8 月巴西的生物质发电比去年增长了 11%. https://www.china5e.com/news/news-1042583-1.html.

目前，阿根廷致力于推动在 21 个省份建设包括太阳能、生物质、水力和生物气等 200 个发电站项目。此外，智利、哥伦比亚、厄瓜多尔、乌拉圭、秘鲁等拉美和加勒比国家也已开始研发和使用生物能源。

2018 年 1 月 19 日，巴西政府决定申请加入国际可再生能源机构。此举体现了巴西对可再生能源、应对气候变化和可持续发展的重视，以及巴西致力于建设性参与国际治理，也是巴西与国际能源署签署合作协议，推出并引领推广生物能源的未来生物平台（Biofuturo）之后，巴西参与国际能源治理的重要一步。[①]

三、2018 年中国与美洲能源合作概况及分析

（一）2018 年中国与美洲能源合作概况

1. 中国与美国能源合作概况

（1）中美能源合作深受贸易摩擦影响

2018 年 3 月 22 日，美国政府宣布将对中国输美总额约 600 亿美元的商品加征进口关税，同时限制中国企业在美国的投资并购活动。随着中美经贸摩擦的不断升级，能源领域受到波及。

2018 年 7 月 6 日，中美两国分别公布第二轮征税清单，均涉及石油、天然气和化工产品，范围涉及整个石油石化产业链，能源领域成为中美经贸摩擦的主战场之一。其中，美国公布的对中国产品加税清单中，涉及润滑油及其添加剂、聚乙烯、聚丙烯、聚酰胺、汽柴油等 150 余项石化产品。在中国商务部对美国 500 亿美元商品的加税清单中，涉及煤炭、原油、石脑油、聚乙烯等 100 余项化工产品。2018 年 9 月 24 日，中国商务部开始对 600 亿美元的进口美国商品加征关税，LNG 首次被纳入清单。

首先，对美国石油企业而言，中国加征原油关税将直接削弱美国原油在中国市场的竞争力，同时会加剧中美贸易逆差，不利于美国经济的发展。其次，对中国 LNG 市场来说，对美国 LNG 加征关税的短期影响不大。中国 LNG 进口主要依赖于卡塔尔和澳大利亚等国，在全球天然气供给相对宽松的环境下，寻找美国产 LNG 的替代品难度不大。中俄天然气东线管道将于 2019 年底开始商业运营，供气量将逐年增加到 380 亿立方米/年，这为中国稳定的天然气供给进一步提供了保障。

---

① 中国商务部. 巴西决定加入国际可再生能源署. http://www.mofcom.gov.cn/article/i/jyjl/l/201801/20180102702271.shtml.

再者，对丙烷加征关税将严重影响中国液化石油气市场。单就石化行业而言，中美贸易摩擦对其影响不大，但从全产业链角度来看，加征关税后，石化行业的下游市场，如下游轻工和纺织出口量会受到加征关税的影响，目前不少业内企业正在从美国市场向东南亚市场转移。下游市场的变动可能反作用于石化市场。下游市场迁徙将影响上游石化市场格局。除此之外，经贸摩擦对中美能源投资项目也产生影响。中国在美国的油气项目投资也会受到中美经贸摩擦的影响。中美经贸摩擦使得人民币汇率不断波动，中国油气企业对外投资货币主要是美元，汇率波动给油气项目的投资成本带来了极大的不确定性。[1]

（2）中美能源领域互补性不断增强，油气资源或成突破口

美国页岩革命使其天然气和石油产量先后大幅增长，2018年，美国已成为世界第一大天然气生产国和净出口国，并且美国重回世界第一大原油生产国。而中国已是世界最大的原油进口国，预计2019年，中国将成为世界最大的天然气进口国。

在中美贸易摩擦中，油气及能源化工类产品首次大面积地出现在中国加征关税的清单中。中美贸易摩擦两轮征税后，美国合计2 500亿美元加税清单中涉及价值195.3亿美元的能源化工及下游制品；中国合计1 100亿美元加税清单中涉及价值119.6亿美元的能源化工及下游制品，占涉税金额11%。总而言之，贸易摩擦对能源化工产品及下游制品影响程度不大。

进入21世纪以来，中美两国在能源领域的合作持续深入推进。虽然中国自美国进口的油气尚处起步阶段，但增长趋势明显。随着美国近年逐步放开原油和LNG出口限制，中国已成为美国第二大原油进口国，而且有望超过加拿大成为第一。中国的石油需求仍未达到峰值，中美双方能源市场的互补性增强，未来能源合作的潜力有望进一步增加。与此同时，页岩油气的繁荣在相当程度上帮助美国抵消了与中国日益扩大的贸易逆差。美国页岩油气的出口，可以成为中美贸易摩擦解决方案的重要组成部分，有利于目前世界最重要的两个经济体间关系重回良性轨道。[2]

2. 中国与拉美地区能源合作概况

（1）稳步推进拉美地区油气资源开发与合作

拉美地区石油储量丰富，对中国能源安全具有重要的战略价值。中国与拉美之间的能源合作以油气合作为主。2018年，中国企业积极响应国家"一带一路"倡议，大力推动拉美地区油气勘探开发和贸易合作。其中，中国与巴西同为"金

① 国际石油经济. 中美经贸摩擦对双边能源合作的影响. http://www.sohu.com/a/276778750_611338.
② 石油商报. 历史和未来节点上的又一次挑战. http://center.cnpc.com.cn/sysb/system/2019/01/07/001716221.shtml.

砖国家"，两国的能源合作具有天然的互补性与战略性，尤其在海洋油气领域发展潜力巨大。

2018 年 3 月 29 日，中国山东科瑞石油装备有限公司和巴西建筑公司梅托多组建的联合体与巴西国家石油公司已签署价值约 19.5 亿雷亚尔（1 美元约合 3.305 雷亚尔）的合同，将开工建设天然气加工厂项目。①

2018 年 4 月 18 日，墨西哥国家油气委员会批准中海油在 Perdido 地区的深海勘探计划。在该地区，中海油计划投资 2.89 亿美元。②

2018 年 5 月 15 日，中国石油参股的巴西里贝拉项目首船 4.4 万吨权益油，在海上奔波 48 天后顺利抵达大连港。这标志着中国石油第一个超深海项目——巴西里贝拉项目进入投资回收实质性阶段，体现了集团公司全球资源整合能力的进一步提升。③

2018 年 5 月 16 日，首次由中国自主集成的世界级海上浮式生产储卸油装置（FPSO）P67 在青岛成功交付巴西。这是目前我国为国外交付的工程量最大、最复杂、技术要求最高的 FPSO 项目。P67 的成功交付，将进一步加强能源国际合作，同时助推"中国制造"走出去。④

2018 年 9 月，中国石油国际事业有限公司与巴西 TTWork 公司正式签署交割文本及股东协议，完成 30% 股权接收。至此，中国石油正式获得该公司成品油进口份额和稳定的成品油分销渠道，成为第一家成功"抢滩登陆"拉美成品油市场的中国油气企业。这也为中国石油集团公司进一步做大做深美洲市场、扩大跨区贸易运作、完善海外油气运营战略布局奠定了重要基础。⑤

2018 年 10 月 16 日，巴西国家石油公司和中国石油天然气集团公司（CNPC）签署协议，研究完成里约热内卢 Comperj 炼油厂建设在经济上的可行性。⑥

2018 年 12 月 4 日，燃料油公司全球船供油业务中心在巴西里约热内卢港为中

---

① 新华网. 中企与巴西将合建大型天然气加工厂项目. http://www.xinhuanet.com/world/2018-03/30/c_129841153.htm.

② 中国能源网. 墨西哥国家油气委员会批准中海油深海勘探计划. https://www.china5e.com/news/news-1026794-1.html.

③ 人民网. 中国石油首船里贝拉项目权益油运抵大连. http://energy.people.com.cn/n1/2018/0517/c71661-29995716.html.

④ 人民网. 我国首次自主集成的世界级"海上油气处理厂"成功交付. http://energy.people.com.cn/n1/2018/0517/c71661-29995389.html.

⑤ 中国能源网. 中国石油进入拉美下游市场. http://www.cnenergy.org/yq/sy/201809/t20180912_695160.html.

⑥ 路透中文网. 中石油与巴西国油签署协议 研究共建炼油厂可行性. https://cn.reuters.com/article/petrobras-cnpc-jv-refinery-plan-idCNKCS1MR0C7.

海油田服务有限公司旗下"海洋石油 720"工程船完成首单供油 1 000 吨任务，开启燃料油公司与中海油服合作新篇章。

2018 年 12 月 7 日，青岛港集团宣布与巴西国家石油公司签订董家口港区保税罐长期合作协议，双方将在原油板块进一步展开合作，实现优势互补。

（2）积极推动可再生能源的开发与合作

拉美地区具有丰富的可再生能源资源，拉美地区积极发展可再生能源，如生物质能、太阳能及水能等。中国企业也积极通过投资、承建、合作经营的方式参与拉美地区可再生能源的开发建设。

2018 年 1 月 5 日，由浙能集团投资 10.19 亿巴西雷亚尔（约 20 亿元人民币）资本金参与的巴西圣西芒水电站完成特许经营权交割，正式落地运营。[1]

2018 年 5 月 1 日，中国和多米尼加签署了建交联合公报。两个月后，多米尼加史上最大电力项目——蒙桑尼尔天然气火力发电厂一体化项目得以展开，多米尼加国家电力公司与中国华阳集团签署蒙桑尼尔天然气火力发电厂一体化项目合作备忘录。多米尼加目前是中国在加勒比地区的第二大贸易伙伴，政治环境稳定，是该地区经济增速最快的国家之一，因此双方合作前景广阔；而此次合作也将有利于推动中国技术、设备和标准的输出。[2]

2018 年 5 月 29 日，中国能建葛洲坝集团海外投资有限公司所属葛洲坝巴西有限公司与巴西 Camargo Correa 集团和 Andrade Gutierrez 集团完成了股权转让，标志着葛洲坝集团正式成为圣诺伦索供水项目的 100% 控股股东。这是在"一带一路"倡议的大背景下，中资企业在海外水务投资领域取得的又一重大成果。[3]

2018 年 10 月 1 日，中国电建承建厄瓜多尔德尔西水电站三台机组通过 72 小时试运行[4]。

2018 年 12 月 4 日，阿根廷当地国营电力公司 Jemse SE 已经与中国电力建设集团（Power China）和上海电气集团（Shanghai Electric）签署了一项将 Caui 太阳能发电厂再扩容 200 兆瓦的框架协议。在中国资金的支持下，位于阿根廷北部胡胡伊

---

① 中国能源网. 浙能集团在巴西建水电站 装机容量是新安江水电站的 3 倍. https://www.china5e.com/news/news-1016687-1.html.

② 北极星电力网. 多米尼加史上最大电力项目落地 华阳集团建交成果丰. http://news.bjx.com.cn/html/20180710/911602.shtml.

③ 中国能源网. 中能建葛洲坝集团完成巴西供水项目股权收购. https://www.china5e.com/news/news-1030758-1.html.

④ 中国能源网. 中国电建承建厄瓜多尔德尔西水电站三台机组通过 72 小时试运行. https://www.china5e.com/news/news-1041268-1.html.

省的 Caui 太阳能发电项目将得到扩容。[1]

(二) 中国与美洲能源合作的机遇与挑战

1. 机遇

(1) 中国与美国能源合作的新机遇

根据中国商务部发布的数据，在过去的 2018 年，虽然中美两国在贸易领域产生了巨大分歧和摩擦，但两国贸易总额依然达到 6 300 亿美元，这个数字与 2017 年几乎持平。2017 年中美贸易总额占中国外贸总额的 14.2%，据美方统计，两国贸易额占到美国外贸总额的 16.43%，其中从中国的进口占到 21.84%，超过了 1/5。每天平均 1.4 万人往来中美之间，每 17 分钟起降一个航班。这就是中美两国你中有我，我中有你的现状。[2]

由于页岩气革命取得巨大成功，美国正在大力推动天然气出口，加上特朗普宽松的能源政策的推动，美国天然气有望进一步提升市场份额。面临中国巨大的天然气需求，加强中美能源合作是必然选择，有望成为两国经贸合作的新亮点，为全球能源安全与可持续发展做出重大贡献。据预测，到 2030 年美国对华天然气出口额可能达到每年 260 亿美元。

中美能源合作还可以产生多重收益和外溢效应。除了可以平衡双边贸易，美国对华出口液化天然气还有助于中国改善空气质量，通过"煤改气"加速其低碳转型的进程。特朗普政府大力推动化石燃料的发展，与单纯的应对气候变化相关项目相比，通过强化现有的中美合作项目，如中美清洁能源联合研究中心的清洁煤炭技术联盟、中美石油和天然气工业论坛深化能效合作，可为全球节能减排、低碳发展及提升全球能效带来示范效应。

合作不仅有利于中美两国自身的发展，也有利于世界的繁荣与经济稳定。遏制中国，就等同于遏制各国发展的共同机遇。

(2) 中美与拉美地区能源合作的新机遇

中国与拉美国家经贸与投资合作发展迅速，中国目前已成为拉美第二大贸易伙伴国，拉美成为仅次于亚洲的中国海外投资第二大目的地。在能源合作上，中国与拉美各国不仅不断深入推进传统油气资源开发合作，也不断开拓可再生能源领域的

---

[1] 北极星太阳能光伏网. 阿根廷最大光伏电站将扩建 200MW. http://guangfu.bjx.com.cn/news/20181204/946136.shtml.

[2] 王春燕. 中美贸易摩擦曙光渐明 下一步中国该怎么办. https://finance.sina.com.cn/china/2019-02-16/doc-ihqfskcp5658219.shtml.

合作。

2018 年 1 月 22 日，中国-拉美和加勒比国家共同体论坛第二届部长级会议在智利首都圣地亚哥举行，会议明确了中拉合作共赢的路径。会议通过《圣地亚哥宣言》《中国与拉美和加勒比国家合作（优先领域）共同行动计划（2019—2021）》和《"一带一路"特别声明》3 份成果文件，集中反映了下一阶段中拉双方深化合作、同谋发展的明确意愿。①

1）可再生能源成为中拉能源合作的新机遇

可再生能源的出现，为中国与拉美的能源合作提供了更多的空间。拉美地区风、光资源储量丰富，不仅是全世界太阳能辐射强度和日照时间最佳的区域之一（墨西哥），也是全球陆上风能资源最为富集的地区（阿根廷南部）。伴随拉美各国能源结构调整的浪潮，可再生能源产业迎来发展契机，拉美各国政府也高度重视新能源的开发。例如巴西已经具备一定的实力，其可再生能源利用率高达 45%，远远超过 14% 的世界平均水平。巴西在利用甘蔗生产乙醇以及利用甘蔗渣发电的技术方面处于全球领先地位。中国可以与巴西合作，借鉴巴西的乙醇生产技术，提高自身在清洁能源领域的实力，实现节能减排的目标。同时，玻利维亚、智利等国锂矿储量惊人，在发展新能源电动汽车方面，中国可以与它们探讨合作研究。

与此同时，拉美国家的可再生能源开发能力有限，基础设施薄弱。例如：虽然巴西政府一直大力推动可再生能源发电，尤其是推广非水电可再生能源，但巴西缺乏强大的电网基础设施，平均输配电损耗率高达 17%，全国部分地区约有 20% 的电力失窃。② 中国在可再生能源产业方面具有一定的优势，可以帮助拉美地区开发可再生能源。此外，加大可再生能源开发的力度已经成为各国的共识，未来还会不断产生各种可再生能源项目。

2）拉美国际营商环境不断改善

世界银行发布的《2018 年营商环境报告》③，对全球 190 个国家和地区营商环境进行了评估，拉美与加勒比地区的营商改革脚步有所加快，拉美国家的排名显著上升，墨西哥、智利、秘鲁、哥伦比亚全球排名分别为第 49、55、58、59 位，甚至超过土耳其（第 60 位）、印度尼西亚（第 72 位）、南非（第 82 位）和中国（第

---

① 中国外交部. 王毅谈中拉论坛第二届部长级会议成果. https://www.fmprc.gov.cn/web/wjbzhd/t1527952.shtml.

② 国际新能源网. 巴西可再生能源发展迅速 电网基础薄弱成阻碍. http://newenergy.in-en.com/html/new-energy-2313588.shtml.

③ 中国国际贸易促进委员会. 世界银行发布《2018 年营商环境报告》. http://wemedia.ifeng.com/36031840/wemedia.shtml.

78位）等主要新兴经济体。其他国家排名情况如下：哥斯达黎加（第61位）、牙买加（第70位）、萨尔瓦多（第73位）、巴拿马（第79位）、乌拉圭（第94位）、巴拉圭（第108位）、阿根廷（第117位）、厄瓜多尔（第118位）、巴西（第125位）。

近年来，一些拉美国家为吸引外资，启动相关改革，放松了对外国石油公司的管制，修改对外石油合作合同的条款，为外资参与油气勘探开发创造优惠条件。例如：巴西取消了本国石油公司在对外合作深水油田项目中的"唯一作业者"垄断地位，让国际石油公司在勘探开发方面有更多的自由，同时放松了对本地化的要求，以方便油田开发所需人员、材料、设备进入巴西市场。墨西哥则降低了对外招标的资质要求，同时出售大量地质数据给投标公司，对本地化要求也更加灵活。①

2018年以来，巴西启动新一轮油气资源招标，将70个海上和陆地区块向外商开放，墨西哥也将37个浅水油气区块对外招标，吸引了数十家外国石油公司前来竞标。据报道，厄瓜多尔2018年也将以富有吸引力的条件将28个区块对外招标。阿根廷则有意启动15年来的首次招标，向外资开放其大西洋沿岸油气区块。

2. 挑战

（1）美国能源政策转向增加了中美能源合作的风险

特朗普上任至今，"能源优先"一直被强调，其上任伊始便抛出了"美国优先能源计划"，之后废除"清洁能源计划"、宣布退出巴黎协定，旨在最大化利用美国本土能源，摆脱进口依赖，促进国内实体经济发展，实现能源独立。而加速美国能源独立，必定会在较长一段时间内对美国煤炭、石油、天然气等行业以及美国的能源供需产生深刻影响。从出台的一系列政策可以看出，美国政府将石油和天然气作为美国能源独立的核心，政策的实施会在一定程度上提升美国油气的产量，推动天然气产业发展，天然气的大量出口使美国更容易获得全球天然气的定价权，增强对全球天然气价格的掌控力。客观上，加强天然气的出口可能使美国成为能源出口国，这将会在一定程度上带动包括中国在内的国家能源进口来源多元化发展，但实际上却有可能影响欧洲、中东以及亚太地区的天然气供应及能源供需格局，甚至还可能产生一些地缘政治变化。此外，美国作为温室气体排放大国，"去气候化"的能源新政可能使美国成为全球碳排放量绝对增加的国家，对美国的环境产生负面影响，给包括中国在内的全球国家在应对气候变化方面增

---

① 中国能源网. 拉美油气资源成"香饽饽". https://www.china5e.com/news/news-1030364-1.html.

加不确定因素，还可能在一定程度上改变全球应对气候变化治理的格局。[①]

（2）拉美地区政局更迭增加了中拉合作的政治风险

2018年，拉美政局持续动荡，各国迎来大选年，"左退右进"斗争激烈，各国政治环境复杂，部分国家新政府对原政府的方针政策做了较大幅度的调整。这会给双方的合作带来一定的政治风险，因为不同政党、不同派系的政治纲领不同，对待外国投资、国际合作的态度不同，特别是在能源等比较敏感的领域，容易引起反复。有些国家领导人更替频繁，政策的连续性受到挑战，造成投资和合作的失败。2018年，巴西右翼代表博索纳罗的当选，预示着拉美"左退右进"的政治风向更加明显，博索纳罗当选后的许多言论也体现出"巴西优先"的民族主义倾向。

（3）拉美地区资源保护主义较为突出，贸易投资壁垒较多

拉美地区的产油国家以发展中国家为主，经济发展相对滞后，对能源工业的依赖度高。能源产业既是这些国家财政收入的主要来源，也是其实施社会保障政策、维持福利开支的重要工具。因此，绝大多数拉美国家对外资进入本国的能源资源行业作了严格的限制，例如巴西、阿根廷、厄瓜多尔、委内瑞拉、哥伦比亚、秘鲁这六个主要产油国大多采取产品分成合同、矿税合同两类模式。

---

① 魏静，段红梅，闫强等. 能源新政下的美国页岩气产业新动向及中美合作前景. 中国矿业，2018，27（2）：9-15.

欧洲地区

徐音　孙志红

一、2018 年欧洲地区政治经济形势综述

（一）2018 年欧洲地区政治形势综述

2018 年，欧洲地区的民粹势力有增无减，从德国到法国再到意大利，欧盟国家纷纷陷入政治困局。在国内层面，受难民危机和 2009 年经济危机影响，草根阶层与精英阶层之间的冲突与对立不断激化；在地区层面，欧盟国家内部反建制派政党纷纷登上政治舞台，"疑欧主义"的泛滥给欧洲一体化进程蒙上巨大阴影。这一年，欧洲地区的政治形势处于相对不稳定的状态。

1. 英国议会未能通过"脱欧协议"

2018 年 11 月，英国与欧盟共同推出"脱欧"协议草案，但这份协议在英国国内招致各方强烈反对。在经过 5 天辩论后，英国议会下院于 2019 年 1 月 15 日以 432 票反对、202 票支持的投票结果否决了"脱欧"协议。[①] 英国原定 2019 年 3 月 29 日为"脱欧"的截止日期，但"脱欧"协议迟迟未能通过，欧盟方面又表示不会同英国重新谈判，推迟"脱欧"或无协议"脱欧"都有可能成为英国的下一步选择。受"脱欧"协议的不确定性和世界经济增长放缓的影响，英国经济增长动力大为减弱。最新统计显示英国经济正全面放缓，2018 年英国经济增速放缓至 2012 年以来新低，2018 年底甚至出现单月经济萎缩现象。在"脱欧"不确定性上升的背景下，2019 年英国经济前景更趋悲观。[②]

[①]　新华网. 英国议会下院否决"脱欧"协议. http://www.xinhuanet.com/2019-01/16/c_1123994954.htm.

[②]　新华网. "脱欧"前景不明 英国经济急剧放缓. http://www.xinhuanet.com/2019-02/12/c_1124104324.htm.

2. 法国爆发黄背心运动

法国总统马克龙上台后，在社会福利、劳动力、行政效率等方面进行了大刀阔斧的改革，为了鼓励民众采取更有利于环境保护的出行方式，马克龙政府宣布从2019年1月1日起上调燃油税。恰逢国际油价上涨，这一关乎民生的改革措施引发了法国人民的强烈反对。自2018年11月起，法国多个城市相继爆发黄背心运动，并向比利时、荷兰、德国等国家蔓延。随着事态的发展，黄背心运动已经从针对新政燃油税的抗议活动演变为对马克龙政府和精英阶层的全民街头抗议运动，造成法国近50年来规模最大的骚乱。压力之下，马克龙政府宣布暂停上调燃油税，并承诺从2019年开始将法国每月最低工资标准提高100欧元。然而，马克龙政府的退让未能平息抗议运动，冲突仍在持续并趋向暴力化。2019年1月13日，马克龙发表《告全体同胞书》，提出反对任何形式的暴力，以"大辩论"对抗暴民。2019年1月15日，马克龙同612位市长、镇长、乡长就法国社会存在的各种民生问题展开了7个小时的大辩论，试图通过民主而非暴力的形式来解决黄背心运动背后存在的社会问题。①

3. 安妮格雷特·克兰普-卡伦鲍尔接替默克尔成为德国基民盟新党魁

2018年12月7日，德国基督教民主联盟（简称基民盟）全国代表大会在汉堡召开。根据会议选举结果，基民盟秘书长安妮格雷特·克兰普-卡伦鲍尔接替德国总理安格拉·默克尔，成为新一届基民盟主席。②继任者克兰普-卡伦鲍尔当选后将面临诸多挑战，包括恢复基民盟因难民政策而下降的支持率、安抚党内反对派、维护党内团结等。尽管克兰普-卡伦鲍尔是默克尔中意的接班人，但有着"小默克尔"之称的她无论是执政经验还是人脉基础都远不及默克尔。③若要在后默克尔时代实现基民盟对德国的继续领导，克兰普-卡伦鲍尔仍需付出巨大努力。

4. 意大利五星运动和联盟党联合组阁

在2018年3月举行的意大利议会选举中，极右翼党派联盟党、力量党和兄弟党组成的中右翼联盟得票率最高，民粹主义政党五星运动紧随其后，但无一党派可独立组阁。经多轮磋商，掌控议会过半议席的联盟党和五星运动同意联合组阁，推

---

① 凤凰网. 马克龙与600名市长参加首场法国大辩论. http://news.ifeng.com/coop/20190116/60238195_0.shtml♯p=1.

② 新华网. 克兰普-卡伦鲍尔接替默克尔成为德国基民盟主席. http://www.xinhuanet.com/2018-12/08/c_1123823892.htm.

③ 光明日报. 2019年德国政坛陷入迷茫. http://epaper.gmw.cn/gmrb/html/2019-01/10/nw.D110000gmrb_20190110_2-12.htm.

举法学教授朱塞佩·孔特为总理。[①] 两大反建制党派——五星运动和联盟党携手组阁，将传统的中左、中右政党挤出政坛，使得意大利政局发生巨大变化。代表民粹主义力量的新政府上台后，接连在难民问题、财政问题上向欧盟发难，反建制派的当选将使欧洲一体化前景面临更大的不确定性。

（二）2018 年欧洲地区经济形势综述

2018 年，欧洲经济发展进入换挡模式。

1. 总体态势稳健，经济增速有所放缓

2018 年欧洲经济在继 2017 年回暖的基础上继续恢复，总体态势保持稳健，但同 2017 年相比，经济增势整体有所回落，经济增长动力减弱。根据欧盟统计局最新数据，欧盟 2018 年四个季度增长率分别为 2.2％、2.2％、1.8％、1.5％（见图 1），欧元区经济走势也基本与欧盟保持一致。2018 年前两个季度欧洲经济增长保持在 2％以上，但第三、第四季度在一致看好的预期下出现了反转，尤其在第四季度欧元区经济保持四年来的最低增速，欧元区与欧盟环比增长率分别为 0.2％、0.3％。

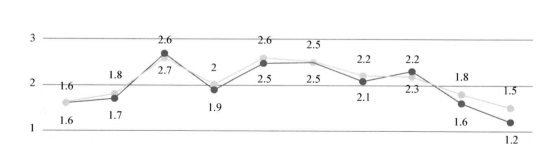

图 1 欧元区与欧盟 GDP 季度增长数据（％，上季度同比）

数据来源：Eurostat Database.

2. 内外需求增速放缓，投资动能显著提升

2018 年以来欧元区和欧盟消费需求基本稳定，但增势出现放缓。[②] 家庭最终消

---

① 新华网. 全球大选棋局. http://www.xinhuanet.com//globe/2019-01/16/c_137726207.htm.
② 国宏高端智库. 欧盟经济 2018 年形势和 2019 年展望. http://www.sohu.com/a/276464022_692693.

费支出方面，欧元区前三季度分别环比增长 0.5％、0.2％、0.1％，欧盟分别环比增长 0.5％、0.3％、0.3％。固定资产形成总额增速均为 1.2％（第一季度均为 0.3％），出口分别增长 0.6％和 0.2％（第一季度分别为 −0.7％和 −0.5％），进口分别增长了 1.1％和 0.9％（第一季度分别为 −0.3％和 −0.1％）。但与此同时，2018 年以来欧洲投资需求表现强劲，欧盟 28 国一、二、三季度总资本形成分别同比增长 3.9％、3.0％、3.4％，显著高于 2017 年平均水平，欧元区略低于欧盟。

3. 劳动力市场强劲，通胀率走势良好

欧洲劳动力市场延续向好态势，2018 年 12 月欧盟失业率为 6.6％，环比不变，创下历史最低失业率记录（欧盟自 2000 年 1 月开始统计整体月度失业率数据）。此外，欧盟总体工资水平继续保持较快增长，二季度小时工资及非工资收入增速均增长 2.6％。欧州各国失业率差异依然显著，2018 年 12 月失业率显示（见图2），捷克、冰岛、德国等工业国失业率最低，分别为 2.1％、2.6％、3.3％；西班牙失业率为欧元区最高，达 14.3％。

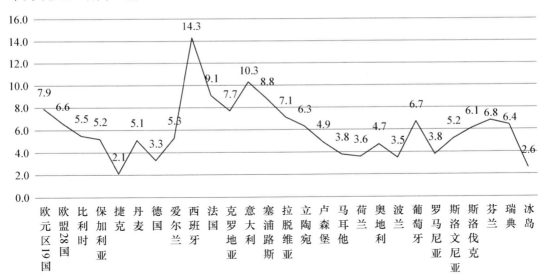

图 2　2018 年 12 月欧洲各国及地区失业率图（％，经季节调整）

数据来源：Eurostat Database.

此外，2018 年以来欧盟通胀水平总体维持高位，年初至 10 月，呈上升趋势。基于调和物价指数（HICP）计算的欧盟年化通胀率增长至 2.2％，环比增长 0.1％，从 10 月后有所下降，12 月下降至 1.7％（见图3）。分国别看，匈牙利、保加利亚、罗马尼亚三国物价涨幅居前，9 月通胀率均超过 3.5％；其他经济体中，德国、法国、意大利通胀率分别为 2.2％、2.5％、1.5％。

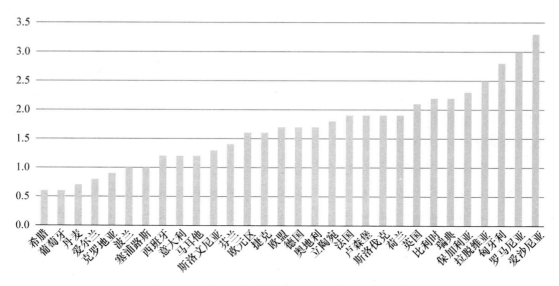

图 3   2018 年 12 月欧洲各国年度通货膨胀率（%）

数据来源：Eurostat Database.

4. 欧洲央行 4 年 "QE 时代" 终结，货币政策走向正常化

欧洲央行 2018 年 10 月政策利率会议决议再次强调将在 2018 年 12 月之后退出资产净购买，其余内容与 9 月决议相同，即维持三大利率不变，欧洲央行维持 −0.40% 存款机制利率、0% 主要再融资利率和 0.25% 边际贷款利率水平，自 10 月开始缩减购债规模至每月 150 亿欧元，并将于 2018 年 12 月结束 QE。与此同时，欧洲政府债务问题也在进一步改善。欧元区和欧盟的政府盈余/赤字见图 4。

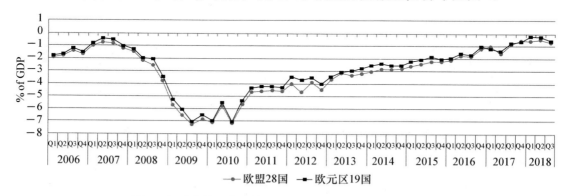

图 4   经季节性因素调整后欧元区和欧盟的政府盈余/赤字

数据来源：Eurostat Database.

二、2018 年欧洲地区能源形势分析

2017—2018 年是全球能源形势发生大变化的一年。国际能源秩序进行大的调整，石油价格大幅波动，清洁能源继续强势增长并成为全球能源转型的核心方向。面对世界能源形势的变化，2017—2018 年欧洲地区能源状况也呈现一系列变化。

(一) 2018 年欧洲能源供需变化

1. 主要化石燃料供应结构有所变化，煤炭、石油储备下降，天然气储备增多

从图 5、图 6、图 7 综合来看，相比于 2017 年，欧洲煤炭、原油有相对的下降趋势，天然气供应量呈上升趋势。2018 年 9 月，煤炭总体供应量最低，同比下降 8.8%，原油同比下降 3.4%，天然气同比供应量增加 5.0%。从库存量看，与煤炭总体供应量呈现一致的特点，煤炭、原油库存下降，天然气库存增加。

从能源进口角度看，截至 2018 年 9 月，欧洲煤炭进口呈下降趋势，原油进口在在 1—6 月处于下降趋势，6—9 月进口有所回升。欧洲原油进口量的变化与国际原油价格变化呈现高度相关性，1—6 月国际原油价格处在相对地位，6—9 月国际油价又处于攀升趋势。相比于 2017 年，欧洲对天然气的需求激增，欧洲天然气进口趋于稳定，进口量比 2017 年有所下降。

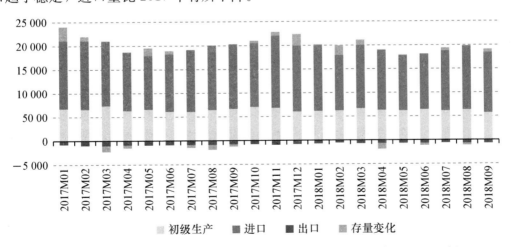

图 5　2017 年 1 月至 2018 年 9 月欧盟 28 国一次煤供应构成（单位：1 000 吨）

数据来源：Eurostat Database.

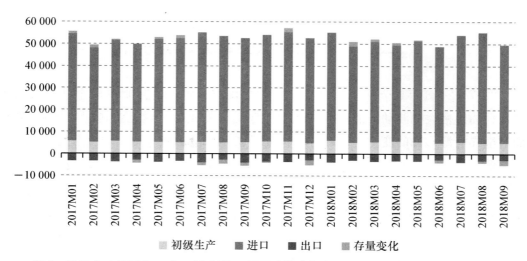

图6　2017年1月至2018年9月欧盟28国原油供应构成（不含NGL）（单位：1 000吨）

数据来源：Eurostat Database.

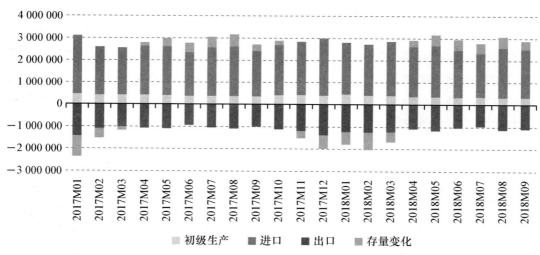

■ 初级生产 ■ 进口 ■ 出口 ■ 存量变化

图7　2017年1月至2018年9月欧盟28国天然气供应构成（单位：1 000吨）

数据来源：Eurostat Database.

2. 主要能源消费有所下降，与2020年能效目标差距有所缩小

2017年，欧盟能源消费连续第三年持续增长，从而偏离了能效目标。一次能源消耗量为15.61亿吨石油当量，而最终能源消耗量为12.22亿吨石油当量。与去年相比，这两个水平都增长了约1%，一次能源消耗比2020年的效率目标高出5.3%，最终能源消耗比2020年的效率目标高出3.3%。此外，欧盟的最终能源消耗比2020年的效率目标高出3.3%。2017年，八个成员国的一次能源消耗较上年

有所下降：爱沙尼亚（4.2%）、英国（0.6%）、爱尔兰（1.4%）、瑞典（1.6%）、芬兰（1.2%）、荷兰（0.5%）、法国（0.3%）和比利时（0.3%）。马耳他（12.9%），其次是罗马尼亚（5.8%），西班牙（5.4%），斯洛伐克（5.1%）。

鉴于目前欧盟统计局 2018 年能源数据更新到 9 月，因此主要对前 9 个月的能源状况加以分析。从原油消费量来看，同比 2017 年 9 月，欧洲主要国家原油消费量总体有所下降。其中德国（－23.19%）、意大利（－2.98%）、土耳其（－6.34%）、西班牙（－1.85%）等几个国家原油消费有所下降，德国原油消费下降最大（－23.19%），同时荷兰、法国、英国、比利时有所上升（见图 8）。

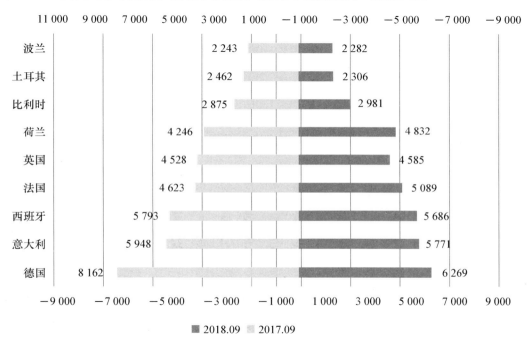

图 8　2017 年 9 月与 2018 年 9 月欧洲主要国家原油消费量对比（单位：1 000 吨）

数据来源：Eurostat Database.

在 2006 年至 2017 年期间一次能源消费量下降的 25 个成员国中，希腊（年均下降 2.4%）和立陶宛（年均下降 2.2%）的年均降幅超过 2%，爱沙尼亚年均增长 1.2%，波兰年均增长 0.7%，奥地利年均增长 0.1%。比利时的最终能源消耗下降最多，斯洛伐克 2017 年增长最多。2017 年，与 2016 年相比，只有四个成员国的最终能源消耗有所下降：比利时（－1.2%）、英国（－0.8%）、意大利（－0.6%）和斯洛文尼亚（－0.3%）。斯洛伐克 2017 年增长 7.0%，马耳他增长 6.7%，波兰增长 6.5%。

3. 可再生能最终消费趋势上升，欧盟制定2030年目标

2017年，欧盟可再生能源在最终能源消费总量中的份额达到17.5%，高于2016年的17.0%，是2004年（8.5%）的两倍多，瑞典可再生能源的份额最高，卢森堡、荷兰和马耳他的份额最低。自2004年以来，所有成员国可再生能源在最终能源消费总量中所占的份额都显著增加。与2016年相比，28个成员国中的19个国家增长了。每个欧盟成员国都有自己的2020年目标。国家目标考虑成员国的不同起点、可再生能源潜力和经济绩效。在28个欧盟成员国中，11个已达到实现其2020年国家目标所需的水平：保加利亚、捷克、丹麦、爱沙尼亚、克罗地亚、意大利、立陶宛、匈牙利、罗马尼亚、芬兰和瑞典。可再生能源在最终能源消费总量中所占的份额是欧洲2020战略的主要指标之一。欧盟的目标是到2020年从可再生能源获得20%的最终能源总消耗量，到2030年至少达到32%。

从图9来看，在2017年可再生能源消费比重上升基础之上，2018年就欧盟28国而言，可再生能源、核能、太阳能的比重有所上升，煤炭、天然气发电比重都有所下降，表明欧洲地区电力生产的清洁化趋势增强。

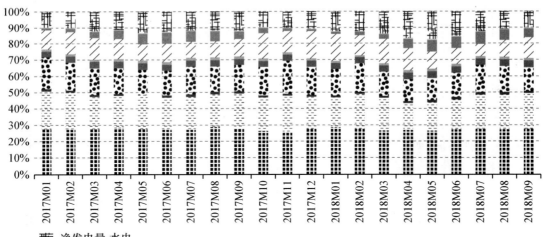

图例：
- 净发电量-水电
- 其他来源
- 净发电量-太阳能
- 净发电量-风能
- 净发电量-其他不可再生燃料
- 净发电量-可再生能源
- 净发电量-天然气
- 净发电量-石油
- 净发电量-煤炭
- 净发电量-核能

图9　2017年1月至2018年9月欧盟28国按燃料类型的发电量（在吉瓦时中的百分比）

数据来源：Eurostat Database.

在风力发电领域，根据欧洲风能协会官网 Wind Europe 最新发布的统计数据，欧洲在 2018 年共安装了 260 万千瓦海上风电，比 2017 年增长 18%，累计装机达到 1 850 万千瓦。欧洲新安装的海上风机平均单机容量达到 6.8 兆瓦，而 2017 年这一数字还仅为 5.9 兆瓦。2018 年新建海上风场的平均装机规模达到了 561 兆瓦。英国再次突破海上风电两大记录：安装了世界最大单机容量风机 V164（8.8 兆瓦），投产了世界最大海上风场——装机达 657 兆瓦的 Walney Extension。德国和比利时也分别建设了本国各自最大的海上风场——465 兆瓦的 Borkum Riffgrund Ⅱ 和 309 兆瓦的 Rentel。欧洲目前在建风场 6 座，包括世界上第一个总装机达到 1 218 兆瓦的英国 Hornsea 1 海上风场。

（二）欧盟国家的能源政策

2018 年，"弃煤、减核、发展可再生能源"仍是欧盟国家制定能源政策的主要趋势。随着可再生能源生产成本的降低，欧盟多国纷纷制定出"弃煤"的最终时间表——英国决定在 2025 年前关闭所有煤电设施，法国计划在 2021 年前关闭所有煤电厂，德国关闭煤电厂的计划则定于 2038 年前完成，2030 年芬兰将全面禁煤，西班牙电力集团计划到 2020 年完全关闭燃煤电厂。在核电的使用上，部分欧盟国家继续坚持实现完全"弃核"，如德国计划在 2022 年前关闭所有核电站；而在其他国家，核电仍是长期内不可或缺的主要能源，这些国家的能源政策的重心在于核工业与可再生能源之间的平衡，如法国一方面减少核电的使用，另一方面促进可再生能源的发展。受欧盟国家"弃煤、减核、发展可再生能源"政策的影响，未来可再生能源在发电中所占比例将会大幅提升，而煤炭和石油消费则会相应下降。预计到 2040 年，非化石燃料约占欧盟能源需求的 40%，远高于全球 25% 的平均水平。[①]

1. 法国拟大幅减少核电的使用，并提前两年关闭所有煤电厂

尽管黄背心运动在法国愈演愈烈，但减少核电和化石能源的使用、发展清洁能源，仍是法国今后能源转型的主要方向。2018 年 11 月 27 日，法国总统马克龙发布该国最新的能源政策，为鼓励太阳能、风能等可再生能源发展，法国要在 2035 年之前将核电在总发电量中的占比降至 50%。此外，马克龙还宣布扩大可再生能源市场份额，减少化石燃料的使用。马克龙表示将 2023 年前关闭法国所有煤电厂的计划提前至 2021 年完成，同时提出，法国将在未来 10 年投资 710 亿欧元以提高国内

[①] BP Energy Outlook 2018. https://www.bp.com/content/dam/bp/en/corporate/pdf/energy-economics/energy-outlook/bp-energy-outlook-2018.pdf.

可再生能源产能。[1]

2. 法国政府公布氢能计划

法国政府拟计划拨款1亿欧元用于支持本国的氢能发展。《法国氢能计划》提出，从2019年起，法国环境与能源管理局将出资1亿欧元用于在工业、交通以及能源领域部署氢能。[2] 这一计划的主要内容包括创造无碳化工业、开发可再生能源储存容量、实现交通零排放等。法国曾向欧盟承诺，至2020年和2030年法国可再生能源的比重将分别提升至23％和32％。氢能计划的实施将有利于优化法国的能源结构，加快可再生能源的发展速度，最终提高可再生能源在能源消费中的比重。

3. 英国政府计划取消新能源发电上网电价补贴

英国政府宣布计划从2019年4月开始废止新能源发电上网电价补贴（Feed-in-Tariff，FIT）政策。FIT政策出台于2010年，英国政府以税收的形式向小型可再生能源发电企业提供资金，而这部分补偿则由消费者承担。英国商务、能源与工业战略部表示，自2010年以来，政府的支持大大降低了小型清洁能源的发电成本。随着成本持续下降，即使没有补贴，行业中一些小型清洁能源也能实现生存和发展。此外，相关评估结果显示，取消FIT政策与继续执行该补贴政策相比，消费者的年度能源费用将节省13亿到19亿英镑。[3]

4. 波兰能源新政力争达成欧盟减碳目标

2018年12月，波兰能源部发布《2040年能源政策》，提出要不断地降低对煤炭的依赖，以期到2030年，煤电占比从目前的80％降至60％，到2040年再进一步减少到30％。[4] 同时，大幅增加核电和可再生能源在能源结构中的比例。与法国、德国等国不同，煤炭在波兰的能源结构中占有较大比重，波兰大部分电力仍依赖于煤炭发电，增建核电站是达到欧盟减碳减排目标的重要途径。因此，根据波兰政府的能源新政策，波兰将从他国借鉴核电技术，加快推进核电站启动进程。除了核电，波兰还提出发展海上风能、太阳能等可再生能源。根据波兰政府的计划，到2030年，可再生能源将占该国能源总量的27％，到2040年，新增可再生能源发电

---

① 中国能源报. 法国拟2035年前关闭14座核反应堆. 2018-12-03 (6).

② 中国氢能源网. 法国政府公布氢能计划. http://www.china-hydrogen.org/hydrogen/mix/2018-07-09/8056.html.

③ 中国储能网. 英国政府计划于明年4月取消新能源发电上网电价补贴. http://www.escn.com.cn/news/show-553326.html.

④ 中国石油新闻中心. 波兰拟推能源新政 力争达到欧盟减碳目标. http://news.cnpc.com.cn/system/2018/12/06/001713042.shtml.

装机超过 30 吉瓦。

三、2018 年中国与欧洲能源合作情况

(一) 中国与欧盟能源合作

1. 中国与中东欧国家共同制定和发表《中国-中东欧国家合作索非亚纲要》

2018 年 7 月 7 日，第七次中国-中东欧国家领导人会晤在保加利亚索非亚举行，与会各方共同制定和发表了《中国-中东欧国家合作索非亚纲要》。该《纲要》提出，中国和中东欧国家之间要培育能源合作新动能并表示"各方支持中国和中东欧国家有关银行和金融机构之间加强合作，推动贸易规模进一步扩大，基础设施、能源等领域合作进一步深化"。[1]

2. 中欧共同发表《中欧领导人气候变化和清洁能源联合声明》，促进清洁能源领域的双边和多边合作

2018 年 7 月 16 日，国务院总理李克强在北京同欧洲理事会主席图斯克、欧盟委员会主席容克共同主持第二十次中国欧盟领导人会晤。此次会晤后，双方共同发表了《中欧领导人气候变化和清洁能源联合声明》。该《声明》指出，"中欧双方将坚定不移地制定进一步政策措施以切实落实各自的国家自主贡献，并引领清洁能源转型"。为此，中欧双方将着重加强在能源效率、清洁能源发电、低排放交通、气候和清洁能源项目投资、碳捕集利用和封存技术等领域的合作。

3. 欧盟对华光伏"双反"措施终止

2018 年 8 月 31 日，欧盟委员会宣布，欧盟对华光伏产品反倾销和反补贴措施将于 9 月 3 日到期后终止。2013 年以来的中欧光伏贸易间的摩擦在双方高层的关注下最终解决，欧盟取消对华光伏"双反"的举措将给中国的光伏企业带来极大信心，对中国光伏产业链带来一定的提振，有利于解决中国太阳能产业的产能过剩问题。

4. 中国发布《中国对欧盟政策文件》

2018 年 12 月，中国政府发布《中国对欧盟政策文件》。在能源问题上，该文件强调，中欧双方今后应当在能源效率和清洁能源领域加强合作，认为双方要"充分

---

[1] 中国政府网. 中国-中东欧国家合作索非亚纲要. http://www. gov. cn/xinwen/2018 - 07/08/content_5304787. htm.

发挥中欧能源对话机制作用，积极落实中欧能源合作路线图，开展能源政策对话与交流，在能源系统、能源效率、清洁能源等领域深入合作，包括建设电力市场、完善电力基础设施、建立安全高效的天然气市场、提高可再生能源消纳等，促进双方能源安全"。[①]

（二）中国与欧洲主要国家能源合作

1. 中国与德国能源合作

2018年7月8日至9日，中德两国总理共同主持了第五轮中德政府磋商。期间，在两国总理的共同见证下，广东省人民政府与德国巴斯夫集团签署了在湛江建设精细化工一体化基地的合作备忘录；中国宁德时代董事长与德国图林根州经济部长签署了在德国东部投资建设新能源汽车动力电池智能工厂的项目。世界化工巨头巴斯夫在广东湛江的投资是中国重化工行业的首家外商独资企业。中国宁德时代在德国图林根州的投资则不仅为德国带来了一项全新的技术，还将为当地提供了600多个就业岗位。这两份协议的签署意味着中德能源合作步入了一个新的阶段，双向的投资与绿色技术合作将成为今后中德能源合作的主要方向。

2. 中国与法国能源合作

2018年1月8日至10日，法国总统马克龙对中国进行了为期三天的国事访问。两国共同发表联合声明，指出未来深化全产业链合作、建立能源对话机制将成为两国能源合作的重点。访问期间，国家主席习近平与来访的法国总统马克龙在北京共同出席了台山核电站欧洲先进压水堆全球首堆工程命名揭牌仪式。作为中法能源领域最大的合作项目，台山核电站有望成为全球最早投入商业运营的第三代核电站之一。此外，中法之间还达成了两份重要的能源合作协议：一是江苏林洋能源股份有限公司与法国 ENGIE 集团签署的战略投资协议；二是法国电力集团在能源服务领域与三亚市政府和灵宝市政府签署的合作协议。后者标志着法国电力集团加速进军中国能源服务市场。

3. 中国与荷兰能源合作

2018年10月16日，在荷兰举行的中荷经贸论坛上，中国与荷兰双方企业共签署8项合作协议，涉及经贸、金融、能源、农业、航空、科技等领域，总金额约93亿美元，其中包括嘉善县与荷兰锂能沃克斯公司签署的绿色储能锂电池项目合作框

---

① 中国政府网. 中国对欧盟政策. http://www.gov.cn/xinwen/2018-12/18/content_5349904.htm.

架协议。根据签订的协议，该项目将在浙江中荷（嘉善）产业合作园二期内投资建设新能源锂电池超级工厂并设立中国区总部及研发基地，其产品主要应用于绿色能源存储、智能电网等，初步计划投资 16 亿欧元，占地面积约 900 亩，首期项目年产绿色能源锂离子电池组件 8 000 兆瓦时。项目计划于 2019 年上半年动工建设，2021 年初投产运营。[1]

四、2018 年中国与欧洲能源合作 SWOT 分析

（一）中欧能源合作的优势

1. 中欧能源需求强劲，双方实现优势互补

中国和欧盟能源消费巨大。根据《BP 世界能源报告 2018》，2017 年世界一次能源消费增长 2.2%，中国能源消费增长 3.1%，中国已经连续 17 年成为最大能源增长市场。而欧洲能源消费增长 1%。由此可见，中欧双方都表现出较大的能源需求，并且双方的能源合作逐渐转向能源技术开发、能源开采和能源政策制定等领域。在这些领域，欧盟相对于中国具有显著的优势。欧盟在清洁能源技术领域领先世界，据统计，欧盟企业拥有全球可再生能源技术专利的 40%。[2] 作为能源转型的积极倡导者，欧盟在能源政策制定上有着丰富的经验。此外，中国广阔的市场、庞大的资本也能为欧洲能源企业的发展带来机遇。据 IEA《世界能源投资 2018》，中国是世界能源投资的最大目的地，占世界能源投资总量的 1/5 以上。目前欧洲处于能源转型时期，可再生能源市场前景广阔，中国在太阳能发电项目和风能发电项目上极具竞争优势。

2. 中欧相对稳定的双边合作关系

2018 年是中国与欧盟建立全面战略伙伴关系 15 周年，全面战略伙伴关系的内涵在双方紧密互动中不断丰富。2013 年 2 月，中国与欧盟结成能源消费国战略合作伙伴关系，2016 年签署《中欧能源合作路线图》，推动双方在能源发展政策、能源基础设施等领域的合作。随着中国"一带一路"倡议的提出，中国与许多中东欧国家的双边关系也不断深化，2012 年中国与中东欧国家开启"16＋1"能源合作机制，逐步建成了全方位、跨领域、多层次的合作格局。2018 年，在中国-中东

---

[1] 中国新闻网. 荷兰 16 亿欧元项目落户浙江嘉善 致力推动能源变革. http://www.chinanews.com/cj/2018/12－04/8692535.shtml.
[2] 张超. "一带一路"倡议与中欧能源合作：机遇和挑战. 国际论坛，2018，20（3）.

欧国家能源合作第一次技术交流会上，双方进一步加深在新能源以及智能电网等方面合作。中国与欧洲长期稳定的合作关系将成为中欧未来在能源领域合作的助推器。

（二）中欧能源合作的弱势

1. 合作机制不完善

中欧在能源领域的沟通不断增进，合作不断加深，能源议题成为中欧关系制度化最早探索的领域。中欧双方在能源安全、气候变化以及能源转型上面临诸多共同挑战，这推进了中欧双方在能源议题上的不断合作。不断明确的机制化建设推进了中欧能源合作的进一步完善，但机制运行实践中也存在诸多矛盾与不足。首先，中欧均存在内部政策协调困难的状况。由于中欧国家体制以及文化的差异，中欧政府间合作、政企合作以及企业间合作均存在不同的合作模式。国家政府机构间的行动不一致以及不同层次行为体行动诉求的差别，使得项目合作的推进易变得冗余复杂。[①]

2. 能源产品、技术领域可能存在竞争性

中欧均为能源进口国，相互之间依赖程度低，且第三方能源产品以及能源技术有竞争风险，欧盟长期在节能技术以及城镇化能源效率提高领域对中国的技术援助难以得到大多数国民的认可。以风力发电为例，中国开发的技术由于应用时间较短、技术可靠性尚无定论，而无法得到欧盟金融业的支持。

（三）中欧能源合作的机遇

1. 投资不足、资金短缺抑制中东欧国家能源产业发展

在全球气候变化、环境恶化的严峻形势下，开发新能源、优化能源结构成为各国能源政策的主要目标。就西欧国家而言，其经济实力强大、资金充足、技术先进，是推动欧洲能源转型的主要力量。但相比之下，中东欧国家能源结构转型却面临巨大的压力。2008 年经济危机前，中东欧国家主要依靠欧盟在能源领域的资金技术支持，但近年来受欧债危机影响，欧盟自顾不暇，加剧了中东欧技术、资金的短缺状况。以波兰为例，2017 年波兰最终能源消费增长 6.5％，其中石油、天然气、煤炭化石燃料消费占比高达 94.8％，水电、可再生能源占比不足 5％，核能几

---

① 李冰，刘云超. "一带一路"倡议下的中欧能源合作. 一带一路报道，2017（05）：66-69.

乎没有，在这样的情况下波兰要完成欧盟 2020 目标面临巨大压力。中东欧国家可再生能源开发起步晚、技术不成熟、政府投资不足，因此中国企业凭借在水力发电、太阳能、核能等领域雄厚的资金和技术在中欧国家有着巨大的发展机遇。在中国-中东欧国家能源合作第一次技术交流会上，国家能源局副局长李凡荣表示，当前世界能源协作正在发生深刻变化，推进能源转型与保障能源供应安全成为中国与中东欧国家面临的共同挑战。中东欧国家是中国在"一带一路"沿线重要的合作伙伴，中国和中东欧国家在能源领域互补性强，合作潜力大，双方合作聚焦清洁能源领域。[①]

2. 欧盟 2030 年能源转型新目标

在 2020 年效率目标尚未完成的情况下，欧盟再次修订了能耗目标，规定了 2030 年的新能源效率目标：一次能源消耗不超过 1 273 万吨，最终能源消耗不超过 956 吨（相当于减少 32.5%）。这一新的更高要求的能耗目标意味着欧盟在可再生源领域的强劲需求。由欧债危机引发的资金短缺使欧盟的能源战略在实施过程中困难重重。有数据显示，自 2015 年起，德国每年在可再生能源领域所需资金将达 130 亿～150 亿欧元。若考虑技术更新和研发投入，每年所需资金将达到 250 亿～350 亿欧元。有些在建项目因资金短缺而不得不停工或停建，如挪威国有公司 TenneT 承建的德国北海通往陆地离岸风力发电网项目。该项目因资金短缺 150 亿欧元而不得不数次暂停建设。[②] 在 2008—2015 年，中国对欧洲的能源投资主要集中在石油、天然气行业，投资模式也主要是收购公司股份[③]。根据联合国环境署发布的《2018 年全球可再生能源投资趋势报告》，目前中国已经是世界上最大的可再生能源投资国，投资额较 2016 年增长 31%，中国对欧洲在太阳能以及风能发电项目上的投资占对欧洲可再生能源投资的 80%。[④]

（四）中欧能源合作的威胁

1. 政治碎片化趋势加剧

2018 年可以说是欧洲政局不稳定的一年，不稳定的政治形势势必影响中国企

---

① 天然气工业杂志社. 中国-中东欧国家能源合作潜力巨大. http://www.cngascn.com/homeNews/201806/32836.html.

② 曹慧. 中欧能源合作的机遇与风险. 中国社会科学院研究生院学报，2016（06）：135-139.

③ Stephan Liedtke. Chinese Energy Investments in Europe: An Analysis of Policy Drivers and Approaches. Energy Policy，2017（01）：659-669.

④ 搜狐网. 2018 年全球可再生能源投资趋势报告. http://www.sohu.com/a/227556700_204078.

业对欧洲能源领域的投资合作。英国脱欧陷入僵局，政治走向的不确定性增大。欧洲一些大国传统政治力量的影响持续下滑，曾经的边缘小党派加速崛起，政局不稳定性上升。默克尔不再连任基民盟的党主席，在国内和欧洲的影响力都会下降，其继续作为欧盟前进"领头羊"的能力或受到限制。法国总统马克龙2017年当选后，由于推行改革，2018年，马克龙的支持率已经下滑到25%，法国国内反对改革的示威游行此起彼伏。意大利政局也是摇摆不定，在2018年3月举行的提前选举中，原来执政的民主党得票率从41%骤降到19%，上台执政的两个民粹党经验不足，在预算、难民问题上与欧盟分歧不断，而且上述两党在议会的席位也是刚刚过半，维系政局稳定尚有难度。这一系列事件在深层上反映出欧洲民粹主义势力的进一步崛起，渲染国外投资对本国利益的侵蚀，煽动普通民众的排外情绪，这一系列变化都将加大中国对欧洲投资运营的难度和风险。

2. 欧盟法律风险

欧盟现行的法律制度，给中国在能源、基础设施领域的投资带来极大的风险。一方面，欧盟与成员国在能源领域共享管辖权的法律界定将使实际操作过程产生一定的模糊性，容易使欧盟与成员国之间产生矛盾，相应地，更容易引起外国投资者的恐慌和困惑。另一方面，欧盟法律壁垒也阻碍着中国企业进入欧洲市场。在能源和电力市场方面，欧盟法规对第三国企业建立"安全防火墙"，阻碍第三国企业的进入。欧盟严苛的进入条款使得中国能源企业、产品进入欧洲时非常容易引起法律纠纷，从而损害中方企业的投资利益。

3. 中国对欧洲投资可能引发疑虑

中资企业进入欧洲市场，对欧洲企业的大规模收购引发了欧盟国家保守势力的反弹，很有可能引发对中国投资的疑虑。在安全层面，部分欧盟国家担心中国参与敏感能源项目特别是核能项目的建设，会对其国家安全造成不利影响。同时，也有一些国家担心中国企业对于本国重要能源企业的入股和并购会导致本国能源主权的弱化。在政治层面，欧盟和一些成员国担心中国和中东欧国家发展紧密的合作关系，会导致欧盟内部在中欧关系问题上发生分裂，尤其是中国与中东欧国家的"16＋1"机制加大了这一疑虑。在技术层面，有些国家对中国能源技术，特别是核能技术和运营标准持怀疑态度。面对这一系列疑虑，中国应当同欧洲国家加强沟通交流，中国能源企业在走出去的同时，应更加注重欧洲企业的"运营法则"，重视公民社会的力量。

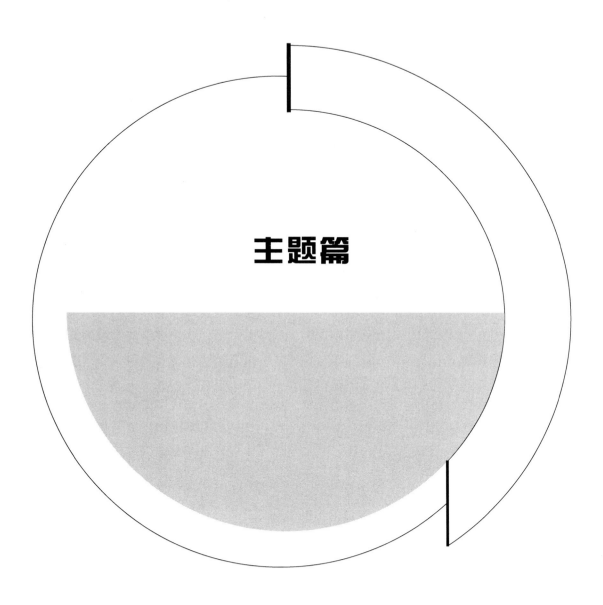

主题篇

油价变动及美国对俄制裁对中俄能源合作的影响

孙妍　　张珊

一、油价变动

2018 年 1 月至 10 月，国际原油价格震荡上行，价格较年初大幅上涨。油价在 10 月开始大幅度下挫，较 10 月上旬 76.18 美元/桶的四年最高位跌近 20%，逼近技术性熊市。

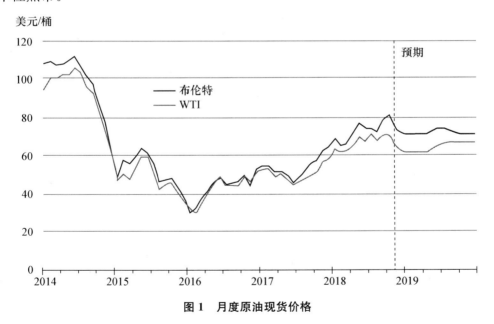

图 1　月度原油现货价格

数据来源：U. S. Energy Information Administration，Short-Tern Energy Outlook November 2018.

（一）国际原油价格大幅上涨的原因

1. 经济因素

从供给侧来看，原油减产协议导致供需关系的改变。为了解决全球原油产量过剩问题，拯救国际原油市场 2014 年以来的危机，推高国际油价，OPEC 成员国之间、OPEC 与非 OPEC 产油国于 2016 年底达成了减产协议。根据协议，欧佩克产油国承诺减产约 120 万桶/天，俄罗斯等 11 个非 OPEC 产油国承诺减产 55.8 万桶/天，其中，俄罗斯减产 30 万桶/天，减产协议从 2017 年 1 月 1 日起开始执行，为期半年。2017 年 5 月 25 日，OPEC 宣布将原油减产协议延长 9 个月至 2018 年 3 月，石油减产量为 180 万桶/天。2017 年 11 月 30 日，OPEC 与以俄罗斯牵头的非 OPEC 产油国将石油减产协议的有效期延期至 2018 年底。减产协议为油价提供了支撑，但同时会使美国页岩油产业复苏。

从需求侧来看，全球原油需求正在增加，中美印等全球最大原油消费国的需求增长尤为显著。中国海关总署发布最新数据显示，2018 年前 8 个月中国进口原油 3 亿吨，同比增加 6.5%。

原油产量减少与需求增长使供需缺口扩大，带动原油价格上涨。

2. 政治因素

影响油价最根本的原因在于地缘政治，即石油生产国受到政治因素影响。叙利亚冲突再次引发中东地区动荡；沙特与伊朗之间紧张关系再度升级；委内瑞拉经济社会不稳定，导致石油生产能力大幅下降；美国退出伊核协议以及对伊朗实施两轮制裁；美国因俄罗斯暗杀前特工事件对俄实施制裁。

这些不稳定因素以及美国实施的制裁措施实实在在地影响了石油的产量与消费，从而成为石油价格不断上涨的最主要推手。

3. 心理因素

中东地区地缘政治风险的升级，以及美国对伊朗与俄罗斯这两大产油国的制裁，催生出市场对原油供应中断的担忧，市场恐慌情绪等心理因素成为油价升至 4 年以来最高水平的原因之一。

（二）2018 年 10 月之后原油价格大幅下挫的原因

在美国屡次施压下，OPEC 与俄罗斯转变了联合减产策略，为了弥补制裁伊朗而留下的原油供应缺口而增产产量。沙特日均产量逼近历史最高纪录，俄罗斯产量攀升至后苏联时代以来的最高水平，一度触及 1 150 万桶/天，平均比 5 月日均增加 45 万桶。委内瑞拉的原油产量下降已经放缓，原油出口估计也有所增加；由于安全性提高，利比亚的生产恢复速度超过预期。

另外，美国的原油产量当前也处于历史最高位。美国能源信息署（EIA）公布的数据显示，原油日产量达到 1 160 万桶，创下周度最高纪录。

二、美国对俄罗斯制裁

由于"通俄门""前俄罗斯间谍被毒杀"事件、乌克兰问题，美国已对俄罗斯发起多轮制裁，而在 2018 年制裁不断升级：3 月 26 日，美国驱逐 60 名涉嫌从事间谍活动的俄罗斯外交人员，并关闭俄罗斯驻西雅图领馆，被驱逐人员须在 7 日内离境；4 月 6 日，美国财政部发布新一轮对俄罗斯制裁措施，对 38 个俄罗斯个人及实体实施制裁，包括俄铝这一全球第二大铝生产商及其总裁；8 月 8 日，美国国务院宣布对俄罗斯实施制裁，措施包括禁止美国向俄罗斯出口数亿美元的武器、电子器件以及航空设备等；9 月 20 日，美国发布声明说，因俄罗斯涉嫌干涉美国大选等问题，美国进一步扩大对俄罗斯制裁，将《以制裁反击美国敌人法》第 231 条款列出的对俄罗斯制裁名单新增 33 名个人及实体；11 月 8 日，美国财政部宣布对与俄罗斯有关的 3 名个人和 9 个实体实施制裁，以惩罚其在乌克兰问题上支持俄罗斯立场；12 月 19 日，美国财政部宣布对俄罗斯 18 名个人和 4 个实体实施制裁，以回应"俄罗斯对国际规则的藐视行为"。俄罗斯于年末进行反击，12 月 31 日，俄罗斯联邦安全局确认拘押一名涉嫌从事间谍活动的美国公民，并发布声明说，俄方依据俄罗斯刑法第 276 条对这名男子刑事立案，这一条款所涉罪名的对应刑罚最高为 20 年监禁。

三、对中俄能源合作的影响及中国的应对

总体而言，油价高企和美国对俄罗斯的制裁奠定了 2018 年中俄能源合作的国际背景，对中俄能源合作产生了一系列影响。

（一）中俄两国的战略考量

因为能源从来就不是普通的经济资源，它的战略属性决定了地缘政治在国际能源问题中的重要地位。因此，促进中俄能源合作的不仅有市场因素，还有许多地缘政治因素。

1. 中国的战略考量

目前，中国是世界上最主要的能源进口国之一，维护国内能源安全是中国的重要战略考量。具体而言，一是要获得稳定可靠的能源来源，二是可以依托能源所带来的其他对外政策目标，是中国开展对外能源合作的直接利益诉求。

首先，从奥巴马政府的"亚太再平衡"战略，到特朗普政府的"印太构想"，以及目前悬在中美关系上空的关税摩擦，中国一直被美国看作其经济、安全等方面的主要战略竞争对手。所以，尽可能减少美国对能源安全的影响是保护中国能源安全的重要目标。

事实上，自2018年5月开始，中国便停止进口美国能源。9月底，美国每年对2 000亿美元中国进口商品征收10%关税的新举措生效，中国也对600亿美元美国进口商品征收5%至10%的关税；此外，中国企业还逐步减少或暂停了对美国石油的购买。

其次，中东地区安全形势逐渐呈复杂化。冷战之后，中东就是美国关注的核心，并在2018年逐步加强对伊朗等地的打击，而海湾地区的不太平正是国际油价一路攀升的重要原因。作为全球最大能源进口国的中国不能忽视这样的风险。

此外，中国也意识到了通过马六甲海峡进行石油海上运输巨大的安全风险，因此有计划地逐渐降低从中东进口原油的比重，加快了与俄罗斯、中亚的能源合作步伐。

2. 俄罗斯的战略考量

对于俄罗斯而言，主要石油出口国的国家利益可以拆分为：稳定的市场和较高的油价；将油气作为外交工具和带动国内产业的工具。

首先，俄罗斯在周边外交中重视运用能源手段。这一方面表现为能源作为特殊商品的政治属性，另一方面也由于能源出口和配套的能源产业是目前俄罗斯主要的经济增长拉动力。俄罗斯能源部部长亚力山大·诺瓦克在向俄罗斯总统普京汇报2018年俄罗斯能源体系工作时表示，2018年度俄罗斯能源体系创造了俄罗斯GDP的约25%，贡献了俄罗斯财政收入的约45%。[1]

其次，世界格局的巨变促使俄罗斯转向东方能源外交。这主要分为两点：东亚地区经济崛起，能源需求量大，以中国、印度为首的新兴经济体是俄罗斯能源的重要买家；2014年的乌克兰危机导致俄罗斯与西方关系恶化，北约不仅在俄罗斯西

---

① 环球财经网. 2018年俄罗斯石油天然气产量实现双增长. http://www.jingjinews.com/t/201901121047.html.

部部署重兵，而且将其挤出"八国集团"，对其实行多轮经济制裁，西方地缘安全压力持续上升，俄罗斯势必选择加大东方外交的力度。

（二）对中国能源合作的影响

从油价高企和美国制裁俄罗斯来看，中俄能源合作机遇与挑战并存。但总体而言，中俄合作呈利好局势，在深入合作的过程中应控制风险。

1. 油价的进一步走势

从供给层面分析，目前世界主要的能源供给国包括：OPEC、美国和俄罗斯。

首先，美国原油产量仍在攀升，市场供应过剩问题依然严重。据美国油服公司贝克休斯（Baker Hughes）2018 年 11 月 16 日公布数据显示，截至 11 月 16 日当周，美国石油活跃钻井数增加 2 座至 888 座，过去 6 周内有 5 周录得增长，续刷 2015 年 3 月以来新高；更多数据显示，截至 11 月 16 日当周，美国石油和天然气活跃钻井总数增加 1 座至 1 082 座。Simmons & Co. 分析师预测称，2018 年迄今美国石油和天然气活跃钻井平均总数为 1 023 座，2018 年有望成为 2014 年以来新高，当年为 1 862 座。

虽然由 OPEC 和俄罗斯等石油生产国组成的 OPEC＋联盟达成了将日产量削减 120 万桶的协议，但主要是基于对未来石油供给过剩进而引起油价暴跌的悲观预期；且自 2018 年 12 月达成减产协议以来，沙特承担了 OPEC 成员国减产的主要责任，并已证实将在 2019 年 3 月进一步减产 40 万桶/天，至 980 万桶/天；如果实现这一目标，就意味着自 2018 年 12 月以来，沙特已经承担了 OPEC＋总目标的 70%。OPEC 内部并非铁板一块，2018 年 12 月 3 日卡塔尔能源事务国务大臣萨阿德·卡比宣布，卡塔尔将从 2019 年 1 月 1 日起退出 OPEC，这极大地动摇了 OPEC 内部的稳定性。

从需求层面来看，石油价格主要应考量全球经济增长预期和新兴市场国家的需求。

首先，由于俄罗斯产量的提高，美国制裁伊朗并未如期对国际原油市场产生过大的冲击，其引起的市场供应恐慌已基本消除；此外，主要国际研究机构不断下调全球经济增长预期，土耳其等新兴经济体又深陷货币危机和金融危机的泥潭中，其对石油需求不断降低。

因此，从供给端和需求端的角度看，国际油价不会持续走高。此外，2018 年 11 月 16 日，WTI 原油日线已经经历了连续 12 连跌（见图 2），以往历史上有 4 次超过 9 连跌之后，都是彻底打开了空头行情。从技术层面分析，油价高企的局面似乎也走向了终结。

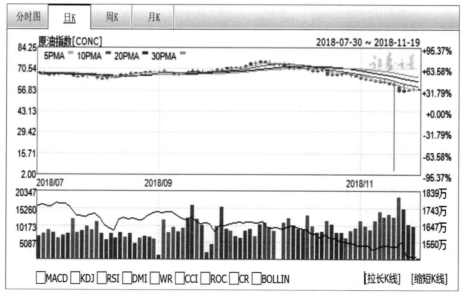

图 2　原油指数

2. 有利影响

基于对油价未来走势的预测，可知美国制裁俄罗斯对中俄能源合作的有利影响是主基调。

首先，能够增强中国进口俄罗斯能源的议价能力。由于美国制裁俄罗斯主要集中于金融、能源领域，因此俄罗斯能源销入西方世界在一定程度上受阻。而中国作为重要的能源需求国，在买方市场的局面下，能够增强议价能力，以更优惠的价格进口俄罗斯的能源。

其次，为中俄提供深入开展能源合作的契机。因为西方对俄制裁的核心内容是限制俄罗斯能源行业获得国外的资金和技术，而俄罗斯自身面临基础设施老化和科技水平落后的问题。在普京时代，随着能源企业的国有化以及能源领域外资进入的限制，原本中俄能源合作更多地限于贸易领域的合作，而对于更深层次的FDI合作、技术合作，俄方则持谨慎态度。但是，美国制裁俄罗斯所产生的技术资金缺口，大大推动了中俄能源合作的项目工程合作、企业直接投资合作等，深化了两国的合作水平。

再次，进一步拓宽石油人民币的应用。为了摆脱美国对于俄罗斯经济制裁的影响，目前俄罗斯实施"去美元化"的经济战略。2018年8月以后，俄罗斯的美国国债持有量已降至140亿美元的低点，年内降幅超过85%。因此，中国在与俄罗斯的能源合作中，由于卢布持续走弱，而人民币币值较为稳定，也具备一定的流通性，以人民币为计价基础的合作将进一步加深，有利于拓宽石油人民币的应用，符合人民币国际化战略。

3. 不利影响

当然,在美国制裁俄罗斯的背景下开展能源合作还存在一定的不利影响和风险,其中最主要的表现为地缘竞争的风险。

由于俄罗斯与西方大国普遍处于对立状态,因此深化中俄能源合作使中国增加了大国间地缘竞争风险。中国不可避免地卷入俄罗斯、美国和中东之间的争端,这在中美贸易冲突日益加剧的背景下,易激化中美之间的矛盾。

此外,中俄能源合作还存在俄罗斯经济下行的风险、俄罗斯内部政局变化的风险等。中俄在保持能源领域的密切交往的同时,还应不断加强对于风险的应对和防范。

(三) 中国的应对

目前,中国从宏观层面和微观层面均采取了一定的风险防范和应对措施。

1. 宏观层面

从宏观层面看,中国对外加强政治机制建设,提高战略互信;对内改革能源结构,降低能源对外依存度。

目前,俄罗斯仍是比较好的进口油气来源国。据此,中国重视同俄罗斯的能源合作,双方高层交往密切,以提高政治互信。2013 年,中国提出"一带一路"倡议,将俄罗斯纳入外交战略中的重要一环;2017 年,习近平访俄、梅德韦杰夫访华,均强调双方要开展北极航道合作,共同打造"冰上丝绸之路";2018 年 11 月,李克强邀请梅德韦杰夫访华并与之共同主持第 23 次中俄总理定期会晤。

对内,中国积极降低油气等进口能源使用量,增加可再生能源使用量,增加传统能源使用量,鼓励新能源产业的发展。以新能源汽车为例,中国有序地引导各企业退出传统燃油车的生产和销售,具体安排如下表所示[①]:

表 1　各企业退出传统燃油车生产和销售时间表

公司	禁售或限制安排
北汽集团	2025 年停止生产和销售自主品牌传统燃油乘用车
长安汽车	2025 年全面停止销售传统燃油车
奇瑞汽车	2020 年停止销售燃油车
海马汽车	2025 年全面淘汰燃油车
吉利汽车	2020 年所销售的 90% 都是新能源汽车

---

① 由笔者整理自新闻媒体.

2. 微观层面

从微观层面，中国主要采取了深入能源项目合作、提供政府间贷款、分散风险以降低不确定性等方式。

在深入能源项目合作方面，能源领域战略性大项目相继运营或开工建设，成为中俄两国合作的标志性工程：

（1）中俄原油管道：全长约1000千米。至2017年6月底，中俄原油管道累计输油总量达1.02亿吨。

（2）中俄天然气管道东线：从2018年起，俄罗斯开始通过中俄天然气管道东线向中国供气，累计30年，合同总价值高达4000亿美元。

（3）阿穆尔天然气加工厂项目：2017年8月3日，中俄合作的阿穆尔天然气加工厂开工建设。建成后，它将成为世界最大的天然气处理厂之一。

（4）亚马尔液化天然气项目：中国持有29.9％的股份，为该项目提供了100亿美元的贷款，这既是中国石油第一次大规模参与海外LNG上游项目，也是中国第一次与俄罗斯进行战略性油气项目的全产业链合作。在亚马尔液化天然气项目中，中国企业中标36个核心工艺模块，合同金额达100亿元人民币。

在提供政府间贷款方面，为推动"一带一路"建设，在中国的主导下，亚洲基础设施投资银行与丝路基金相继成立，加之中国国内各大银行的支持，为中国对外投资奠定了资金基础。这为中俄资金互补提供了条件。而提供政府间贷款，为中国资金规避严苛的投资审查制度进入俄罗斯提供了契机。

在分散风险以降低不确定性方面，目前，中国能源高度依赖进口，且对外依存度呈上升趋势。因此，应当拓宽能源来源，避免油气战一旦爆发对中国经济和政治安全所造成的打击。虽然目前俄罗斯是中国比较稳定的能源来源，中国仍应警惕过于依赖单一国家的安全风险，降低不确定性，以保障国家的能源安全。

中巴经济走廊能源合作

徐音　孙志红

一、中巴经济走廊简介

(一) 中巴经济走廊的提出

2013 年，李克强总理在访问巴基斯坦期间，首次提出共建中巴经济走廊的倡议。2015 年，习近平主席在访问巴基斯坦期间，建议中巴两国以经济走廊为中心，以瓜达尔港、交通基础设施、能源、产业合作为重点，打造两国"1＋4"合作布局。2017 年，中巴两国共同发布《中巴经济走廊远景规划（2017—2030）》，该文件的发布标志着中巴经济走廊的建设进入新的阶段。

(二) 中巴经济走廊概况

中巴经济走廊全长 3 000 千米，北起中国新疆喀什，南到巴基斯坦瓜达尔港，连接"丝绸之路经济带"和"21 世纪海上丝绸之路"，是贯通南北丝路的关键枢纽。中巴经济走廊是由公路、铁路、油气和光缆通道组成的贸易走廊，将中国、南亚和中亚三大经济区相连接，通过瓜达尔港便能直达中东的贸易、产业、能源和交通网络。

(三) 中巴经济走廊的合作重点

根据巴基斯坦投资委员会的报告，中巴经济走廊的合作重点主要体现在四个方面①：第一，瓜达尔港。主要包括港口和城市建设，以及瓜达尔地区的社会和经济发展。第二，能源。中巴两国在中巴经济走廊建设项目下，加强在煤炭、水电、风能、太阳能开发以及电力输送方面的合作。第三，交通运输设施建设。如公路、铁路、机场等。第四，投资和产业合作。主要是中国对巴基斯坦的瓜达尔自由区和其他工业园区的投资。其中，能源是目前中巴两国最主要的合作领域。在中巴签署的51项框架协议中，有21项为能源合作项目，主要涉及煤炭开发、风力发电、民营水电项目合作等。② 这些项目大致分为"早期收获"项目、短期项目和中期项目，分别于2018年、2020年和2025年完成。

二、巴基斯坦能源概况

（一）资源禀赋

1. 常规能源

巴基斯坦的主要常规能源为石油、天然气和煤炭。其中，石油总储量约为270亿桶，探明储量为8.83亿桶，已开采5.59亿桶。天然气总储量约为79 848亿立方米，探明可采储量为14 914亿立方米，已开采5 377亿立方米。巴基斯坦的煤炭资源丰富，塔尔煤田的储量位居世界第四。当前已探明的煤炭储量为1 750亿吨，相当于500亿吨石油，比沙特阿拉伯和伊朗的石油储备还要多。按照目前的储采比，巴基斯坦的煤炭还能再开采500年以上。③

2. 可再生能源

巴基斯坦的太阳能、风能和水能都较为丰富。巴基斯坦开发风能的潜力在15 000万千瓦左右④，信德省、卡拉奇、俾路支省等地均有巨大的风能开发潜力。此外，巴基斯坦西北部多山地，印度河从北部山地至南部平原，纵贯巴基斯坦全境，沿途杰勒姆河、杰纳布河、拉维河等支流汇入，发展水电具有得天独厚的自然优势。

---

① 巴基斯坦投资委员会（BOI）. https://invest.gov.pk.
② 巴基斯坦计划. 发展和改革部. 中巴经济走廊远景规划.
③ EIA. https://www.eia.gov.
④ EIA. https://www.eia.gov.

(二) 能源结构

1. 能源生产、消费结构

在生产结构方面，如图1所示，巴基斯坦主要生产的能源为石油、天然气和煤炭。但与巴基斯坦的资源禀赋不尽相符的是，煤炭相较于石油、天然气，储量丰富但产量更少，巴基斯坦丰富的煤炭资源并未得到充足的开发利用。在消费结构方面，如图2所示，石油和天然气在消费结构中的比重最大，而煤炭和电力的消费量相近。

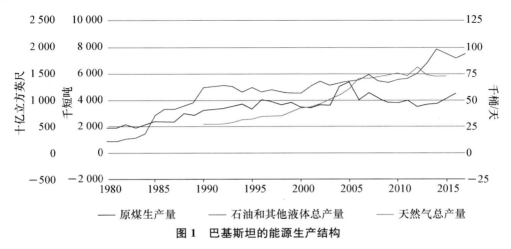

图1　巴基斯坦的能源生产结构

数据来源：U. S. Energy Information Administraton.

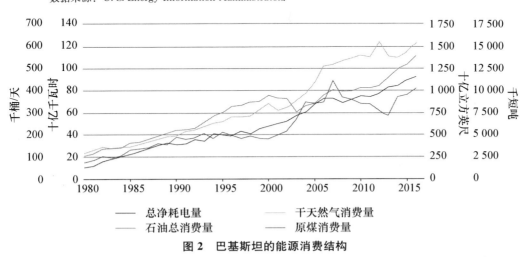

图2　巴基斯坦的能源消费结构

数据来源：U. S. Energy Information Administraton.

2. 能源供应状况

（1）石油供应状况

巴基斯坦的石油储备并不丰富，却严重依赖石油，是原油和成品油的净进口国。随着经济的恢复和发展，巴基斯坦的石油消费量不断攀升，消费缺口也日益增大，时常面临原油供应不足的问题（如图3所示）。

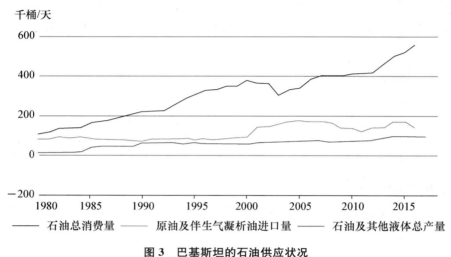

图3　巴基斯坦的石油供应状况

数据来源：U. S. Energy Information Administraton.

（2）天然气供应状况

如图4所示，整体而言，巴基斯坦的天然气的生产量和消费量较为接近，进口依赖程度较低。但数据显示，2015年之后，随着巴基斯坦可开采的天然气的储量减少和消费量增加，天然气的进口量呈增加的趋势。

（3）煤炭供应状况

尽管巴基斯坦的煤炭资源比较丰富，但由于开采率较低，仍在一定程度上需要通过进口煤炭来满足消费需求。尤其是在2000年之后，巴基斯坦的煤炭消费量大幅增加，但生产水平却没有相应的提升，使得巴基斯坦的煤炭进口量不断上升以满足日益增长的消费需求（如图5所示）。2006年前后，巴基斯坦的煤炭进口量已然超过生产量，对进口煤炭的依赖程度有所加重。

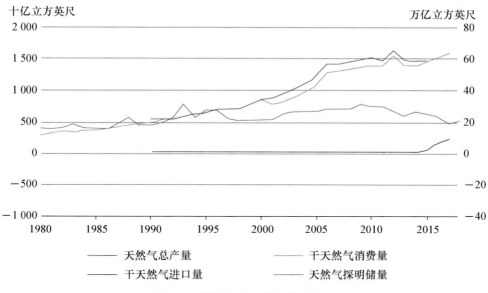

图 4　巴基斯坦的天然气供应状况

数据来源：U. S. Energy Information Administraton.

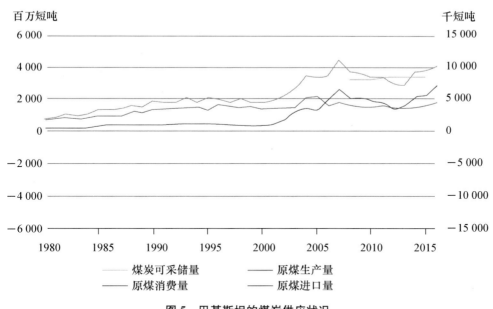

图 5　巴基斯坦的煤炭供应状况

数据来源：U. S. Energy Information Administraton.

三、中巴经济走廊上的能源合作

(一) 能源供应合作

1. 中巴能源供应合作概括

2015年，中国和巴基斯坦签署了中巴经济走廊建设协议，该协议将有助于巴基斯坦降低发电成本，并在2020年之前缓解电力短缺。协议包括中国投资340亿美元用于发展能源基础设施，包括煤炭和可再生能源的超过10400兆瓦的发电厂容量。中巴签署的51项框架协议中，有21项涉及煤田、风电发电、输变电、民营水电项目合作备忘录和框架协议等。

表1　中巴经济走廊投资项目数量及成本

项目	项目数量	预计投资成本（百万美元）
能源	21	33 793
交通基础设施建设	4	9 784
瓜达尔港口	8	79 262

数据来源：中巴经济走廊远景规划，巴基斯坦计划、发展和改革部.

2. 中巴能源供应合作主要项目

表2　中巴经济走廊能源合作项目

序号	开工年份	项目名称	中方合作单位	装机容量	投资金额（百万美元）	实施状态	投资模式
1	2015	卡洛特水电项目	中国长江三峡集团	720兆瓦	1 420	正在建设	BOOT
2	2015	萨恰尔风电项目	中国电建集团	50兆瓦	134	2017年运营	EPC
3	2015	真纳太阳能发电项目	中国特变电工新疆新能源集团	100兆瓦	1 215	2016年运营	—
4	2015	萨希瓦尔燃煤电站	中国华能集团山东如意煤电有限公司	1 320兆瓦	1 600	2017年运营	BOOT
5	2015	苏基克纳里水电项目	中国能建葛洲坝集团	870兆瓦	1 802	正在建设	BOOT

续表

序号	开工年份	项目名称	中方合作单位	装机容量	投资金额（百万美元）	实施状态	投资模式
6	2015	吉姆普尔风电项目	东方集团投资控股公司	100兆瓦	250	2017年运营	BOOT
7	2015	巴基斯坦中兴能源光伏电站	中兴能源光伏公司	900兆瓦	1 500	2016年第I期300兆瓦并网发电	直接投资
8	2016	Engro塔尔煤田电站 TEL塔尔煤田电站 Thal Nova塔尔煤田电站	中国机械设备工程公司、中国国家开发银行	1 320兆瓦	2 000	正在建设	F＋EPC
9	2016	巴基斯坦风力发电二期项目	中国长江三峡集团公司	99兆瓦	230	正在建设	BOO
10	2017	默蒂亚里至拉合尔直流输电项目 默蒂亚里（卡西姆港）至费萨拉巴输变电项目	中国国家电网公司	4 000兆瓦	3 000	正在建设	BOO
11	2017	瓜达尔港燃煤电项目	中国交建公司	300兆瓦	600	正在建设	—
12	2017	俾路支省胡布燃煤发电项目	中国国际胡布发电有限公司	1 320兆瓦	1 940	正在建设	BOOT
13	2017	卡拉奇达沃风电项目	中国水电顾问集团	50兆瓦	125	2017年运营	直接投资
14	2017	塔尔Oracle燃煤电厂项目	中国国际胡布发电有限公司承建	1 320兆瓦	1 320	正在建设	—

数据来源：根据商务部、国家能源局数据整理.

其中，卡西姆港燃煤电站是中巴经济走廊重点项目，也是第一个中外合作（中电建集团与卡塔尔Al-Mirqab公司）投资的大型能源类项目，装机容量132万千瓦，采用进口煤发电，电站工程建设于2015年6月正式开始桩基工程，工程建设期为36个月。2017年12月底，卡西姆港燃煤电站实现首台机组发电，2018年6月底两台机组进入商业运行。卡西姆港燃煤电站，这个"中巴经济走廊"的早期成果，为巴基斯坦的电力供应与能源发展提供了"中国方案"——建设2台66万千瓦超临界机组，配套建设卸煤码头及航道，年均发电量约90亿千瓦时，可满足400

万户家庭的用电需求，较大程度地缓解电力短缺的状况。[①]

（二）能源运输合作

1. 瓜达尔港口合作项目

瓜达尔港位于巴基斯坦俾路支省西南边陲靠近阿拉伯海的瓜达尔镇境内，靠近巴基斯坦海岸线的西面，距离港口城市卡拉奇约 600 千米，毗邻伊朗边界和霍尔木兹海峡，被誉为印度洋上"咽喉要地"。全球有 40% 的石油都经此地运输，尤其是中国从非洲和中东地区进口的 60% 的石油都要经此地运输。此港位于波斯湾的出口，可以通向能源大国阿富汗、伊朗等。此条通道也避过了受欧美势力控制的马六甲海峡和受印度控制的印度洋海域。中巴经济走廊瓜达尔港口建设进程见表3。

表3 中巴经济走廊瓜达尔港口建设进程

时间	进程
2013 年	巴基斯坦政府将瓜达尔港的运营权授权给中国海外港口公司。
2015 年 11 月	巴方将瓜达尔港自贸区的 2 281 亩土地使用权交给中国，租期为 43 年；其次，瓜达尔港作为"一带一路"倡议首个战略性港口，中国计划对其投资 16.2 亿美元。
2016 年 11 月	瓜达尔港开始运营。
2018 年 3 月	中远海运集装箱集团开辟了巴基斯坦瓜达尔中东快航，正式挂靠瓜达尔港，每周三为固定航期。

2. 交通基础设施领域

（1）中巴铁路合作项目

2015 年 4 月 20 日，在中国国家主席习近平访问巴基斯坦期间，国家铁路局局长陆东福与巴基斯坦铁道部国务秘书、铁路委员会主席帕尔文·阿格哈共同签署了《中华人民共和国国家铁路局与巴基斯坦伊斯兰共和国铁道部关于开展 1 号铁路干线（ML1）升级和哈维连陆港建设联合可行性研究的框架协议》。巴基斯坦 1 号铁路干线从卡拉奇向北经拉合尔、伊斯兰堡至白沙瓦，全长 1 726 千米，是巴基斯坦最重要的南北铁路干线。1 号铁路干线升级和哈维连陆港建设，是中巴经济走廊远景规划联合合作委员会确定的中巴经济走廊交通基础设施领域优先推进项目。

（2）中巴公路合作项目

被誉为"中巴友谊公路"的喀喇昆仑公路，是众多中巴公路合作项目之一。喀喇昆仑公路的修建使中国的西部地区通过瓜达尔港与中东、非洲、南亚、欧洲等地

---

① 一带一路能源合作网. http://obor. nea. gov. cn/v_practice/toPictureDetails. html? channelId=1084.

建立起广泛联系，对于推动巴基斯坦经济发展也有重要意义。这一条友谊路为两国贸易畅通和民心相通所发挥的作用不可估量。中国与巴基斯坦公路合作项目见表4。

表4 中国与巴基斯坦公路合作项目

公路	● Khuzdar-Basima Road N-30，110 km ● DI Khan-Zhob N-50 Phase，210 km ● KKH Phase-Ⅱ Thakot-Raikot Section，136 km ● Havelian-Thakot Section，120 km ● Section of KKH Phase-Ⅱ，118 km ● Sukkur-Multan Section，392 km

四、中巴能源合作基础——能源需求的对接

（一）巴基斯坦面临的能源问题

1. 能源结构单一，严重依赖进口

巴基斯坦能源匮乏且能耗结构严重失衡，对石油和天然气产品依存度高达79%，且年需求量还将分别以5.7%和7.5%的速度增长。2017—2018年间，巴基斯坦石油产品总需求为2 640万吨，原生石油产量仅占总需求的15%，而85%通过原油和成品进口来满足。天然气可开采量的降低，意味着今后将会加强对天然气进口的依赖。煤炭的储量较为丰富，但由于开采能力有限，开采率较低，对煤炭的利用并不充分。[①]

2. 电力短缺

巴基斯坦全国电力供应缺口平均达4 500兆瓦。供应短缺和输送问题导致频繁停电，每年的损失则高达GDP的2%。电源以燃油、燃气电站为主，燃料短缺。过去巴基斯坦主要通过进口昂贵的石油和天然气来保障火力发电，给政府财政状况带来极大负担，财政赤字状况不断恶化。由于巴基斯坦近2亿的人口以每年2%的速度增加，这些问题将进一步恶化。巴基斯坦能源需求以每年7.4%的速度增加，部分城市地区每天停电高达12小时，农村地区高达18个小时。此外，巴基斯坦电力基础设施薄弱、设备老化、输电损耗大（电力损耗排名107/140），偷电现象普遍。[②] 巴基斯坦截至2018年6月的装机容量见图6。

[①] Pakistan Annual Plan 2018—2019. 巴基斯坦计划、发展和改革部.
[②] 全球竞争力报告2018. https://www.weforum.org/reports/the-global-competitveness-report-2018.

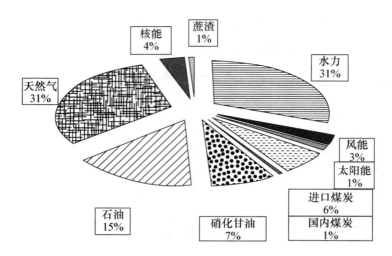

图 6　巴基斯坦截至 2018 年 6 月的装机容量（34 188 兆瓦）

数据来源：Pakistan Annual Plan 2018—2019. 巴基斯坦计划、发展和改革部.

（二）巴基斯坦能源政策

- 促进油气资源开发合作，实现石油供应多元化；
- 优化煤炭的采购和使用，研究开发和利用巴基斯坦自己的煤炭，发展煤炭开采技术；
- 推进重大项目的河流规划筹备工作，加快水电开发进程；
- 根据当地条件发展风能和太阳能等可再生能源发电技术；
- 加强高压电网和输配电网络建设。

（三）中巴能源合作基础

1. 巴基斯坦对能源基础设施的迫切需求

在巴基斯坦，1.8 亿总人口仅有 1.1 万兆瓦的装机容量，电力不足使巴基斯坦常年处于黑暗。位于热带地区的巴基斯坦大部分城市夏季温度高达 40℃ 至 50℃，2015 年巴基斯坦曾报道连续三天 46℃ 的高温使 650 人因中暑而死。长时间的停电不但影响了居民的生活，也成为工业发展的最大阻碍。巴基斯坦主要依靠从沙特进口石油和天然气发电，货币贬值和国际原油价格上涨使得发电厂没有足够的资金购买发电所需的原材料，因此燃料商停止供货，发电厂被迫停止运转，这导致巴基斯坦电力供应不足。巴基斯坦本身拥有的石油和天然气资源不能够满足自身所需，因此为满足需求需要大量的进口，由于缺少油气运输管道只能依靠港口转接公路运输，成本高昂，巴基斯坦经济实力难以招架。[①]

2. 巴基斯坦能源产业落后，资金、技术匮乏

巴基斯坦拥有丰富的煤炭资源，已探明煤炭储备排名世界第四，印度河自青藏高原流下贯穿巴基斯坦南北也为巴基斯坦带来了丰富的水能，另外巴基斯坦的风能和太阳能都可以用来发电。但由于巴基斯坦国内技术水平落后、开发设备陈旧、资金不足，巴基斯坦政府不能全面开发、利用自有资源发电。巴基斯坦政府急需利用本国自有资源发电以此缓解由于发电结构不科学所造成的能源短缺问题。开采煤炭并利用煤炭发电成为巴基斯坦政府转变发电方式的首要途径，同时利用清洁能源发电也是巴基斯坦政府所追求的双管齐下治理电力行业的又一个手段。

3. 中国能源产业相对发达，基础设施建设能力和资本实力雄厚

近年来，中国基础设施建设在世界市场中的作用越来越得到重视，无论是非洲等第三世界国家，还是西方发达国家，都和中国基础设施建设紧密相连。在能源基础设施建设领域，中国能源产业已经发展成熟，形成了较为完备的产业链和一系列能源品牌企业。中国拥有先进的风能、太阳能发电技术，拥有开采矿产的先进设备。中国进出口银行、中国国家开发银行、亚洲基础设施投资银行均为巴基斯坦提供资金支持，解决了巴基斯坦资金不足的问题。中巴基础设施合作可以带动巴基斯坦国内经济的发展和人民生活水平高的提高，是满足巴基斯坦迫切需求的重要举措。

4. 中国与巴基斯坦面临诸多共同的能源安全挑战

巴基斯坦是"一带一路"建设的关键节点国家，随着中国全面推进"一带一路"建设，中巴经济走廊的重要性更加突出，而能源是中巴经济走廊的重点合作领域之一。当前，中国与巴基斯坦面临诸多共同的能源安全挑战：供需矛盾突出、国际竞争激烈、发达国家主导国际能源市场、全球能源价格高企。而巴基斯坦能源形势比中国更加严峻：巴基斯坦急切希望大力开发能源资源。中国能源产业具备与巴基斯坦在能源领域中开展合作的物质条件，且中巴传统友谊深厚，政治上高度互信，能源合作亦有很好的政治基础。[②]

---

① 秦源. 中巴基础设施合作在中巴经济走廊中的机遇与挑战分析. 吉林大学，2018.

② "一带一路"框架下推进中巴能源合作. http://news.cnpc.com.cn/system/2015/05/05/001540005.shtml.

五、中巴能源合作效益

(一) 缓解巴基斯坦能源短缺状况，助力巴基斯坦改善能源结构

巴基斯坦以往的电力供应主要来自国内以燃烧重油为主的火电站，而且火电站规模较小，发电能力差，仅仅能够提供 1 000 多万瓦的电量，同时给巴基斯坦带来了严重的空气污染。卡西姆港燃煤电站的建立可以充分利用巴基斯坦境内丰富的煤炭资源，结合中国先进的开采技术和煤炭发电技术，满足巴基斯坦人民生活用电的需求，巴基斯坦政府的发展也将不再被电力制约。作为中巴经济走廊框架下的首个开工能源项目，卡西姆港燃煤电站于 2018 年 4 月 25 日进入商业运营，预计可以解决巴基斯坦全国电力约 20% 的缺口。《巴基斯坦经济调查报告》显示，在 2018 年中巴经济走廊项目发电量总计将达到 17 045 兆瓦。据 IEA 数据，巴基斯坦 2017 年发电量同比增长 2.1%。此外，可再生能源是中国企业投资重点，除了燃煤电站外，中国在光伏发电、水电、风电、核能领域的投资也将助力巴基斯坦能源结构的优化升级。

(二) 带动当地的就业，提高工业科技水平

据统计，已开工项目可带动就业超过 7 500 人，其中中方人员约 2 500 人，巴方人员约 5 000 人。项目投产后，将逐步实现本地化运营，这将全面提高巴基斯坦电力工业科技水平。[①]

(三) 树立"一带一路"能源合作示范，推动与更多沿线国家开展能源合作

在中巴经济走廊建设中，中国政府一直积极推动中国企业参与其中，中国政府采取 PPP、BOT 等合作模式，给予中国企业坚实的后备力量，以推动中巴两国在能源方面的合作。中巴能源合作的深入开展将在"一带一路"沿线树立示范作用，在世界打造中国能源产业品牌，推动中国与更多的国家开展能源领域的合作，充分利用"一带一路"为能源产业带来的发展机遇。

---

① "一带一路"能源合作网. http://obor.nea.gov.cn.

巴西政局变动与中巴能源合作

袁媛　张梦琨

引言

2018年10月28日，有着"巴西特朗普"之称的右翼社会自由党候选人雅伊尔·博索纳罗（Jair Bolsonaro）在巴西总统大选中获胜。2019年1月1日，雅伊尔·博索纳罗正式宣誓就任巴西总统。巴西右翼势力的胜选是左右翼交替执政的"钟摆效应"（Pendulum Effect）在拉美地区的又一次体现，而巴西国内政局的新形势也将导致巴西的对内和对外政策有所调整和变化。

中国与巴西之间具有全面战略合作伙伴关系。随着双方关系的不断深入，两国在各个领域的合作日益增多。在能源合作方面，双方近年来有密切的交往和平稳的发展。此次雅伊尔·博索纳罗的上台释放出巴西政坛"右转"的信号，外界对于中巴能源合作是否会受此影响有着不同的看法。本文拟通过梳理中巴能源合作的演进以及近年来巴西政局的变化对雅伊尔·博索纳罗的胜选原因进行探讨，对雅伊尔·博索纳罗上台后可能推行的政策进行整理，并对巴西及整个拉美地区左右翼交替执政的"钟摆效应"进行分析，并在此基础上对雅伊尔·博索纳罗上台后中巴能源合作的可能走向进行分析。

一、中国与巴西能源合作的演进

（一）中国与巴西能源合作的互补性

总而言之，中国与巴西之间的能源合作具有较强的互补性，主要集中在石油领域，在可再生能源领域也有着迅速的发展。中国目前拥有全球最大的能源消费市场，还是全球最大的石油净进口国。随着中国经济发展的不断提升，中国在可预见的未来对能源的需求量将会持续增加。而巴西具有能源资源禀赋优势。巴西不仅石油资源丰富，也在生物质能、清洁水电等方面发展迅速。因此，双方一方作为能源的供给者，一方作为能源的消费者，中巴能源合作互补性强，合作空间大。

巴西位于南美洲东部，东临太平洋，海岸线长约 7 400 千米，约 80％的国土位于热带地区。在自然资源方面，巴西具有十分优越的天然条件，其矿产、土地、森林和水力等资源均十分丰富。在具体的能源类矿产方面，巴西以石油、铀矿、煤炭、天然气和油页岩等为主要能源矿产，另外由于巴西独特的气候条件，其生物资源亦十分丰富。目前，巴西是全球第八大能源消费国、全球第十大能源生产国及全球第二大生物能源生产国，其可再生电力发电总量排在全球第三位。[①]

事实上，巴西一开始在全球石油生产格局中并不是那么引人注意。直到 2007年底，巴西在其沿海陆续发现了多个特大盐下油气层，其在全球石油生产格局中的地位才得到了显著提升。巴西的石油探明储量为 12.8 亿桶，居全球石油探明储量国家第 15 位，占全球石油探明储量的 0.8％，其石油储量和生产比为 12.8。[②] 从目前已探明的石油分布情况来看，巴西的石油资源主要分布在海上的坎波斯盆地（Campos Basin）和桑托斯盆地（Santos Basin），其海域石油储量在巴西石油总储量中占有极大的比重。得益于大量深海油气资源的发现，巴西目前也是世界上的主要石油生产国之一。在 2009 年之前，巴西还是石油进口国；在 2009 年，巴西成为石油净出口国。此后，巴西的盐下油田产量逐年递增。到 2016 年，巴西超越委内瑞拉，成为南美洲最大的石油生产国；截至 2017 年，巴西在全球十大能源生产国中位列第九[③]，其当年的盐下油田产量达到了破纪录的每日 102 万桶，与 2015 年相比增长了 33％。而巴西最大的盐下油田——利布拉（Libra）油田更是在高峰时达到 140 万桶的日产量。[④] 据英国石油公司预测，2040 年巴西的石油产量将达到近500 万桶的日产量，约占全球产量的 5％，且巴西在 2017 年至 2040 年间的石油产量将占全球石油产量增长的 23％。[⑤]

[①] EIA. Statistics and Analysis of Brazil. https://www.eia.gov/beta/international/country.php?iso=BRA.

[②] BP Amoco. Statistical Review of World Energy-full report. https://www.bp.com/en/global/corporate/energy-economics/statistical-review-of-world-energy/oil.html#oil-reserves.

[③] EIA. Total Petroleum and Other Liquids Production—2017. https://www.eia.gov/beta/international/.

[④] 中国石油新闻中心. 华媒：2017 年全球石油产量排行榜 美国居首中国第五. http://center.cnpc.com.cn/bk/system/2017/12/22/001673057.shtml.

[⑤] BP Amoco. BP Energy Outlook—2019: Insights from the Evolving transition scenario-Brazil. https://www.bp.com/en/global/corporate/energy-economics/energy-outlook/country-and-regional-insights/brazil-insights.html.

中国目前是全球最大的能源消费国，也是全球最大的能源市场之一。快速增长的能源需求，尤其是对石油的需求，使中国在全球能源市场上越发具有影响力。《BP 能源统计年鉴 2018》公布的数据显示，中国在 2017 年的石油消费达 6.08 亿吨油当量，同比增加 3.6%，石油消费在中国能源消费中所占比重稳定在 17% 至 20%①；另据中国石油集团经济技术研究院发布的《2018 年国内外油气行业发展报告》中国的油气对外依存度在 2018 年有所增加，其中天然气进口量持续高速增长，中国超过日本成为全球第一大天然气进口国，天然气对外依存度攀升至 45.3%，而石油对外依存度也上升至 69.8%。② 在能源需求量巨大的同时，中国在能源开发资金和设备方面也具有优势。对于盐下油田深埋藏、勘探开发成本高的巴西而言，中国的资金和设备恰恰能提供有力的支持。

除油气资源外，中国对生物质能等清洁能源的关注和需求也在持续增加。目前中国在全球清洁能源技术行业占有领先地位，国际能源署执行干事法提赫·比罗尔（Fatih Birol）认为，中国将成为全球清洁能源技术和天然气消费的主要推动力，中国将在这两个方面对全球产生影响。③ 在中国具有巨大需求的同时，巴西在清洁能源方面的出色禀赋则能够与中国的需求形成良好的互补关系。巴西是全球第二大生物质能生产国，是最早使用生物燃料的国家之一，其生物能源在能源消费结构中所占比重达到 13.6%，是全球生产和消费乙醇最多的国家之一；巴西还大力发展水电，其水电在全国电力供应中所占的比重约为 80%。④ 从这一点来说，生物质能及其他清洁能源在中国和巴西的能源合作中的地位正日益提升。

概而言之，在石油能源方面，巴西是全球重要的石油生产国，而中国是全球第二大石油消费国，巴西和中国在石油贸易、勘探、开发、运输、技术等领域的合作的潜力巨大；加之中国的能源结构逐渐清洁化，巴西在生物质能和清洁水电等方面丰富的资源和经验进一步使中巴在清洁能源领域具有很大的合作空间。因此，中巴之间的能源合作具有很强的互补性。

（二）中国与巴西能源合作的历史

中国和巴西的能源合作主要在政府和企业两个层面展开，目前的合作重点主要

---

① 搜狐网. 石油化工行业专题报告：我国能源结构现状. http://www.sohu.com/a/251838298_825950.
② 中国石油新闻中心. 2018 年国内外油气行业发展报告. http://news.cnpc.com.cn/system/2019/01/18/001717430.shtml.
③ 中国金融信息网. 国际能源署：中国将成为全球清洁能源技术和天然气消费的主要推动力. http://green-finance.xinhua08.com/a/20171211/1740131.shtml.
④ 崔守军. 中国与巴西能源合作：现状、挑战与对策. 拉丁美洲研究，2015（6）：47.

集中在石油领域。

在政府层面，中巴能源合作的级别较高。2006 年 3 月，为进一步推动中巴能源矿产合作，在中国-巴西高层协调与合作委员会（简称中巴高委会）第一次会议上，中巴双方同意在中巴高委会框架下成立能源矿产分委会，并写入会议纪要。为此，中国国家发展改革委与巴西能源矿产部进行了积极磋商，并就中巴高委会能源矿产分委会有关问题达成共识；2006 年 6 月，中国和巴西签署了关于成立中巴高委会能源矿产分委会的谅解备忘录，标志着中巴高委会能源矿产分委会正式成立。[①]

中巴能源合作在政府层面主要体现为"贷款换石油"模式，这在推动中国政府、巴西石油公司与中国石油公司的三方合作上具有重要意义。通过这一模式，中国可获得较为稳定的原油进口，而巴西则能够获得有助于其国内建设和发展的大笔资金。2010 年 5 月，巴西国家石油公司（Petrobras）与中国国家开发银行签署了为期十年的 100 亿美元贷款协议，同时与中国石油化工集团有限公司敲定了为期十年的原油长期出口协议[②]；2011 年，中巴双方签署了《中华人民共和国和巴西联邦共和国联合公报》，公报指出，中巴双方愿意进一步深化在石油贸易及融资、油气勘探开发、电力、能源装备、和平利用核能以及包括生物燃料在内的新能源领域合作；2015 年 4 月，巴西国家石油公司与中国国家开发银行签署了一项价值 35 亿美元的投资合同[③]；2016 年 12 月，巴西国家石油公司与中国国家开发银行以及中国石油天然气集团有限公司、中国化工集团有限公司和振华石油控股有限公司三家企业签署了一系列有关贷款、贸易的双边及多方协议。根据协议，中国国家开发银行为巴西国家石油公司提供 50 亿美元贷款，三家中国油企则共计获得每日 10 万桶、每年约 500 万吨的十年期巴西原油供应合同。[④] 不仅如此，中巴两国政府还签署了多项关于能源领域的协议，这些协议的内容主要涉及石油、水资源、生物技术等，大大推动并深化了中国与巴西之间的能源合作。

在企业层面，中国企业和巴西企业的能源合作最初以贸易和上游投资为主，并不断向下游发展。以石油企业为例，中巴政府之间所采用的"贷款换石油"模式使中国的石油企业受益颇多，诸如中石油、中化工等企业能够获得来自巴西的石油公

---

① 中国政府网. 中国-巴西高委会能源矿产分委会正式成立. http://www.gov.cn/zwjw/2006-06/07/content_302335.htm.

② 中国新闻网. 中国巴西签百亿美元贷款换石油协议. http://www.chinanews.com/ny/news/2010/05-26/2304173.shtml.

③ 新华网. 巴西石油公司与国开行签署 35 亿美元合同. http://www.xinhuanet.com/world/2015-04/02/c_1114846953.htm.

④ 新华丝路网. 中国和巴西石油贸易步入"多赢时代". http://silkroad.news.cn/2017/0216/12116.shtml.

司的较为稳定的原油供应,对于企业的发展而言大有裨益。在发展过程中,中国的石油企业也在对巴西的石油公司的股权进行收购,并对巴西的石油开发项目进行联合投标,如中化集团在 2010 年以 30 亿美元收购挪威国家石油公司(Statoil ASA,STO)巴西佩雷格里诺海上油田 40% 权益[1],中石油在 2014 年以 26 亿美元收购巴西国家石油公司的全资子公司巴西能源秘鲁公司全部股份额[2]等。2017 年,中国企业频频中标巴西的石油项目,中石油参与的联合体中标佩罗区块,占联合体 20%股权;中海油参与的联合体中标西卡布弗里乌高地区块,占 20%股权;中石化参与的联合体中标萨皮诺阿边际区块。[3] 在中巴能源合作中的贸易和上游投资蓬勃发展的同时,中国企业也在积极向巴西石油产业链的下游发展并取得了一定的成效,如中石油在 2015 年首次进入巴西市场开展成品油销售业务,巴西国家石油公司和中石油在 2018 年所进行的谈判可能促成中石油在美洲拥有第一个炼油产能等。[4]

二、近年来巴西政局的发展与变化:从卢拉到博索纳罗

(一)从卢拉到特梅尔的巴西政治局势概览

路易斯·伊纳西奥·卢拉·达席尔瓦(Luiz Inácio Lula da Silva)是拉美地区有名的左翼政治家,在 2003 年至 2010 年间任巴西总统。从 1964 年到 1985 年,巴西处在军政府统治时期。出于对当时的官僚威权体制的反对,卢拉和一批工会领袖、进步人士和知识分子在 1980 年组建了巴西劳工党,同年当选为该党主席。1985 年,巴西军政府还政于民。自此,劳工党等左翼政党在巴西政坛中获得了全新的政治发展空间。2002 年 10 月,卢拉第四次参加巴西总统大选并取得胜利。2003 年 1 月 1 日,卢拉正式就任总统一职。2006 年 10 月,卢拉再度胜选,并于 2017 年 1 月 1 日再度就职。他是巴西历史上第一位工人出身的总统,也是第二位通过直接选举连任的总统。自执政以来,卢拉组建了包括左翼、中左翼、中右翼和右

---

[1] 中国海洋石油集团有限公司. 中海油与中石油双双加入巴西油田开发集团. http://www.cnooc.com.cn/art/2013/10/23/art_111_803581.html.

[2] 国际能源网. 中石油 26 亿美元收购巴西能源秘鲁公司. http://www.in-en.com/article/html/energy-2214533.shtml.

[3] 中国能源报. 巴西海上油田招标:石油界"最后的盛宴"?. http://paper.people.com.cn/zgnyb/html/2017-11/13/content_1816824.htm.

[4] 新浪财经网. 外媒:中国或在美洲获炼油产能 中企正与巴西谈判. http://finance.sina.com.cn/china/gncj/2018-04-23/doc-ifznefkh9388015.shtml.

翼政党在内的十余个政党组成的执政联盟，这是巴西历史上规模最大的执政联盟。[①]

在经济领域，在卢拉任期内，巴西政府修改了新自由主义经济政策，坚持将初级财政盈余目标制、浮动汇率制和通货膨胀目标制作为其经济政策的三大支柱，通过降低利率、改革税制、增加出口以及加大基建投资等措施实现了巴西经济的持续增长，这些改革措施也帮助卢拉树立起了一个"温和而成熟的改革派"的形象。在2003年至2008年间，巴西经济年均增长率达4%，是近三十年来巴西经济发展最快的时期，其人均GDP在2008年达到将近7 000美元；与此同时，巴西进出口贸易年均增幅超过40%，其外债降至历史最低，外汇储备在2008年底增至2 000多亿美元；巴西经济增长的成果也切实惠及了巴西人民，卢拉政府推行的一系列社会福利政策取得了较好的效果，巴西贫困人口的收入有了较高幅度的增长，贫困人口有所减少，巴西工人的最低工资也从2003年初的200雷亚尔（BRL）增长到2009年初的465雷亚尔。[②]

在卢拉任期内，巴西在国际舞台上的地位也显著提高。通过外交活动，卢拉推动巴西实现了出口市场多元化和出口产品多样化，加强了和不同国家的经济联系，增强了巴西经济发展的自主权。在拉美地区，巴西成为南方共同市场（MERCOSUR）、南美洲国家联盟（UNASUR）和南美防务委员会等南美地区一体化的重要推动者。不仅如此，巴西还在当时的"金砖四国"框架内加强了同中国、俄罗斯和印度的关系，在G20金融峰会和气候变化峰会等重要国际会议上发挥了积极作用。[③] 2009年5月，卢拉获得了联合国教科文组织颁发的费利克斯·乌弗埃-博瓦尼和平奖（Félix Houphouët-Boigny Peace Prize），这是对卢拉在促进对话和消除贫困方面做出的贡献的肯定与嘉奖。到2011年卸任时，卢拉的民意支持率高达87%。然而卸任后，卢拉遭到了反腐调查，这在巴西政坛中引起了巨大的震荡。2018年，卢拉选择主动入狱服刑。卢拉本人、劳工党以及许多卢拉的支持者认为，"卢拉是一场以反腐之名的政治阴谋的牺牲品"，是巴西国内的右翼势力"为阻止卢拉参加总统大选，严防进步的左翼力量卷土重来"的阴谋。[④]

迪尔玛·罗塞夫（Dilma Rousseff）是卢拉的继任者。卢拉实际上对罗塞夫颇为器重。在卢拉当选总统后，他曾经任命罗塞夫为巴西能源部部长。2010年2月，

---

① 崔桂田，蒋锐等. 拉丁美洲社会主义及左翼社会运动. 济南：山东人民出版社，2013：311.
② 崔桂田，蒋锐等. 拉丁美洲社会主义及左翼社会运动. 济南：山东人民出版社，2013：312.
③ 同②.
④ 谭道明. 前总统卢拉入狱背后的巴西反腐和法治. http://www.zaobao.com/wencui/politic/story20180417-851509.

巴西劳工党推举当时卢拉政府的总统府部长罗塞夫为劳工党的总统候选人。① 2010年10月31日，罗塞夫胜选。2011年1月1日，罗塞夫正式就职巴西总统一职，成为巴西历史上首位女总统。2014年，罗塞夫成功连任。但在2016年，罗塞夫遭到了巴西国会弹劾，巴西劳工党持续了十余年的连续执政局面被打破。罗塞夫被弹劾的背后包括但不限于以下几点原因：第一，自2011年罗塞夫上台后，经济危机对巴西的冲击开始显现出来，巴西通货膨胀率上升到近10%，失业率达到9%②，其国内贫困人口数量也有所上升，巴西国内的经济发展陷入了困境，但罗塞夫政府并未对巴西的经济结构和发展模式进行有效的调整，国内经济的低迷形势使不少巴西民众深感不满；第二，罗塞夫政府及劳工党执政联盟内贪腐现象严重，众多官员的贪腐行为激起了巴西民众的强烈不满和愤怒，就连罗塞夫本人也卷入了巴西国家石油公司的腐败案当中，罗塞夫政府的声誉遭到了重大打击；第三，在罗塞夫任期内，执政联盟内的各党政见各异，理念与利益诉求多元而庞杂，执政联盟内部博弈激烈，且总统罗塞夫与副总统米歇尔·特梅尔（Michel Temer）之间的矛盾日益凸显，这对执政联盟的执政和治理能力造成了一定的削弱。

2016年5月11日，巴西参议院对总统弹劾案进行了投票，最终以55票赞成、22票反对以及1票弃权的结果通过了弹劾案。在罗塞夫被弹劾后，来自巴西民主运动党的特梅尔任巴西代总统一职。但在特梅尔上台后，巴西的经济颓势并无太大起色，且特梅尔也在罗塞夫之后陷入了贪腐丑闻之中。2017年，特梅尔曾因涉嫌贪腐罪行两次被巴西检方起诉。2019年1月1日，特梅尔卸任巴西总统职务。在卸任后，特梅尔仍需面对巴西司法部门的后续调查。总体而言，巴西人民对接替罗塞夫执政的特梅尔颇感不满，一项调查显示，约有82%的巴西民众认为特梅尔在其执政期间表现糟糕，14%的民众认为其执政成果一般，仅有3%的民众认为其执政表现良好。③

(二) 博索纳罗在2018年巴西大选中的胜利

2018年10月28日，有着"巴西特朗普"之称的右翼社会自由党候选人博索纳罗以55.12%的得票率战胜了劳工党候选人阿达。2019年1月1日，博索纳罗正式就职，成为新一任巴西总统。博索纳罗有过在军队服役的经历，他曾任巴西陆军上

① 崔桂田，蒋锐等. 拉丁美洲社会主义及左翼社会运动. 济南：山东人民出版社，2013：317.
② 徐世澄. 巴西总统罗塞夫被国会弹劾的过程和前因后果. http://www.npc.gov.cn/npc/zgrdzz/2016-08/19/content_1995346.htm.
③ 巴西华人网. 对经济不满 民众责备特梅尔政府. https://www.brasilcn.com/article/article_15918.html.

尉。自 1991 年起，博索纳罗连任 6 届联邦众议员的职务，时间长达 27 年。在 2018 年巴西大选前，博索纳罗刚刚加入右翼社会自由党。

博索纳罗赢得 2018 年巴西大选胜利的原因是多方面的。在经济层面，巴西自 2012 年至 2017 年间经济形势持续低迷，在此期间，其 GDP 年多为负增长，在 2016 年甚至超过了－5％[①]，其国内失业率亦不断攀升，这一数字在 2018 年初超过了 13％[②]；在政治层面，近年来巴西政坛贪腐丑闻频出，包括卢拉、罗塞夫和特梅尔在内的多名国家领导人和其他部分官员都不同程度地卷入了贪腐丑闻之中，而博索纳罗是 2018 年巴西大选中的 13 位候选人里唯一没有遭到腐败指控的候选人，这使选民对其好感有所增加；在社会层面，受低迷的经济形势的影响，近年来巴西社会问题层出不穷，社会治安混乱，暴力事件频繁发生，对巴西社会秩序的稳定造成了严重的冲击。概而言之，巴西国内局势的混乱导致其国内民众对左翼政治力量的不满与日俱增，而博索纳罗在竞选宣言中表露出的鲜明的民粹主义（Populism）和反建制（Anti-establishment）倾向使选民为之振奋，那些诸如"巴西优先""反腐败""反犯罪"的主张也使选民看到了国内局势好转的可能与希望，是而在 2018 年的巴西大选中，胜利的天平最终倒向了博索纳罗。值得指出的是，博索纳罗在竞选过程中展现出了带有"强人"色彩的政治形象，这与巴西过去的威权传统中威权领导人的色彩多少有些相似之处。在国家遭遇危机时，民众往往会向他们更为熟悉的政治模式复归，这就是传统政治下的威权偏好。在此次巴西大选中，这一因素似有体现。

此外，其他一些因素对博索纳罗的胜选也具有一定的影响。如劳工党直到最后一刻才确定以阿达取代入狱的卢拉作为该党的总统候选人；博索纳罗擅长使用推特（Twitter）和脸书（Facebook）等社交媒体向公众宣传其政治主张；博索纳罗因在 2018 年 9 月的竞选活动中遇刺而增加了媒体曝光度等。

（三）博索纳罗可能推行的政策主张

从博索纳罗在竞选时的发言和表态来看，博索纳罗政府可能推行的对内政策的重点目标在于促进国内经济发展、打击贪污腐败和加强国内安全建设，对外政策的重点目标则在于加强与美国的关系。

在对内政策方面，博索纳罗在竞选纲领中着重强调了推动经济改革、打击贪腐、加强公共安全和国防建设以及促进教育等内容。在经济政策的调整上，博索纳

---

① Trading Economics. https://zh.tradingeconomics.com/brazil/gdp-growth-annual.
② Trading Economics. https://zh.tradingeconomics.com/brazil/unemployment-rate.

罗主张缩减公共开支，降低税收，推动私有化，减少国家对经济的干预，并预计在2019年消除财政赤字、在2020年实现财政盈余；在打击贪腐的问题上，博索纳罗对司法调查的独立性和信息透明度的强化进行了强调，表示要严格执行"反腐十纲"；在加强公共安全和国防建设上，博索纳罗主张放松对枪支的管制、加强对警力的建设以及加大对国内安全技术和安全装备的投入，还提出应加大军队在社会治安上的执法参与，增加军费预算和开支，加强边境防务能力；在教育上，博索纳罗对公立大学的配额政策提出了反对并主张强化对教育的军事化管理，计划两年内在各州州府增设军校等。[①]

在对外政策方面，博索纳罗表现出了较强的实用主义特点和较为明显的亲美立场。博索纳罗曾对特朗普的移民政策表示支持，还曾提出放弃与"专制国家"（尤其指出是与美国、以色列、意大利等国作对的国家）发展关系，主张坚决不与"专制国家"签订贸易协定；他认为，巴西外贸政策的制定和实施应当遵循"合作伙伴能够给巴西带来附加值"的原则。[②] 在拉美一体化的问题上，博索纳罗提出必须基于民主原则，本地区的"非民主国家"应当从一体化组织中除名；在其他内容上，博索纳罗强调了对巴西外交中双边原则的重视，主张对巴西外交中的多边主义传统进行调整，还主张退出联合国人权理事会等。[③] 从博索纳罗的上述表态中可知，巴西在劳工党执政时期所执行的优先发展南南合作的外交安排或将被打破，巴西的对外关系格局或将面临一系列新的规划与调整。

（四）巴西及拉美地区左右翼执政的"钟摆效应"

"左退右进"的政治格局是历史上拉美地区的政治版图的一个鲜明特点。一直到20世纪90年代，一场以1998年查韦斯赢得委内瑞拉大选为标志的，包括巴西、乌拉圭、玻利维亚等多个国家在内的左翼力量赢得执政地位的"粉色浪潮"（Pink Tide）的兴起才真正意味着拉美政治钟摆实质上的"向左摆"，拉美新左翼（Neo-Left Wing in Latin America）此时才真正崛起为拉美大陆上的主导性政治力量。近年来，由于拉美新左翼政府在执政方面的表现有所不足，加之国际大宗商品价格下跌的影响，一些右翼政党灵活而务实的政治主张重新得到了拉美人民的青睐，导致拉美地区右翼力量的再度"抬头"。在阿根廷、巴西、智利等区域大国中，拉美新左翼政党相继丢失了政权，"左退右进"的格局再次在拉美政治版图中出现，而此

① 周志伟. "博索纳罗现象"及巴西内政外交未来走势. 世界知识，2018（22）：35.
② 同①.
③ 同①.

次巴西大选正是这一"右进"趋势的延续。[①]

拉美左翼力量追求平等的主张迎合了广大中下层人民和边缘群体渴望变革的愿望，但在实践中往往无法很好地兼顾效率；拉美右翼力量强调自由和效率，但在实践中往往无法很好地顾及贫富差距拉大的问题。在大多数政治实践中，无论是左翼上台还是右翼上台，拉美地区长期面临的平等与效率、增长与分配以及参与和秩序的矛盾都没能从根本上得到解决，这也是拉美政治格局出现"钟摆效应"的重要现实原因之一。

三、博索纳罗上台后中巴能源合作的可能走向

从现实情况来看，博索纳罗上台后的中巴能源合作在短期内或将受到博索纳罗可能推行的政策主张的影响；但从长期的角度考虑，中巴能源合作互补性和互利性的基础并未动摇。因此中巴能源合作积极推进的大方向并不会发生根本逆转，也将为中国和巴西两国的发展有效助力。

从短期来看，博索纳罗可能推行的对内和对外政策或将在一定程度上影响中巴能源合作，导致中国企业在巴西的投资的不确定性和风险有所增加。首先，博索纳罗目前表现出了一定的"亲美"倾向，其政策主张中强调了发展和美国的外交关系以及加强巴美双方经贸往来等内容，其对外贸易重心的变化可能在一定程度上影响中巴之间的经贸往来和能源合作；其次，博索纳罗曾批评中国"侵蚀和掌控"巴西的经济关键部门，对中国"买下巴西"充满忧虑，他甚至在 2018 年 2 月以总统候选人的身份"访问"中国台湾地区，成为中巴建交以来首位访台的巴西总统候选人[②]，这一点对于中巴双边关系的发展而言并非有益之事。

但从长期的角度考虑，中国和巴西的能源合作不会发生根本性逆转，中巴能源合作仍将继续进行。中国是世界上最大的发展中国家、世界第一大贸易体和世界第二大经济体，而巴西则是西半球最大的发展中国家、世界第七大经济体和拉美地区第一大经济体。近年来，中巴之间的贸易发展迅速，对巴西的经济发展而言，中国具有重要的地位。早在 2009 年，中国就已经成为巴西最大贸易伙伴和巴西最大的产品出口国；自 2009 年开始，巴西在与中国的贸易中一直处于顺差状态；2010 年，中国还成为巴西第一大投资国；2017 年，中国是巴西的第一大

---

① 崔守军. 拉美"右转"，中国不必忧虑. https://opinion. huanqiu. com/article/9CaKrnKeelS.

② 同①.

出口市场（占巴西出口量的 21.8%），同时是巴西的第一大进口市场（占巴西进口量的 18.1%）①。在能源领域，中国于 2015 年成为巴西最大的石油出口国；2016 年，中国从巴西进口原油 1 873 万吨，占比 4.92%，巴西是中国第七大原油进口来源国。② 在巴西向中国出口的商品种类中，原油所占比重排在第三位，仅次于大豆和铁矿。这些事实说明，中巴的贸易和能源合作所具有的互利性符合两国的根本利益和发展需求。另外，博索纳罗的政治立场虽为右翼，但他对于经济发展的重要性有着深刻而清晰的认识，他也认为应当和"给巴西带来附加值"的伙伴合作。考虑博索纳罗的务实特点，中巴之间的能源合作不会发生根本性逆转。

值得一提的是，在巴西的外国资本中，美国企业的存量最大，美国投资占到了外国资本总额的 34%。③ 自 2018 年以来，美国的经济改革造成了资本回流，不少美国企业在海外的投资热情有所消减，其在巴西的投资也有所降低，且这一趋势仍有持续的迹象。对于中国企业而言，这是一个重要的投资和发展机会。

结语

2019 年 1 月 1 日，博索纳罗正式就任巴西总统一职。在上台后，博索纳罗也面临一些来自国内的挑战与不确定性。首先，博索纳罗所在的社会自由党目前虽然在参议院占有 4 个席位，在众议院占有 52 个席位，但劳工党仍在参议院中占有 6 个席位，在众议院中占有 56 个席位，在议席数量上不容小觑，这说明如果博索纳罗未来想在巴西国会中通过对自己所在政党有利的法案，就必须联合其他政党，向其他政党寻求一定的帮助；其次，尽管劳工党并未赢得 2018 年巴西大选，但在第二轮选举中，劳工党中还是赢得了 4 700 多万张选票，这一事实表明目前劳工党在巴西民众中依然享有较高的声望和支持，也侧面体现出当前巴西社会的不同群体中存在不容小觑的分裂，这或将对博索纳罗的执政能力产生考验。④

中国外交部发言人陆慷在 2018 年 10 月 29 日回答记者有关巴西大选结果的提问时表示："中方祝贺巴西本届大选平稳顺利举行，祝贺博索纳罗先生当选巴西总统，祝愿巴西国家建设不断取得新成就。中国和巴西同为发展中大国和重要新兴市场国家。中巴是全面战略伙伴。近年来，中巴关系全面快速发展，各领域务实合作

---

① United Nations. International trade in goods and services based on UN Comtrade data. https://comtrade.un.org/labs/dit-trade-vis.

② 金融界. 中国与巴西能源合作可以互利共赢. http://opinion.jrj.com.cn/2017/09/06043323066385.shtml.

③ 经济参考报. 政治风险或将影响巴西对外资吸引力. http://www.jjckb.cn/2018-07/05/c_137302033.htm.

④ 徐世澄. 巴西新总统的内外挑战. http://www.charhar.org.cn/newsinfo.aspx?newsid=14068.

成果丰硕。发展中巴关系已成为两国社会各界普遍共识。中方始终从战略高度和长远角度重视发展中巴关系，愿同巴方一道，维护好、发展好中巴全面战略伙伴关系，更好造福两国和两国人民，为维护发展中国家共同利益、维护世界和地区和平稳定做出应有的贡献。"① 从现实情况来看，中巴关系之间的政治和经济基础依然坚实而稳定，双方之间的交往并非基于意识形态因素，而是基于彼此间的战略需要。从这一点考虑，中巴关系长期友好的大局不会因巴西政局的左右交替而发生根本改变，在能源合作领域亦是如此。

中国和巴西在能源领域具有较强的互补性和互利性。深海油气资源的勘探和开发以及清洁能源的发展使巴西成为重要的能源出口国，而中国则因国内能源结构的变化和能源需求的增长越发成为全球重要而关键的能源市场。中巴两国在能源领域的合作既有广度也有深度，双方在政府层面和企业层面的合作交互影响，共同推进中巴能源合作不断向前发展，使双方越发成为彼此重要的能源合作伙伴，双方在能源领域的现实需求和利益考量将会持续推动两国能源合作的发展。因此，此次巴西政局变动或将在短期内对中巴能源合作产生一定的影响，但从长期的角度来看，中巴能源合作态势良好的大方向不会发生根本转变。在此时期，中国能源企业实际上也迎来了发展机遇，应当抓住机遇，再创辉煌。

---

① 中华人民共和国外交部. 2018 年 10 月 29 日外交部发言人陆慷主持例行记者会. https://www.fmprc.gov.cn/web/wjdt_674879/fyrbt_674889/t1608021.shtml.

中国"一带一路"能源投资对
东盟能源安全的影响

李昊阳　　何泉霖

　　东盟是一个相对成熟的区域性合作组织，而且所处的区域资源丰富、地缘区位特殊，在亚洲和世界能源市场具有独特的地位和作用。东盟国家既是中国的陆海邻邦，又是重要能源投资对象，同时其所处的海陆地区还是我国能源运输的重要海陆通道。中国与东盟国家有着较长的能源合作历史，合作范围广泛。作为"一带一路"倡议的一个主要目标指向，中国对东盟国家的能源投资领域和数量也有了长足的发展。中国的能源投资为东盟带来了切实的利益，但同时，相关国家的忧虑也在逐渐滋生，这种忧虑主要体现在与能源相关的资源安全、政治安全和环境安全。理解东盟忧虑，对自身投资行为进行改善，这对未来对东盟的能源投资具有十分重要的现实意义。

一、东盟能源禀赋的特点

　　东南亚国家联盟（Association of Southeast Asian Nations，ASEAN，简称东盟）的成员国包括马来西亚、印度尼西亚、泰国、菲律宾、新加坡、文莱、越南、老挝、缅甸和柬埔寨。东盟是一个相对成熟的区域性合作组织，而且所处的区域资源丰富、地缘区位特殊，在亚洲和世界能源市场具有独特的地位和作用。东盟国家的能源禀赋的特点可以概括为以下四点：总体油气资源分布不均、石油需求缺口持续增大、天然气具有较大出口能力、可再生能源丰富。

（一）总体油气资源分布不均

　　东盟国家的石油资源探明储量虽然比较丰富，但是在全球范围内不及中东、中亚、非洲和美洲等地区。根据国际能源署（IEA）2017 年数据[①]，东盟国家的石油

---

① IEA. Southeast Asia Energy Outlook 2017. https://www.iea.org/southeastasia.

探明总储量为 140 亿桶，仅大约占世界石油探明总储量的 0.83%。同时，东盟国家的石油资源地理分布也比较广泛，且相对不平衡，主要分布在越南、马来西亚、印度尼西亚、文莱、泰国，这 5 个国家的石油资源储量约占整个东盟的 98%。目前，新加坡、柬埔寨和老挝都仍属于零石油储量国家。东盟主要国家石油探明储量及各国区域占比分布见图 1。

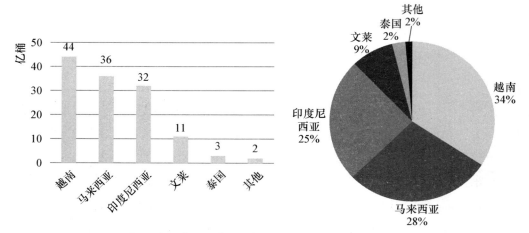

图 1　东盟主要国家石油探明储量及各国区域占比分布

数据来源：IEA Southeast Asia Energy Outlook 2017 和 BP 世界能源统计年鉴 2018.

较石油资源而言，东盟国家的天然气资源储量相对较为丰富。根据《BP 世界能源统计年鉴 2018》6 月的数据[①]，东盟国家的天然气探明总储量为 8.2 万亿立方米，约占世界天然气探明总储量的 3.38%。同样，东盟国家的天然气资源分布也相对不平衡，主要集中在印度尼西亚、马来西亚、越南、文莱、缅甸和泰国，这 6 个国家的天然气资源储量占东盟天然气资源总量的 96%。菲律宾的天然气资源储量仅为 0.1 万亿立方米。目前，新加坡、柬埔寨和老挝都同属于零天然气储量国家。东盟主要国家天然气探明储量及各国区域占比分布见图 2。

（二）石油需求缺口持续增大

从东盟国家石油生产量和消费量来看（见图 3），2000 年以来，东盟国家石油产量基本稳定在 1.3 亿吨，并总体呈缓慢下降趋势；而石油的消费量则呈快速增长趋势，近十年更是达到了 3.5% 的年均增长率，石油消费水平总体高于生产水平，石油供需缺口持续增大，目前每年的需求缺口约在 1.8 亿吨左右。

---

① BP Statistical Review of World Energy 2018. https://www.bp.com/zh_cn/china.html.

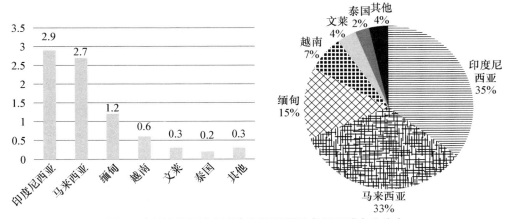

图 2   东盟主要国家天然气探明储量及各国区域占比分布

数据来源：BP 世界能源统计年鉴 2018.

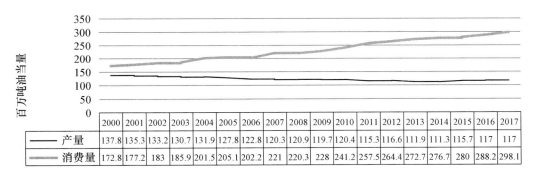

	2000	2001	2002	2003	2004	2005	2006	2007	2008	2009	2010	2011	2012	2013	2014	2015	2016	2017
产量	137.8	135.3	133.2	130.7	131.9	127.8	122.8	120.3	120.9	119.7	120.4	115.3	116.6	111.9	111.3	115.7	117	117
消费量	172.8	177.2	183	185.9	201.5	205.1	202.2	221	220.3	228	241.2	257.5	264.4	272.7	276.7	280	288.2	298.1

图 3   东盟国家 2000—2017 年石油产量与消费量对比走向

数据来源：BP Statistical Review of World Energy 2000—2018.

我们分析认为：从目前至 2040 年，在石油供需方面，东盟国家的石油产量将总体呈缓慢下降趋势，而石油需求将继续呈快速增长趋势。因此，东盟国家的石油需求缺口将继续增大，除文莱外，东盟其他国家的石油出口能力都将普遍下降，石油消费的对外进口依赖程度将进一步提高，2040 年东盟国家的石油需求缺口将可能超过 2.5 亿吨。

（三）天然气具有较大出口能力

从东盟国家天然气的生产量和消费量来看（见图 4），从 2000 年至今，东盟国家天然气产量和消费量均呈较快增长趋势，年均增长率分别为 2.6％和 4.3％。虽然消费量增速总体略高于产量增速，但由于 2010 年以后，东盟国家天然气消费增速有所放缓，天然气消费量年均增长率已降至 1.7％。因此，供需缺口相对趋于稳定，天然气的出口能力基本维持在 670 亿立方米左右。

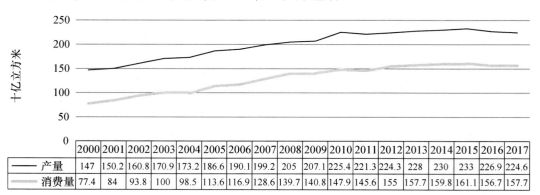

	2000	2001	2002	2003	2004	2005	2006	2007	2008	2009	2010	2011	2012	2013	2014	2015	2016	2017
产量	147	150.2	160.8	170.9	173.2	186.6	190.1	199.2	205	207.1	225.4	221.3	224.3	228	230	233	226.9	224.6
消费量	77.4	84	93.8	100	98.5	113.6	116.9	128.6	139.7	140.8	147.9	145.6	155	157.7	159.8	161.1	156.7	157.7

图 4　东盟国家 2000—2017 年天然气产量与消费量对比走向

数据来源：BP Statistical Review of World Energy 2000—2018.

我们分析认为：在天然气供需方面，东盟国家的天然气产量和消费量将基本呈同步增长趋势，天然气出口能力总体趋于稳定，并可能因缅甸和印度尼西亚等国天然气出口量的增加而小幅增长。预计至 2040 年，东盟国家的天然气出口能力将增至 800 亿立方米以上。

（四）可再生能源丰富

东盟国家可再生能源不断发展，在能源装机中占比份额不断提升。通过能源合作方面共同努力，东盟制定了《2016—2025 年东盟合作行动计划（APAEC）第一阶段：2016—2020 年》，作为指导能源合作的蓝图。根据 APAEC，东盟成员国制定了远大的目标：到 2025 年东盟一次能源结构中可再生能源比重达到 23%。

2006 年至 2016 年，东盟可再生能源装机容量从约 21 吉瓦增加至 61 吉瓦，增加了近两倍。2016 年，东盟可再生能源中水电装机容量最大，占可再生能源总装机容量的 79.1%，其次是太阳能（6.8%）、地热能（5.9%）、生物质能（4%）和风能（2.8%）。[1] 根据《BP 世界能源统计年鉴》，印度尼西亚、菲律宾、泰国、越南、马来西亚五个国家的水电消费总量从 2007 年至 2017 年间呈现快速增长趋势（见图 5）。

从 2006 年至 2016 年的十年期间，东盟各成员国可再生能源不断发展，在能源装机中占比份额不断提升，其中越南占比最高，达到 32.1%，其次是印度尼西亚（13.3%）、菲律宾（12.8%）、泰国（12.4%）和马来西亚（12.2%）。2006 至

---

[1]　2016—2025 年东盟合作行动计划（APAEC）第一阶段：2016—2020 年.

2016 年东盟成员国可再生能源装机容量增长如下：越南（12.73 吉瓦）、马来西亚（3.96 吉瓦）、老挝（3.92 吉瓦）、印度尼西亚（3.42 吉瓦）、泰国（3.14 吉瓦）、缅甸（2.48 吉瓦）。[①]

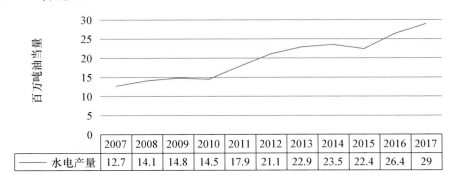

	2007	2008	2009	2010	2011	2012	2013	2014	2015	2016	2017
—— 水电产量	12.7	14.1	14.8	14.5	17.9	21.1	22.9	23.5	22.4	26.4	29

图 5　东盟国家 2007—2017 年水电消费量走向

数据来源：BP 世界能源统计年鉴 2018.

二、"一带一路" 倡议前后中国对东盟的能源投资变化

（一）中国与东盟的能源合作机制演进

中国与东盟国家在能源领域的合作可追溯到 20 世纪 70 年代，但当时的合作基本仅限于国家间少量的能源贸易。随着合作机制的建立健全、合作项目的不断开展，至 20 世纪 90 年代中期以后，中国与东盟之间的油气贸易量不断上升，双方能源合作关系日益密切，能源合作水平不断提高。

1991 年，中国与东盟开始对话进程。1999 年，时任国务院总理朱镕基在马尼拉召开的第三次中国-东盟领导人会议上提出，中国愿加强与东盟自由贸易区的联系，这一提议得到东盟国家的积极回应。2000 年 11 月，中国首次提出建立中国-东盟自由贸易区的构想。2002 年 9 月，中国与印尼举办首次能源论坛，两国就能源领域互利合作等内容进行了深入讨论。2002 年 11 月，中国与东盟 10 国领导人共同签署了《中国-东盟全面经济合作框架协议》，既增强了中国与东盟各国之间的经济、贸易和投资合作，开辟了经贸合作的新领域，也为双方不断深化和扩大能源领域的合作奠定了基础。同时，中国还与东盟国家签署《南海各方行为宣言》，就和平解决争议、共同维护地区稳定、开展南海合作达成共识。2003 年，中国作为域外大

---

① 2016—2025 年东盟合作行动计划（APAEC）第一阶段：2016—2020 年.

国率先加入《东南亚友好合作条约》，与东盟建立了面向和平与繁荣的战略伙伴关系，标志着中国与东盟的政治经济关系进入了一个新的历史阶段。此后，中国与东盟国家的合作进入了快速发展的"黄金十年"。2004年11月，时任国务院总理温家宝在第八次中国-东盟领导人会议上提出建立中国-东盟能源部长对话机制，充分利用东盟-中日韩能源部长会议，就稳定能源供应、确保运输安全等进行对话与合作。2007年1月，第二届东亚峰会上就东亚能源合作通过了《东亚能源安全宿务宣言》。自此以后，定期召开的东盟10+3能源部长会议和东亚峰会能源部长会议两个能源合作机制，为中国与东盟各国加强能源对话与协作提供了良好的渠道。2010年1月，中国-东盟自由贸易区全面建成。[①]

2013年10月"一带一路"倡议实施后，中国与东盟双向投资也取得显著成果。2014年8月，双方同意开始中国-东盟自贸区升级版谈判。目前，中国已成为东盟第一大贸易伙伴，东盟是中国第三大贸易伙伴。双方建立了领导人会议、12个部长级会议和5个工作层对话等较为完善的对话合作机制。2017年5月12日，中国国家发展和改革委员会和国家能源局正式发布《推动丝绸之路经济带和21世纪海上丝绸之路能源合作愿景与行动》，提出积极实施中国-东盟清洁能源能力建设计划。[②]

(二) 中国对东盟能源投资的方向及成果

能源合作在"一带一路"倡议中占据重要地位。中国对东盟国家的能源投资可以分为三个方面：油气方面、电力方面、其他方面。油气方面包括油气勘探、开采、运输以及成品油、天然气等产品的销售和使用；电力方面主要是以开发大湄公河次区域的水资源为主的能源工业；其他方面包括煤炭、矿业与可再生能源（地热能、太阳能、生物质能等）领域的投资。

1. 油气方面

当前和今后一段时间，东盟各国都普遍面临油气产量不断下滑、国内需求日益增加、石油需求缺口持续增大和自身储量持续下降的困难局面。为了能够获得长期稳定的能源供应，发展本国的经济，东盟各国必将启动一批新的油气勘探开发项目和计划，并出台一系列吸引国外投资合作的能源合作政策，以实现其扩大能源探明储量、提升油气产能，减缓油气需求增长带来巨大压力的目标。这为中国参与东盟各国在油气上勘探开发，加大对其在能源领域的投资合作带来了很好

[①] 朱雄关等. "一带一路"背景下中国与东盟国家能源合作的思考. 楚雄师范学院学报，2018 (4).

[②] "一带一路"能源合作网. 中国-东盟清洁能源能力建设计划. http://obor.nea.gov.cn.

的机遇。[①]

具体来说,中国对东盟国家的油气投资分为三种类型。第一,上游领域投资,即油气勘探、开采。中石油、中石化和中海油这类大规模国家能源企业等都在积极与缅甸、印度尼西亚、泰国等国的能源企业进行油气勘探和开采合作。第二,中游领域投资,即油气运输。中国能源企业与东盟国家能源企业的油气合作使得东盟国家油气运输安全问题尤为重要,再加上中国石油进口运输对马六甲海峡的过度依赖,促使中国能源企业更进一步深化了与东盟能源企业合作的内容——建立中缅油气管道。该项目由中国石油天然气集团有限公司与缅甸国家油气公司共同承建,项目中明确了中国石油天然气集团有限公司所属东南亚管道公司作为合资公司的控股股东,负责油气管道工程的设计、建设、运营、扩建和维护。第三,下游领域投资,即成品油、天然气等产品的销售和使用。

在 2013 年"一带一路"倡议提出后,中国对东盟国家的油气方面投资项目数量有了明显增长。2014 年 10 月 13 日,中国海洋石油工程股份有限公司发布公告称,其与泰国国家石油公司已正式签订缅甸 Zawtika Phase 1B 项目 EPCI(设计、采购、建造和安装)总包合同,合同金额为 3.67 亿美元,这是公司目前最大的海外 EPCI 总包合同。[②] 2017 年 5 月,印尼北塔米纳石油公司与中石化签署提炼原油合作协议,将产自伊拉克油田的巴士拉原油交由中方提炼。[③] 2017 年 11 月,中石油与印尼国家石油公司签署谅解备忘录,双方将扩大现有油气勘探开发上游业务的合作范围,分享各自的国际油气资源信息和勘探开发经验,这标志着双方结成战略合作伙伴,进一步增强在油气资源开发领域的合作,"21 世纪海上丝绸之路"能源合作再添硕果。[④]

而中国对东盟油气投资的成果也十分显著。从 2000 年至 2013 年,东盟的石油产量一直处于下降状态,从 2000 年的 137.8 百万吨油当量,下降到了 2013 年的111.9 百万吨油当量。但从 2014 年起,东盟的石油产量有了罕见的大幅回升,2016年和 2017 年的石油产量均上涨到了 117 百万吨油当量(见图 6)。这显然与 2013 年10 月之后中国加大对东盟的油气投资力度有关。

---

① 罗佐县,杨国丰,卢雪梅,谭云冬. 中国与东盟油气合作的现状及前景探析——兼论油气合作在共建海上丝绸之路中的地位. 西南石油大学学报(社会科学版),2015(1):1-8.

② 新浪财经. 中海油工程签缅甸 3.67 亿美元总包合同. http://finance.sina.com.cn/stock/usstock/c/20141013/130220522066.shtml.

③ 新浪财经. 印尼国油拟与中石化合作提炼原油. http://finance.sina.com.cn/roll/2017-05-27/doc-ify-fqvmh9261067.shtml.

④ 新浪财经. 中国石油和印尼国家石油公司签署谅解备忘录. http://finance.sina.com.cn/roll/2017-11-16/doc-ifynwhww5340208.shtml.

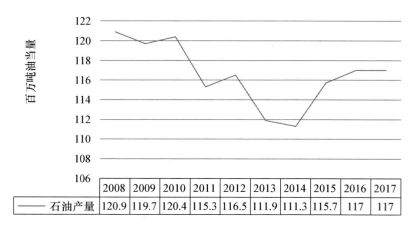

图 6　东盟国家 2008—2017 年石油年产量变化

数据来源：BP 世界能源统计年鉴 2018.

2. 电力方面

东盟国家水能、地热能、太阳能、风能等资源分布广泛，开发潜力巨大，根据《东盟能源合作行动计划 2016—2025》，2025 年东盟一次能源结构中的可再生能源比重将达到 23%。

由于东盟各国电力资源分配不均、开发利用程度较低，电力供应网络相互割裂、互不相通等因素，当前东盟国家部分区域严重缺电，极大地影响了该地区经济社会的发展。[①] 但是，东盟国家目前在开发能力和设备等方面存在短板，无法充分利用其资源优势，急需加强与其他国家的交流与合作。

中国是电力大国，依托地缘因素与技术支持等优势，中国与东盟各国电力企业合作前景十分广阔。现今，中国与东盟国家电力企业合作主要是以开发大湄公河次区域的水资源为主的能源工业。合作内容包括共同建立水电站、向周边国家出售电力、积极建设跨国与边境区域的电力系统等。

2013 年"一带一路"倡议提出后，中国在电力方面也加大了对东盟国家的投资与合作力度。最具有代表性的是中国南方电网有限责任公司与东盟各国电力公司的合作。其中，中国南方电网云南电网分公司依靠地理优势、能源优势、技术优势三大关键因素成为中国-东盟对外电力合作企业的先锋。在电力领域，中国已参与东南亚一系列水电站建设，同时，通过跨境电网实现了从云南向越南、老挝供电，以及缅甸部分水电并入云南电网运营，初步实现了区域电力联合调配。中国与东盟的电力合作成果累累，包括 2013 年投资的柬埔寨桑河二级水电站、老挝南芒 1 水

---

① 史丹，侯建朝. 中国和东盟能源行业的互补性格局研究. 中外能源，2016（8）：1-11.

电站、老挝南澎水电站，2014 年投资的老挝南涧水电站，2015 年投资的缅甸萨泰水电站，2016 年投资的泰国纳瑞水电站、老挝南欧江三级水电站，2017 年投资的越南成山水电站，2018 年投资的越南 YENSON 水电站等。

表 1　东盟六国 2010—2017 年电力发电量　　　（单位：太瓦时）

国家	2010	2011	2012	2013	2014	2015	2016	2017
印度尼西亚	169.8	183.4	200.3	216.2	228.6	234	248.6	260.4
马来西亚	120.1	120.9	127.3	138.3	143.6	147.2	159.3	162.3
菲律宾	67.7	69.2	72.9	75.3	77.3	82.4	90.8	94.4
新加坡	45.4	46	46.9	48	49.3	50.3	51.6	52.4
泰国	157.6	153.3	169	168.6	173.8	177.8	179.7	176.6
越南	91.7	101.5	115.1	124.5	141.3	157.9	174.6	190.1
合计	652.3	674.3	731.5	770.9	813.9	849.6	904.6	936.2
年增长率（%）	—	3.4	8.5	5.4	5.6	4.4	6.5	3.5

数据来源：BP 世界能源统计年鉴 2018.

中国对东盟电力投资的成果也十分明显。根据《BP 世界能源统计年鉴》，2017 年，印度尼西亚、马来西亚、菲律宾、新加坡、泰国、越南六国的年发电量达到了 936.2 太瓦时，从 2014 年到 2017 年分别实现了 5.6%、4.4%、6.5%、3.5%的年增长率。尤其是中国在水电领域的重点投资国家越南，从 2013 年至 2017 年实现了 13.2%的发电量年均增长率。

三、中国能源投资对东盟能源安全影响

（一）东盟能源安全化概念界定

当谈及中国能源投资对东盟能源安全的影响时，必须首先界定何为东盟国家的能源安全。引用哥本哈根学派代表学者巴瑞·布赞在《新安全论》一书中对安全的解释，他认为，安全是一种建构意义上的概念，在安全话语中，经过渲染，一个问题作为具有最高优先权被提出来，这样一来，通过将它贴上安全标签，一个施动者就可以要求一种权利，以便通过非常措施应对威胁。[1] 在巴瑞·布赞看来，安全化需要施动者界定存在"存在性威胁"，当施动者感受到威胁之后，"存在性威胁"被施动者界定为安全议题，并要求采取有关反制措施。所以，这里的安全是一种言语-行为体系，是建构意义上的概念，对东盟能源安全而言，东盟国家的威胁感知是

---

[1]　巴瑞·布赞. 新安全论. 朱宁译. 浙江：浙江人民出版社，2003：36.

一个非常重要的维度。

在界定东盟国家的能源安全的问题上，我们可以将能源安全分成六大层次。一是资源安全，主要是指能源安全保障的供应侧，包括能源资源的自然禀赋，即能源资源的地质储量、探明储量、可采储量、能源资源勘探开发的自然地理条件；二是运输安全，即能源从产地运往需求地的各个环节，涉及能源运输路线、能源运输系统的安全；三是经济安全，主要涉及能源贸易的问题；四是技术安全，即能源开发在技术层面导致的一系列问题，一国是否掌握能源开发、利用的技术而在很大程度上不受制于他人；五是政治安全，即指与能源的勘探开发、陆海运输、贸易加工等能源产业相关联的国际国内政治问题，在这里具体指能源与主权之间的问题；六是环境安全，即能源开发、运输、加工等过程中对环境的影响问题，主要指能源开发对环境是否具有负面影响。

(二) 中国对东盟能源投资的积极作用

在"一带一路"框架下，中国对东盟的投资是喜人的，中国对东盟的投资不仅集中在传统能源领域，而且在新能源领域积极开展合作。中国对东盟的投资解决了东盟能源开发的重要问题——资金问题。长期以来，东盟国家处于被国际投资商忽视的地位，虽然东盟的劳动力要素同样充裕且廉价，但是随处可见的寻租行为、法治不健全导致的各种隐性交易成本，以及不确定的政治环境风险，使得国际投资商对东盟望而却步。以美国为例，奥巴马之前的美国政府在对东盟的投资上长期采取忽视政策。虽然客观来说，中国投资商同样缺乏国际投资经验，但是基于地理距离上的优势以及文化上的接近，中国投资商认为可以抵消一部分经验不足。从21世纪初开始，中国投资商就已经进入东盟地区，制度化建设也已经开展，"一带一路"仅仅是在政策上确认了这一事实。中国对东盟的能源安全，给东盟国家带来了长期缺少的要素——资金和技术，这对"一带一路"区域共同繁荣的目标具有重要的积极意义。

(三) 东盟对中国能源投资的疑虑

虽然中国对东盟的能源投资前景喜人，但是还能看到这样的情况：一方面，部分能源投资，包括在"一带一路"倡议之间的投资，已经暂停或处在拉锯之中；另一方面，中国的能源投资在声誉塑造方面的确着力不足，中国的能源投资意外地激起了部分东盟国家民粹主义的情绪。以马来西亚为例，2018年，马哈蒂尔再次当选马来西亚总理，当选之后，马哈蒂尔强调要对中国的投资重新审查，严加管束来自中国的投资，其中包括能源投资。部分东盟国家对中国能源投资的部分反制行为体现了东盟国家对中国能源投资的疑虑。中国的能源投资虽然给东盟国家带去了实在的利益，但的确造成了部分东盟国家的不安全感，在东盟国家看来，好意变成了威胁。部分东盟国家的疑虑主要来源于三个方面：在资源安全上，因为部分东盟国家自身的能源禀赋和能源消费态势导致了"能源民族主义"；在政治安全上，南海地区的能源合作与政治主权争端相关联；在环境安全上，中国对能源开发对当地环境可能具有负外部性。弄清这种不安全感的机理，对中国未来"一带一路"框架下的能源投资具有重要的意义。

从资源安全的角度来看，近年来，伴随着东盟主要能源产出国经济的发展以及公民意识的提升，出现了"能源民族主义"情绪，这种情绪一方面是东盟主要能源生产国本身生产消费结构的变化导致的。正如前文所述，东盟的能源有着两个主要特点，一是比上不足、比下有余，即东盟地区的能源储量从世界范围来看是有限的，但从东亚来看，东盟国家的能源储量又是比较丰富的；二是能源分布不均，传统能源主要分布在印度尼西亚、马来西亚、越南等国，水能主要集中在泛湄公河地区，而新加坡被认为是能源短缺的。另一方面，随着人口的增长以及工业化水平的不断提升，东盟国家对能源的需求也在不断提升。而作为发展中国家，这些东盟国家的发展方式是粗放的，其代价就是能源的大量消耗。在石油方面，大部分石油生产国已经变成净进口国，天然气的情况虽然比石油要乐观，但经济的增长必然会带动对天然气的消费，正如同发生在 21 世纪初中国的经历一样，东盟国家正在成为国际石油消费的热点地区，正面临传统能源耗尽的风险。东盟国家的主观感知正在从能源充裕转变为能源短缺，从而导致对中国能源投资的忧虑，这些国家无法断定中国对东盟能源投资的动机，他们认为，跨国公司的投资行为不可能仅服务于东道国，一定也会服务于母国，这种收益的不均衡感让他们产生了忧虑，从而使"中国威胁论"和"能源威胁论"在东盟国家之间广泛传播。

从政治安全的角度来看，中国对东盟的能源投资必然会涉及中国和东盟之间长久以来存在的敏感问题——南海问题。从能源的角度看，一方面，南海是国际石油运输的重要通道。南海位于印度洋和太平洋之间，是连结两大洋的重要水域，是从波斯湾到东亚地区海上能源运输的重要通道。因为东亚地区是世界经济增长的重点地区，所以这一通道对国际能源运输来说有着非常重要的意义。另一方面，南海油气资源丰富，虽然没有明确的勘探数字，但据估计，南海蕴藏的石油资源储藏量至少在 230 亿至 300 亿吨之间，天然气约 20 万亿立方米。此外，南海的可燃冰资源也非常丰富，有 800 亿吨油当量的可燃冰。① 南海的资源禀赋引发了相关国家的激烈争夺。由于很长一段时间以来，中国的海上勘测、开发油气资源的技术比较落后，在能源方面，许多南海沿岸的其他国家获得了大量利益，"东盟有关国家以本土临近为依托，以抢先开发造成既定事实为策略，以吸引西方大国为手段，以拓展海洋管辖范围和掠夺海洋资源为目的，与拥有先进资金技术的西方石油公司签订协议联合勘测和开发南海油气资源，推动南海经济活动的国际化。"② 越南在南沙群岛西部主要开发了三个大油田，即白虎、大熊和黄龙。这三个油田已查明的石油储量分别为 2 700 万吨、5 400～8 100 万吨和 2 100 万吨；菲律宾目前油气资源开发的重点在与有争议的南沙海域大陆架以及巴拉望海域和苏禄群岛地区。因此，对东盟国家而言，南海地区的能源开发与政治主权有着密不可分的关系——开发油气田既是经济利益的考量，也是宣称南海主权的重要抓手。伴随着中国经济的发展以及海上钻井平台技术的提升，中国能源企业重新回到南海，这给了部分东盟国家极大的不安全感，这些国家担心自己的利益受损。油气资源开发的冲突与主权声索的冲突交织在一起，导致了南海地区成为近年来的热点地区。

在环境安全上，部分东盟国家，尤其是民众，担心中国的能源投资对环境的负外部性。水坝、水电站建设对环境的影响一直以来是争议话题，有学者总结了水电站对环境可能造成的负面影响，主要有：破坏森林，修建水电站的过程往往伴随着对植被的破坏，并由此可能导致该地区的水土流失加剧；损害生物多样性，许多生物栖息是以植被为依托的，并适应该区域整体生态环境，一旦物种栖息的生态环境遭到改变甚至是破坏，就会导致生存条件的恶化，进而造成稀有物种大量减少，危害整个自然生态的平衡；移民问题，水利工程的修建往往伴随着人口迁移，水库会将耕地淹没，造成移民负担，加剧人地矛盾。③ 水利设施的建设，需要在投资之前对可能的环境成本进行评估，并进行可行的公开，提高投资的透明度。但是，长期以来，中国对东盟的能源投资在透明度方面做得还不充分。

一个重要案例是中国在缅甸投资建设的密松水电站。虽然这一投资是在"一带一路"倡议之前，但对中国在"一带一路"框架下的能源投资具有非常重要的意义。2009 年，伊江上游水电有限责任公司正式建立，负责开发伊江上游水电项目，根据协议，缅甸政府获得 10% 的发电量与 15% 的项目股份，水电站在实现运营 50 年后，将交给缅甸方面运营。然而 2011 年，缅甸总统吴登盛以水电站破坏当地生

---

① 搜狐网. 中国南海的重要意义以及油气资源. https://www.sohu.com/a/106701429_116783.
② 吴士存，朱华友. 聚焦南海：地缘政治、资源、航道. 北京：中国经济出版社，2009：5.
③ 张志会. 水坝工程的生态影响争议探析. 科学文化评论，2013（5）：79.

态为由，宣布无限期搁置密松水电站项目。2015 年左右，缅甸政治局势突变，民盟在选举中崛起，对吴登盛政权形成了严峻挑战。2017 年，缅甸总统吴廷觉访华，但访华行程中并没有讨论密松水电站问题。到目前为止，中缅密松水电站争端仍处于悬而未决的状态。[①]

（四）中国对东盟能源投资的建议

1. 妥善解决南海问题

南海问题已经成为阻碍中国-东盟之间政治、经济甚至是能源合作的重要议题。南海问题不解决，中国与东盟国家之间始终会心存芥蒂。可喜的是，2016 年之后，南海问题开始去热点化。当务之急是尽快确立南海地区的制度化建设。2017 年，中国与相关国家通过了"南海行为准则"框架，同时，中国与菲律宾关系得到历史性改善。2018 年 11 月，习近平总书记访问菲律宾，在联合声明中，中菲双方强调在油气领域展开进一步合作。

2. 改善中国投资形象

长期以来，中国投资在宣传层面上忽视了对社会和环境效应的责任，公开化是解决这一现象的手段。将各种问题在一开始向当地民众公开，在对外能源投资中更加注重当地民众的感情。此外，在中国-东盟自由贸易区的框架下加强制度化建设同样是可行之策，通过健全仲裁机制，以及可信的惩罚措施来降低东盟国家的不安全感，方便中国的能源投资。

---

① 财经网. 中缅水电风波. http://misc. caijing. com. cn/chargeFullNews. jsp? id＝111384039&-time＝2011－11－06&-cl＝106.

"一带一路"背景下中国–中亚可再生能源合作的机遇与挑战

卓蕾　李娟

一、合作潜力

（一）中亚可再生能源的优势

1. 潜力分析

从中亚国家的法律法规中可知，传统能源是指装机容量超过 30 兆瓦（含）的能源，包括水电和化石能源（石油、天然气、煤炭等）。可再生能源是指与地下开采燃料不同的、可持续或定期出现的能源，包括太阳能、风能、地热能、生物质能和水能（装机容量小于 30 兆瓦的电站），通常是借助太阳光、风力、地热、生物质、水力获得电能、机械能及其他用途。

具体而言，中亚五国可再生能源的资源基础相差甚远，因此这方面的发展方向各有侧重点。

（1）哈萨克斯坦

哈萨克斯坦发展可再生能源潜力巨大，据哈萨克斯坦工业与新技术部 2013 年数据，哈萨克斯坦各类可再生资源发电理论值为 2.7 万亿千瓦时。[①] 横跨亚欧大陆的哈萨克斯坦拥有多样性的自然条件，使得其清洁能源储量丰富，主要包括风能、水能、太阳能、生物质能等清洁能源。

1）风能

由于地处北半球风带地区和拥有强对流气候，哈萨克斯坦拥有巨大的发展风力发电潜力，50%以上地区年均风速达 4～5 米/秒。而朱加尔斯克大门、舍列克走

[①] 中华人民共和国驻哈萨克斯坦共和国大使馆经济商务处. 哈萨克斯坦积极发展可再生能源. http://kz. mofcom. gov. cn/article/ztdy/201303/20130300042830. shtml.

廊、阿斯塔纳、阿尔卡雷克和里海沿岸佛尔特-舍夫琴科平均风速达 7～9 米/秒。据预测，理论风力发电潜力为 1.82 万亿千瓦时/年。哈萨克斯坦工业与新技术部确定了 10 个风力发电厂址，用于建造装机容量为 100 万千瓦可发电 20 亿～30 亿千瓦时/年的风力发电站。专家认为风能是哈萨克斯坦最具前景的可再生能源发电方向。

2）水能

南部地区山地河集中水能资源的 65％，估计水电资源为 300 亿千瓦时/年。小型水电站发电潜力为 75 亿千瓦时，可建总功率 186.8 万千瓦的小型水电站 480 个。

3）太阳能

据专家预测，哈萨克斯坦南部日照时间为每年 2 200～3 000 小时，日照所产生的能量为每平方米 1 300～1 800 千瓦时/年，理论发电量为 25 亿千瓦时/年。最适合建造太阳能发电站的地区为南哈萨克斯坦州、克孜勒奥尔达州和里海沿岸地区。目前太阳能加热和发电还未广泛使用。

（2）土库曼斯坦

土库曼斯坦的风能和太阳能丰富，可利用风能为 6 400 亿千瓦时/年，太阳能为 14 亿千瓦时/年。

1）太阳能

土库曼斯坦拥有丰富的太阳能资源，几乎全年可利用太阳能和风能，南部一些地区的有效积温甚至能达到 5 500℃，但太阳能储量尚未探明。

2）风能

风能资源与地形有关，30 米高度下风速能达到 4～5 米/秒，有些地区可以达到 5～6 米/秒。风能资源具备发电潜力的地区面积占国土总面积的 40％以上。

（3）乌兹别克斯坦

乌兹别克斯坦拥有丰富的清洁能源，总量达 510 亿吨油当量。

1）太阳能

乌兹别克斯坦的太阳能最丰富，在可利用的可再生能源中占 99％，目前仅开发利用 0.8％。乌兹别克斯坦拥有优越的气候来发展太阳能光伏发电，其气候条件属干旱的大陆性气候，光照积温达到 4 000～5 000℃。乌兹别克斯坦北部地区年照射时间约为 2 000 小时，而南部地区更是超过 3 000 小时。[①]

2）风能

乌兹别克斯坦整体上风能资源具有弱风的特点。年平均风速小于 3 米/秒，也

---

① 乔刚，杨翠萍，孙文婷. 中亚五国清洁能源现状及开发对策建议. 新疆大学学报（哲学·人文社会科学版），2013，41（06）：99-103.

有小部分地区年平均风速在 5 米/秒，甚至更高。

（4）吉尔吉斯斯坦

位于中亚东部的吉尔吉斯斯坦清洁能源储量丰富，主要包括水能、风能、太阳能等。

吉尔吉斯斯坦的可再生能源潜力如下：小型水能为 50 亿～80 亿千瓦时/年，太阳能为 4.9 亿千瓦时/年，风能为 4.46 亿千瓦时/年，生物质能为 13 亿千瓦时/年。

根据吉尔吉斯斯坦能源部的数据，吉尔吉斯斯坦光伏发电潜在资源量为 22 500 兆瓦时，风能资源量为 44 560 兆瓦时。

（5）塔吉克斯坦

1）水能

塔吉克斯坦河流众多，大部分发源于高山融雪和冰川，最终均汇入阿姆河，流入咸海。塔吉克斯坦总径流量为 509 亿立方米，其中阿姆河 63%、咸海流域 44% 的径流产自塔吉克斯坦，是中亚名副其实的"水塔之国"。塔吉克斯坦水能资源蕴藏量十分丰富，居世界第八位，分别占独联体和中亚五国中的第二和第一位，其人均资源量居世界首位。按其蕴藏量的 50% 计算，至少约有 2 600 亿千瓦时的发电量在现有条件下的技术经济指标可行。

2）太阳能

塔吉克斯坦的气候条件适宜应用太阳能资源。塔吉克斯坦每年的晴天数为 280～330 天。平原地区的太阳能辐射为 280～925 兆焦/平方米，高原地区则为 360～1 120 兆焦/平方米。太阳能发电潜在资源量为 250 亿千瓦时/年。

2. 开发现状

中亚五国可再生能源的利用可追溯到 1913 年土库曼斯坦唯一水电站的投入使用。各国首先利用的是水力，近年来在世界潮流推动下也开始开发和利用其他可再生能源资源。根据各国发布的公开资料，目前可再生能源在中亚五国的能源结构中所占的比重分别如下：哈萨克斯坦的可再生能源发电占比为 14.6%；吉尔吉斯斯坦 94% 的电力由水电站生产；塔吉克斯坦水力发电占发电总量的 98% 左右；土库曼斯坦以天然气发电为主，只有一座水电站；乌兹别克斯坦的水力发电占发电总量的 12%。

（1）哈萨克斯坦

尽管潜力巨大，但目前可再生能源在哈萨克斯坦发电总量中所占的比例极低。

截至 2016 年底，哈萨克斯坦全国共有大小各类型电站约 102 个，装机总容量为 20 844.2 兆瓦。其中，大型水电发电占 12.3%，非传统可再生能源（包括小型水电）发电占 0.5%。[1]

太阳能方面，据中华人民共和国驻哈萨克斯坦共和国大使馆经济商务处消息，哈萨克斯坦拥有中亚地区的 2 个大型光伏电站，装机总容量达 100 兆瓦，电站均采用先进技术、优质太阳能板和全自动化运营。到 2019 年底前，哈萨克斯坦将建成几十个太阳能电站，总装机容量为 1 100～1 200 兆瓦。到 2020 年底前，光伏电站数量将超 50 个，总装机容量为 2 553.4 兆瓦。

目前，哈萨克斯坦境内已投入运营的新能源项目共有 67 个，装机总容量为 531 兆瓦。2021—2023 年间还将有 36 个新能源项目投入运营。为实现向绿色经济转型，哈萨克斯坦提出，2020 年前将新能源在能源生产所占份额提升至 3%，2025 年增至 6%，2030 年达到 10%。

（2）土库曼斯坦

土库曼斯坦现有电站的总装机容量为 3 057 兆瓦，其中燃气发电装机容量为 2 857 兆瓦，水电装机容量为 1.2 兆瓦，其他为燃煤或燃油发电。

土库曼斯坦计划创造大型风能太阳能混合系统，包括太阳能光伏电站、太阳能油料、干燥剂、海水淡化厂、风能和太阳能废物处理装机和太阳能集热器。

（3）乌兹别克斯坦

在乌兹别克斯坦，目前清洁能源在初级能源中占有一定比例的只有水电，其他如风能、生物质能等均微乎其微。

乌兹别克斯坦水资源能源总量大约为 885 亿千瓦时（920 万吨油当量），工业级为 274 亿千瓦时（180 万吨油当量），目前已开发利用约 30%。乌兹别克斯坦水电能源股份公司计划在 5 年内完成 4 座容量超过 30 兆瓦的大型水电站、16 座小型水电站的建设，并对现有水电站中的 21 座进行现代化改造。

每年照射到乌兹别克斯坦领土太阳能的工业潜力是全国年能源总需求量的 4 倍，所以，完全可以将太阳能当作一种主要的清洁能源在乌兹别克斯坦开发利用。按照目前的科技水平，可开发利用的太阳能只有 1.79 亿吨油当量。尽管如此，其总量也超过目前燃料能源年开采量的 2 倍之多。

（4）吉尔吉斯斯坦

吉尔吉斯斯坦水力资源丰富，全国约有 252 条大中河流，蕴藏着 18 500 兆瓦水能，但开发利用率不高，约为 10%。全国的小河流平均径流量为 3～50 立方米/秒，每年可发电 50 亿～80 亿千瓦时。吉尔吉斯斯坦现有电站 18 座，其中水电站 16 座，热电站 2

---

[1] 中华人民共和国驻哈萨克斯坦共和国大使馆经济商务处. 2017 版哈萨克斯坦投资指南. http://kz.mofcom.gov.cn/article/ddgk/201802/20180202715683.shtml.

座。吉尔吉斯斯坦发电方式以水力发电为主,截至2016年底,吉尔吉斯斯坦国内总装机容量为3 937.2兆瓦,发电量为14.312太瓦时。

根据吉尔吉斯斯坦能源部的数据,吉尔吉斯斯坦风能资源量为44 560兆瓦时。

截至2013年底,吉尔吉斯斯坦太阳能设备的覆盖面积仅为6万平方千米左右。

(5)塔吉克斯坦

塔吉克斯坦大约占有世界水电资源储量的4%。截至2013年,塔吉克斯坦水电装机容量占整个发电装机容量的93%,占整个发电量的98%。塔吉克斯坦坚持"水电兴国"战略。据新华网报道,塔吉克斯坦罗贡水电站首台发电机组在2018年11月16日实现并网发电,罗贡水电站设计装机容量为3 600兆瓦,由6台600兆瓦发电机组组成。此次启动的首台发电机组在12月份运行功率为150~200兆瓦,所有发电机组将于2024年全部建成投入运行。

但是塔吉克斯坦和其他国家面临分水困境。根据1992年中亚五国签署的《阿拉木图协议》,各国分水比例基本沿用了苏联时期的分配方案,也就是说,产水量多的用水少,产水量少的用水多。这也是苏联时期流域水资源管理留下的后遗症。塔吉克斯坦国内普遍认为用水配额太少,在阿姆河流域,塔吉克斯坦径流量占62.5%,而分水比例仅为13.6%,而下游乌兹别克斯坦、土库曼斯坦两国分水比例却均为43%,还经常指责塔吉克斯坦用水量超过协议配额。[①]

塔吉克斯坦增加用水量的渠道,一是从泽拉夫尚河引水,二是增加阿姆河用水配额。泽拉夫尚河下游乌兹别克斯坦目前利用了该河95%的水量,如果塔吉克斯坦大量引水必然遭到乌兹别克斯坦的强烈反对。相对而言,增加阿姆河用水量较为容易,该河水量丰沛,所需投资较小,而且塔吉克斯坦占据上游控制优势,乌兹别克斯坦也难以有效阻止和监控其实际用水量。

塔吉克斯坦投入运行的光伏发电项目为位于塔吉克斯坦首都杜尚别的季雅科夫国立医院和妇产科研究所160千瓦太阳能发电系统。目前对太阳能的利用还仅限于居民生活需要。

(二)中国对中亚可再生能源的投资优势(经验、设备技术等)

1. 国家战略高度支持

《BP世界能源统计年鉴2017》显示,2016年全球可再生能源发电(不包括水

---

① 正点国际. 塔吉克斯坦能源行业投资前景及风险分析报告. http://www.qqfx.com.cn/tj/nydl/29075.html.

电）同比增长 14.1%，增加 5 300 万吨油当量。其中，中国超过美国，已成为全球最大可再生能源生产国。随着"一带一路"倡议的推进，中国国际能源合作的重点逐渐从传统能源向新能源和可再生能源过渡，日益向绿色发展方向发展。

在"一带一路"建设中，新能源合作上升到中国与中亚五国合作的战略高度，能源发展不只关乎国家和地区发展的能源安全，而且联系着国家和地区的整体利益。对外能源合作的目的已经不再只是获取或拥有能源本身，而是实现经济和环境的双重效益；中国能源战略真正拥有了自己完整的国际发展战略，而不再只是嵌在国家的整体对外政策中。随着中亚五国在新能源方面的法律和政策基础完善，中国与这些国家在该领域合作的前景与方向已明朗。

2. 传统能源合作经验丰富，可供借鉴

中国和中亚在传统能源领域的合作经过多年发展已日趋成熟，在石油、天然气等传统能源上的合作领域和程度不断扩大加深，经验丰富。在"一带一路"倡议下，中国和中亚五国建立了坚实的合作基础、完善的合作机制。

第一，通过丰富的合作形式与其他国际企业分享经验、共同开发、风险共担。例如：在中亚地区，由于能源深加工项目建设时间长、投入资金多，中国企业在合作时也注意与国际同行，包括合作国的公司组成利益共同体，丰富合作形式，共同开发，以降低合作的风险。第二，结合不同国家的国情、法规、政策环境等因素，因地制宜选择合适的国际合作方式。例如：中石油在与哈萨克斯坦的企业合作中，其主要表现形式为通过股权收购和通过投资成立合资公司两种形式。在与土库曼斯坦的企业合作中则主要表现为中石油执行土库曼斯坦的能源开发项目，同时向土库曼斯坦提供技术服务。最令人熟知的是中石油承建的土库曼斯坦复兴气田项目。通过政府高层互访和各种首脑峰会等方式，中国与中亚五国签订了政府间能源合作协议，并签署了能源合作框架协定，为中国开展对外能源双边与多边国际合作奠定了扎实基础。中国国有能源企业不但掌握了国际能源合作项目运作模式，还积累了丰富的资本运作、合同谈判等方面的经验，使得海外投资效益不断提高，实力不断壮大，国际影响力显著增强。[①]

因此，中国同中亚开展可再生能源合作时，可以借鉴和沿袭传统能源的经验，大大降低合作成本。

3. 技术优势

中国作为全球最大的光伏生产和装机国、最大的风电装机国、最大的核电在建

---

① 许勤华. 改革开放 40 年能源国际合作踏上新征程. 中国电力企业管理（上），2018（9）：87-92.

国、最大的能效改善国，作为全球清洁能源的引领者、全球可持续发展的参与者，正在积极推动可再生能源产业发展。2016 年全球可再生能源产能排名前十情况见表1。

表1　2016 年全球可再生能源产能排名前十情况表

排名	地区	产能（兆瓦）	国家	产能（兆瓦）	备注
1	世界	2 006 202	中国	545 206	中国台湾地区为 4 399
2	亚洲	811 590	美国	214 766	
3	欧盟	486 693	巴西	122 951	
4	北美	329 703	德国	105 839	
5	南美	193 118	加拿大	96 636	
6	欧亚	91 202	印度	90 748	欧亚地区主要指俄罗斯、亚美尼亚、阿塞拜疆、格鲁吉亚、土耳其等国家
7	非洲	38 192	日本	71 809	
8	大洋洲	25 998	俄罗斯	51 747	
9	中东	16 440	意大利	51 485	
10	中美及加勒比	13 266	西班牙	47 954	

资料来源：根据国际可再生能源署（IRENA）2017 年可再生能源产能统计数据整理.

从表1可看出，2016 年全球可再生能源产能中，中国以 545 206 兆瓦排在世界第一，比排名第二的美国高出 50% 左右。从巴黎气候大会上的承诺看，中国到 2020 年风电产能将扩展到 200 吉瓦，光伏将扩展到 100 吉瓦，而且在此基础上还有可能新增 30～50 吉瓦产能和 10 吉瓦聚集式光热发电（CSP）产能。目前全球水电产能的 60% 在中国。而风电和太阳能光伏是最近几年全球增长最快的可再生能源发电形式。2014 年风电产能增加 48 吉瓦，比 2013 年增长 40% 以上，其中 1/3 新增产能来自中国（20 吉瓦）。在太阳能光伏上，2010 年以后，中国以相对优势进入了该领域，成为重要的玩家。[1] 2015 年中国超过德国成为全球最大的太阳能光伏安装市场；除光伏外，中国的太阳热能产能占世界太阳热能市场的 70% 以上。[2]

新能源和可再生能源技术逐步成熟，建成投运全球最大容量的 80 万千瓦水电机组，基本建立起完整的风电制造体系，光伏制造技术自主创新能力大幅提升，新一代燃料乙醇及新型地热、海洋能技术取得重要突破，基本掌握了三代核电 AP1000 设计和设备制造技术，建成世界最高电压等级与最大容量的交直流输电工程，建成完整的电动汽车及动力锂电池产业链……中国在部分领域已建立具有国际竞争力的能源装备技术产业，部分能源技术甚至达到世界领先水平，为保障国家能

---

[1]　International Energy Agency. World Energy Outlook 2015. Paris：IEA，2015.
[2]　International Energy Agency. World Energy Outlook 2016. Paris：IEA，2016.

源安全和推动能源清洁低碳转型提供了有力支撑。[①]

4. 资本优势

可再生能源项目通常需要巨大的投资。以光伏产业为例，光伏电站建设的资金投入巨大，建设周期长，大约需要 10 年才能收回投资成本，同时需要持续提供超过 25 年的运营维护工作，所需占用的社会资源众多。

据中国《可再生能源发展"十三五"规划》，到 2020 年，新增水电装机约 6 000 万千瓦，新增投资约 5 000 亿元，新增风电装机约 8 000 千瓦，新增投资约 7 000 亿元，新增各类太阳能发电装机投资约 1 万亿元。加上生物质发电投资、太阳能热水器、沼气、地热能利用等，"十三五"期间可再生能源新增投资约 2.5 万亿元。可见，中国对可再生能源投资拥有充足的资本优势。

二、合作进展

(一) 政策

1. 中亚五国的可再生能源政策

随着全球环境问题对各国提出的温室气体减排要求，中亚五国积极履行国际减排义务，从国家战略上高度重视可再生能源的开发和使用，各国都出台了相应的政策以鼓励可再生能源产业的发展。

2009 年 7 月 4 日，哈萨克斯坦通过了《支持可再生能源利用法》，以及《对可再生能源利用实施监督的规定》《对专业电力生产机构购买电力的规定》等一揽子规定。[②]

2013 年 1 月，哈萨克斯坦通过了《2013—2020 年替代能源和可再生能源行动计划》。根据计划，2020 年前，可再生能源发电功率将达到 104 万千瓦。其中 13 座风电站为 79.3 万千瓦，14 座水电站为 17 万千瓦，4 座太阳能发电站为 7.7 万千瓦。2014 年可再生能源发电量将占总需求的 1%（10 亿千瓦时/年），2020 年将占 3%，2030 年前将占 5% 左右。最终目标是 2050 年前替代能源和可再生能源消费达能源消费总量的 50%。由于项目的可行性研究和设计一般需要 1～1.5 年的时间，

① 能源局局长章建华发署名文章：大力推进新时代能源改革开放. http://news.bjx.com.cn/html/20190228/965782.shtml.

② 中华人民共和国驻哈萨克斯坦共和国大使馆经济商务处. 哈萨克斯坦积极发展可再生能源. http://kz.mofcom.gov.cn/article/ztdy3/201303/20130300042830.shtml..

预计 2013—2014 年将启动一批重要可再生能源发电项目。[①]

2013 年，哈萨克斯坦总统颁布总统令，确定可再生能源政策制定和项目管理机构。目前，政府部门正在积极制定《支持可再生能源利用法的补充及修订法案》，为投资者和消费者提供国家支持，替代能源进一步发展机制和优惠措施：拟制定包括投资、生产和接入电网费用在内的替代能源电站固定费率，保障投资者的回报并规避投资风险。[②]

乌兹别克斯坦也发布了两个可再生能源发展战略，该国总统 2015 年批准的《2015—2019 年结构转型、生产现代化和多样化保障措施纲领》确定 2015—2020 年实施 90 兆瓦的水电站现代化工程。根据《乌兹别克斯坦 2017—2021 年发展可再生能源纲领》，乌兹别克斯坦拟在 2017—2021 年实施 53 亿美元的 81 个可再生能源投资项目，农村新建住房也将使用太阳能供暖，可再生能源的使用在能源消费结构中的比重从 2016 年的 12.7% 提高至 19.5%。年底前乌兹别克斯坦议会还将通过《可再生能源法》，是中亚五国中第四个制定此法的国家。[③] 2009 年，乌兹别克斯坦建立了可再生能源技术园区，开放太阳能开发投资市场。

吉尔吉斯斯坦和塔吉克斯坦也拥有可再生能源立法，吉尔吉斯斯坦对小水电专门制定了上网电价补偿政策，土库曼斯坦也制定了相应的可再生能源发展战略，包括发展可再生能源框架计划等。

2. 中国与中亚的可再生能源合作政策

中国是全球能源大国，也是全球可再生能源大国，中国政府高度重视可再生能源的国际合作，并将其作为促进可再生能源发展的有效措施。中国与中亚五国建立和深化战略伙伴关系，在"一带一路"建设中，可再生能源合作也上升到中国与中亚五国合作的战略高度。

2013 年 6 月 13 日《中哈关于发展全面战略伙伴关系联合声明》中首次表示"双方将开展太阳能、风能及其他清洁能源等可替代能源领域的合作"[④]。在其后的中哈深化战略伙伴关系的元首间联合声明中继续表达了在可再生能源领域合作的意愿。中国与其他中亚国家建立和深化战略伙伴关系的文件中均达成类似共识。

---

① 中华人民共和国驻哈萨克斯坦共和国大使馆经济商务处. 哈萨克斯坦积极发展可再生能源. http://kz.mofcom. gov. cn/artlicle/ztdy/201303/20130300042830. shtml. .

② 同①.

③ 孙钰，阿依娜尔. 中国与中亚五国的新能源合作前景与方向. http://www. sinopecnews. com. cn/news/content/2018-08/29/content_1716574. htm.

④ 中国政府网. 中哈关于发展全面战略伙伴关系的联合声明（全文）. http://www. gov. cn/jrzg/2011-06/14/content_1883456. htm.

2017 年 7 月 5 日，在以"未来能源"为主题的 2017 阿斯塔纳专项世博会期间举办的"中哈能源合作论坛"上，中哈就进一步加强新能源合作达成共识，哈萨克斯坦能源部部长巴祖巴耶夫公开表示，哈萨克斯坦太阳能和风能资源丰富，可与中国的技术形成互补，两国产能合作前景广阔，希望利用中国技术提升哈萨克斯坦能源产业。[①]

近年来在双边战略合作推动下，中国企业开始投资和参与建设中亚五国的可再生能源项目。

（二）合作项目

根据已有的合作实践和中国在可再生能源领域的优势及中亚五国的需求，中国与中亚五国在可再生能源领域合作的方向主要为：投资、合作开发、工程承包以及融资。截至 2019 年 2 月 5 日，中国与中亚在可再生能源领域的具体合作项目见表 2。

表 2　中国与中亚国家在可再生能源领域合作项目

国家	时间	资源	性质	项目
哈萨克斯坦	2013 年	太阳能	工程承包	中国特变电工公司承建哈萨克斯坦第一座太阳能电站——位于江布尔州的"奥塔尔"电站，2013 年 1 月投产，一期产能 504 千瓦，由 51 组可使用 25 年的模块组成（每组 42 张电池板 X235 瓦），光照良好时可满足周边 200 座房子的供电需求。
	2015 年	清洁能源	工程承包	中国广核集团（下称中广核）与哈萨克斯坦国家原子能工业公司（下称哈原工）签署了《开发清洁能源合作谅解备忘录》，寻求在哈萨克斯坦开发、建设和运营相关项目的合作机会。
	2016 年	风电	工程承包	2016 年中国电建集团所属水电顾问集团公司与哈萨克斯坦巴丹莎公司签署了中亚最大新能源项目（巴丹莎风电一期 200 兆瓦）EPC 合同，以实际行动践行了中国"一带一路"倡议。
	2017 年	太阳能	工程承包	中信建设有限责任公司承建哈萨克斯坦奇利克 5 兆瓦风电场及阿拉套 1 兆瓦太阳能光伏发电示范电站项目。两个电站的建设开始于 2017 年 12 月，2018 年 11 月完成验收，2018 年 12 月 1 日在哈萨克斯坦"首任总统日"当天正式开始并网发电。
	2018 年	光伏	工程承包	2018 年 12 月 27 日，东方日升宣布，其在哈萨克斯坦项目——总装机规模达 40 兆瓦的太阳能光伏发电站正式实现并网。

---

① 王尔德. 中哈能源合作 20 周年 清洁能源发电成新领域. http://www.infzm.com/content/142479.

续表

国家	时间	资源	性质	项目
吉尔吉斯斯坦	2012 年	电能	工程承包、合作开发	中吉两国政府迄今最大能源合作项目，吉尔吉斯斯坦国家电网的重大能源项目工程，南北输变电通道大动脉工程"达特卡-克明"500 千伏输变电工程于 2012 年 8 月 1 日在克明举行开工奠基仪式。
	2013 年	光伏	投资、技术援助	2013 年 9 月，中国企业特变电工向吉尔吉斯斯坦能源和产业部提供了 2.03 亿美元的贷款。
	2017 年	风能	工程承包	中国能建新疆院与上海鋆乾集团有限公司正式签署《吉尔吉斯斯坦 50 兆瓦巴勒科奇风电场勘察设计合同》。该工程是吉尔吉斯斯坦国内首个风电项目，也是新疆院承建的首个海外风电项目，实现了中国能建新疆院在国际市场上的新突破。
乌兹别克斯坦	2014 年	太阳能	合作开发	杭州中乌电子仪表公司与乌兹别克斯坦国家电力集团下属的吉扎克州电网公司在吉扎克工业特区合作生产太阳能热水器，2014 年 8 月 30 日动工兴建，计划总投资 330 万美元，年组装生产太阳能热水器 5 万台。
			投资、合作开发	无锡尚德太阳能电力公司与乌兹别克斯坦国家电力集团在纳沃伊自由工业经济区共同生产太阳能电池板，计划投资 1 000 万美元。
塔吉克斯坦	2012 年	电能	工程承包	塔吉克斯坦能源部与中国新疆特变电工股份有限公司（以下简称特变电工）签订了建设杜尚别 2 号热电厂的合同，并于 2012 年 10 月正式动工。
	2016 年	水电	工程承包	格拉夫纳亚水电站技改项目是中国水电入塔以来承建的第一个能源项目，由水电十六局为责任方与电建集团成都勘测设计研究院联营承建，项目合同于 2016 年 10 月 25 日签订，2016 年 12 月 16 日开工，计划于 2021 年 2 月完成技改。
	2017 年	水电	融资	亚投行投资 6 000 万美元贷款用于塔吉克斯坦努列克水电改造项目一期工程。

资料来源：中国能源网，中国新能源网.

三、合作的挑战

随着世界能源市场的趋势变化，包括可替代能源的发展、清洁能源成本降低以及实现全球气候目标等因素，中国与中亚在传统的油气合作外开展可再生能源合作也成为新趋势。然而，中亚五国经济发展水平不一、政治环境复杂、政策法律体系不健全、营商环境存在诸多问题，中国与中亚的可再生能源合作仍存在不少的挑战。

（一）中亚各国发展差异大，整体营商环境有待加强

世界银行历年发布的《2019 年营商环境报告》[①] 对全球 190 个经济体进行评估，包括获得施工许可、跨境贸易、纳税、财产登记、开办企业、电力供应、少数投资者保护、获得信贷、破产、执行合同共计 10 个评估指标。

根据 2018 年 10 月发布的《2019 年营商环境报告》，哈萨克斯坦营商环境排名第 28 位，乌兹别克斯坦排名第 76 位，吉尔吉斯斯坦排名第 70 位，塔吉克斯坦排名第 126 位。哈萨克斯坦在经商便利度方面的得分超过了西班牙、俄罗斯、法国、土耳其、日本等国。[②] 哈萨克斯坦奉行开放性经济政策较早，国内市场和制度环境都较为成熟，在中亚各国中营商环境最好。

乌兹别克斯坦的营商环境便利度指数为 67.4，比去年提高 1.07，同时，乌兹别克斯坦在开办企业评估指标中排名世界第 12 位，电力供应排名第 35 位，执行合同排名第 41 位，获得信贷排名第 60 位，少数投资者保护排名第 64 位，纳税排名第 64 位，财产登记排名第 71 位，破产排名第 91 位，获得施工许可排名第 134 位，跨境贸易排名第 165 位。在施工许可、电力供应、纳税和跨境贸易这几项指标排名较低说明乌兹别克斯坦存在施工许可证办理时间过长、程序复杂，电力成本较高、税负较重，进出口成本高，须提交的文件较多、手续办理时间过长等问题。

吉尔吉斯斯坦在电力供应、纳税、破产和执行合同排名较低，近年来不断完善立法、扩大股东在公司管理中的作用、加强进出口海关管理和检查以改善营商环境。塔吉克斯坦营商环境整体较差，多项指标在全球排名都较低。近年来，塔吉克斯坦也实行了推进投资便利化的改革措施，在开办企业和跨境贸易方面有明显的改善。

虽然受经济基础、市场开放和成熟程度等诸多因素的影响，中亚国家营商环境排名整体偏后[③]，但随着经济政策的调整和相关法律制度的完善，中亚各国整体排名都在上升。

---

① 世界银行. 2019 年营商环境报告. http://www. doingbusiness. org/content/dam/doingBusiness/media/Special-Reports/ReportInChinese. pdf.

② 中华人民共和国国家发展和改革委员会. 《2019 年营商环境报告》更新中亚国家排名. http://www. ndrc. gov. cn/fzgggz/wzly/jwtz/jwtzzl/201811/t20181130_921539. html.

③ 注：土库曼斯坦将经济数据视为国家机密不予公布，该国的相关数据排名信息暂缺。

整体而言，中亚地区人口和经济发展趋势良好，内部市场不断扩大，2017 年域内贸易额达 1 500 亿美元；此外，多数中亚国家实施了大规模改革，以改善地区整体投资环境。占据领先地位的是哈萨克斯坦，吸引了中亚地区外国直接投资总额的 70％；紧随其后的是乌兹别克斯坦（16％）和土库曼斯坦（8％），吉尔吉斯斯坦和塔吉克斯坦吸引外国直接投资占比不足 6％。

目前，中亚地区引资最多的是原材料及配套领域（如地质勘探），占比高达 59％，且该领域企业生产主要面向出口。可再生能源领域开发潜力巨大，投资前景良好。在可再生能源领域，哈萨克斯坦占中亚地区引资总量的 64％，塔吉克斯坦占 33％。考虑中亚地区水电、风能和太阳能的巨大潜力，该行业引资仍显不足，仍有很大的投资空间。[①]

（二）政策法律体系不健全，财税补贴政策不完善

可再生能源的推广与使用中，电价是其中的关键因素，然而，各国对可再生能源的财税补贴政策不完善。在中亚五国中，仅有哈萨克斯坦和吉尔吉斯斯坦对可再生能源电价补贴做出明确规定。

根据吉尔吉斯斯坦《可再生能源法》第 8 条的规定，使用可再生能源的用户享有下列经济优惠：有权被保证将使用可再生能源设备发的电并入电网；有权被保证输配电公司购买发的所有的电；可再生能源发电最高费率根据可再生能源种类采用差别化的高比例；自发电设施投入使用之日起固定电费有效期为 8 年；免缴使用可再生能源设备的进出口关税。

土库曼斯坦鼓励使用可再生能源的举措也是免除组织可再生能源设备的进口关税。

哈萨克斯坦也发布了不少政策法规大力扶持可再生能源的发展。根据哈萨克斯坦《支持利用可再生能源法》第二部分，国家对可再生能源支持的措施如下：批准和实施可再生产能源工程规划；在发展电力的纲领中规定可再生能源的专项指标和增加其在电力生产总规模中的份额；创造培训可再生能源领域的哈萨克斯坦人才和进行这方面科研的条件；给予不并入电网的个人用户购买哈萨克斯坦生产的 5 千瓦以下的可再生能源设备 50％的花费等措施。

哈萨克斯坦政府为进一步促进可再生能源发展，于 2009 年专门出台了 165-Ⅳ号《支持利用可再生能源法》，并于 2013 年、2014 年连续对该法进行了大力度

---

① 中华人民共和国驻哈萨克斯坦大使馆经济商务处. 波士顿咨询：中亚非原料领域投资潜力达 400 亿～700 亿美元. http://kz. mofcom. gov. cn/article/scdy/201810/20181002797448. shtml.

的修订，与 2016 年 506-Ⅴ 号《绿色经济法》共同确立了多项再生能源 IPP 的鼓励措施。根据哈萨克斯坦 2006 年 167-Ⅲ 号《特许权法》和 2017 年 126-Ⅵ 号《国家私人合作法》，发电项目允许通过 PPP 模式运作，但截至 2018 年，哈萨克斯坦尚无真正落地的再生能源发电 PPP 项目。[①]

此外，2009 年，哈萨克斯坦还通过了拍卖可再生能源项目的相关法案。拍卖机制自 2017 年开始执行，通过拍卖，可以有效降低可再生能源电价水平，其中风电可降低 20%，水电降低 23%，太阳能发电降低 25.5%。[②] 同时，哈萨克斯坦政府在过去几年间也一直实施上网电价补贴政策，但取得的成效并不好，为了鼓励发展可再生能源，哈萨克斯坦政府于 2018 年推出 1 吉瓦可再生能源招标计划。[③]

虽然中亚通过各种政策法规鼓励可再生能源的发展，但落实到具体的政策上，其扶持力度并不大，法律法规也并不明确，仍未从根本上推动可再生能源产业的发展。

---

① 田文静，徐越. "带路"国家电力市场｜哈萨克斯坦 1 000MW 再生能源 IPP 招标拉开大幕. https://www.chinalawinsight. com/2018/05/articles/corporate/-ma/带路国家电力市场-哈萨克斯坦 1000mw 再生能源 ipp 招/.

② 国际能源网. 哈能源部：通过拍卖降低可再生能源电价. http://www.in-en. com/article/html/energy-2270822. shtml. .

③ 中国电力企业联合会. 哈萨克斯坦将推出 1 吉瓦可再生能源招标计划. http://www.cec. org. cn/guojidianli/2018-02-02/177666. html.

美国对伊朗制裁对全球能源安全和中伊能源合作的影响

倪晨昕　唐皓琛

2018 年 5 月，美国单方面退出伊核协议，并对伊朗启动史上最为严苛的制裁。短期内，此次制裁引发了全球能源市场的动荡及全球油价的波动，一定程度上改变了全球能源安全局势以及地缘政治格局。而伊朗作为中国一大原油供应国，中伊能源合作时间长、具有战略互补性，此次美国全面制裁伊朗对中国能源安全而言挑战与机遇并存。

一、伊朗为何在中东地区"独树一帜"

伊朗身处大国利益交汇、乱象丛生的中东地区。中东地区政治、经济、民族、文化、宗教等方面存在差异与矛盾，缺乏一致性；域外大国又在此深入角逐，易受控制与扶植，地区内部国家缺乏独立性。近年来，中东多国政权出现更迭，出现动荡与冲突，而伊朗却置身于"阿拉伯之春"的混乱之外，凭借其在伊斯兰世界，尤其是什叶派中举足轻重的影响和反美立场，在中东地区有着一定的号召力。近年来，伊朗区域性大国的地位正日益凸显，其独特的战略地理区位、丰富的能源禀赋使其在全球政治与经济格局中更为"独树一帜"。

(一) 伊朗战略地理位置优越

伊朗是中东地区大国，拥有 164.8 平方千米国土面积和近 8 000 万的人口，地处西亚的心脏地带，北临里海并接中亚，南临波斯湾和阿曼湾并与沙特等中东国家隔海相望，东连阿富汗和巴基斯坦，西接土耳其和伊拉克，素有"欧亚陆桥"和"东西方空中走廊"之称。[①] 同时，伊朗位于中东的战略要冲，是连通欧亚海上交通便

---

① 中华人民共和国商务部. 2018 版《对外投资合作国别（地区）指南》. http://www.mofcom.gov.cn.

捷的通道，是重要的交通枢纽。伊朗是中东油气区与中亚油气区的连接点，向北与原苏联地区接壤，向南扼守着中东油气资源的出海通道——全球 1/3 海运石油贸易经过的霍尔木兹海峡，因此伊朗的局势决定着全球原油的运输安全和中东地区的稳定性。

(二) 伊朗资源禀赋优势显要，生产出口量大

作为 OPEC 创始国之一，伊朗自身能源禀赋优势得天独厚，石油、天然气、煤炭蕴藏丰富，开发潜力巨大。仅占世界人口总量 1% 的伊朗，自然资源储备却占全球总量的 7%。伊朗探明石油储量达 1 584 亿桶，占全球总储量的 9.3%，仅次于委内瑞拉、沙特、加拿大，居世界第四位；探明天然气储量达 33.5 万亿立方米，占总储量的 18.0%，超过俄罗斯（32.3 万亿立方米），位居世界第一。目前，伊朗已探明矿藏种类 68 类，探明储量 370 亿吨，远期潜在储量 570 亿吨，价值超过 7 000 亿美元，排名世界第 15 位[①]。2017 年主要中东国家原油储量情况见图 1。

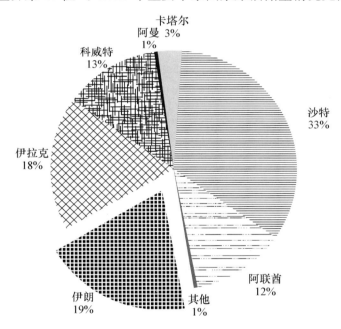

图 1　2017 年主要中东国家原油储量情况

资料来源：英国石油公司.

从油气产量来看，伊朗是世界重要的原油与天然气生产国，是仅次于沙特、伊拉克的 OPEC 第三大产油国。截至 2017 年，伊朗石油产量为 2.34 亿吨，占全球产量的 5.3%，仅次于俄罗斯、美国、沙特和加拿大，居世界第五位。第二次石油危

---

① 　BP 世界能源统计年鉴 2018.

机后至今，伊朗原油产量的世界占比一直保持在 4%～6% 的区间内，而天然气产量自 1970 年以来稳步上升，2017 年伊朗天然气产量为 2 380.03 亿立方米，居世界第三位。伊朗天然气产量世界占比上涨趋势十分显著，由 1970 年的 0.4% 一直攀升至 2017 年的 6.1%（见图 2）。原油出口是伊朗的主要经济支柱和命脉，2017 年，伊朗的原油出口交易量位列全球第六。与此同时，伊朗与世界各国间的油气合作密切，伊朗已成为亚洲及西欧许多国家的原油供应国。伊朗主要的原油出口目的地集中在以中国、印度、日本和韩国为代表的亚洲国家地区，约占其出口总量的 64.5%（见图 3）。

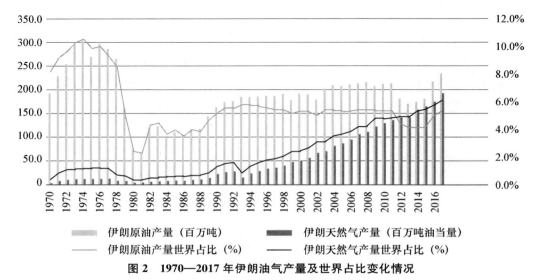

图 2　1970—2017 年伊朗油气产量及世界占比变化情况

资料来源：英国石油公司.

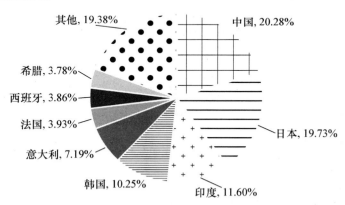

图 3　21 世纪伊朗原油出口目的地累计占比

资料来源：UN Comtrade.

二、美国对伊朗制裁的历史与现实

鉴于伊朗在全球地缘政治中举足轻重的地位，美伊关系也因此一直备受瞩目。然而，美伊两国间的隔阂由来已久，从曾经的如胶似漆到如今的反目成仇，美伊关系的历史发展折射出了美伊关系症结仍在、难以破冰，矛盾根深蒂固。

（一）美伊关系的历史发展

由于第二次世界大战期间英苏两国占领伊朗，美国为了应对苏联扩张并且排挤老牌强国英国亟需伊朗的合作，当时伊朗为了摆脱苏联的压制、提升国际地位也需要美国的支持。因此第二次世界大战后美伊两国关系曾出现过短暂的蜜月期。1953年，重掌大权的巴列维国王与美国建立了非常亲密的联盟关系。1959年，美伊两国签署《美伊合作条约》。在此条约下，美国向伊朗提供武器、输送人员及技术知识。1961年，在肯尼迪政府的推动下，巴列维国王推行了一系列旨在推动社会经济现代化被称为"白色革命"的西化改革。[①]

然而，1978年后美伊关系开始破裂。在巴列维国王的君主独裁统治下，伊朗的社会矛盾和政治对抗不断加剧。改革带来的现代化物质成果并不能掩盖国王个人专制、垄断国家权力的一味加强。作为伊朗传统社会秩序的既得利益者和捍卫者，伊朗什叶派穆斯林反对国王专制统治，并最终催生出了"全盘伊斯兰化"的伊斯兰革命，伊朗君主政体瓦解。[②] 在某种程度上，1978年的伊斯兰革命是保守派对西方化和受到西方支持而在国家进行世俗化的国王所做出的强烈反弹，具有反西方化的意识。

此次伊斯兰革命对伊朗原油生产影响巨大。早在1978年革命开始时，伊朗石油工人就已开始罢工，伊朗石油产量在1978年起大幅减少。随着伊朗中断石油出口，全球石油供应大幅减少，国际石油价格开始暴涨，引起世界石油市场恐慌，加剧了现货市场的石油抢购风潮。同时OPEC内部主张随行就市的涨价风潮，也引发了美国等西方发达国家的石油消费危机，从而推动了第二次石油危机的全面发生和发展。可见，美国等西方发达国家经济增长所带来的巨大能源消耗使得原油成为不可或缺的生存资源，对中东石油的依赖程度日益提高。当时，伊朗作为产油国在原油供求关系中的地位已非常显著，其国内政局也影响全球石油价格走势。1978年

---

① 哈全安. 中东国家史（610—2000）：伊朗史. 天津：天津人民出版社，2016.
② 同①.

的伊斯兰革命，加上 1979 年"伊朗人质危机事件"的催化，美伊关系开始全面恶化。1980 年 4 月 7 日，美国宣布同伊朗断交，并正式对伊朗实施经济制裁，全面禁止与伊朗的贸易，至今两国仍未恢复正常的外交关系。

1983 年 4 月，美国驻黎巴嫩大使馆发生自杀式爆炸，同年 10 月，美国在贝鲁特的海军兵营被伊朗的盟友真主党游击队炸毁。这一系列事件促使美国政府公开加强与伊拉克的关系，在两伊战争期间，借伊拉克军队打击伊朗，并于 1984 年将伊朗认定为"支持恐怖主义国家"，宣布伊朗 200 多万国民卫队为恐怖主义组织。进入 20 世纪 90 年代后，在克林顿政府 1993 年推出的"双重遏制"战略的指导下，美国以伊朗威胁地区安全、阻碍巴以和平、支持恐怖主义、发展核武器为由对其实施更加制度化的经济制裁，包括 1995 年、1996 年依次通过的《伊朗交易监管法》和《伊朗制裁法案》，对伊朗实施贸易禁运，严禁美国石油公司投资伊朗的石油产业等制裁。[1] 美国对伊朗的制裁达到了一个全新的高度。

20 世纪后半叶的美伊关系起伏跌宕、大起大落。在美国看来，伊朗支持恐怖主义、阻碍中东和平、制造大规模杀伤性武器、违反人权、反对以色列等，是美伊关系的主要障碍。而在伊朗看来，这些障碍恰恰是它保持国家特殊角色，提升本国地位的主要的手段。[2]

进入 21 世纪以后，随着"9·11"事件的爆发，美国的全球反恐战略重心转移至防止恐怖主义与大规模杀伤性武器相结合。2002 年，布什总统发表《国情咨文》，将伊朗列为"邪恶轴心国"。与此同时，伊朗时任强硬派领导人内贾德不顾联合国安理会的制裁决议加速发展核武器和弹道导弹技术，美对伊政策日趋强硬，并于 2012 年开始新一轮制裁。[3] 2013 年，伊朗温和派领导人鲁哈尼上台。2015 年，伊朗与美国等六国达成伊核协议。2016 年美国解除对伊朗相关制裁后，美伊关系有所改善，但两国结构性矛盾和相互敌意根深蒂固，并且在特朗普上台之后再一次爆发。

(二) 特朗普重启伊朗制裁始末

特朗普总统在竞选期间就曾多次公开批评伊核协议是美国政府签署的"最糟糕的协议""最赔本的买卖"，并抨击奥巴马政府在伊核问题上立场软弱，认为伊朗利用伊核协议换取了解除制裁，但是仍然在违禁发展战略弹道导弹，也并没有限制滥

---

① 沈雅梅. 美国对伊朗政策调整的动因及其空间. 现代国际关系，2013 (6)：47-55.
② 贺磊，孙倩. 伊朗发展核能的历史记忆解析. 经济研究导刊，2015 (11)：309-310.
③ 高祖贵. 美国与伊朗关系的演变. 和平与发展，2013 (5)：14-26.

用人权和支持恐怖主义。2017年1月，特朗普上台后便立即着手部署自己的中东政策。2017年10月，特朗普政府首次拒绝确认"伊朗是否遵守伊核协议"，并宣称若不对伊核协议做出修改，美政府将退出伊核协议。2018年1月，特朗普在上任后第三次批准针对伊朗核问题的制裁豁免期，并宣布此次为最后一次豁免伊核协议制裁，警告若欧洲国家在最后的豁免期尚未与美国达成一致，美国将全面恢复对伊核领域制裁。然而，2018年5月，美国政府比原计划提前4天宣布单方面退出伊核协议，针对不同制裁内容设置90天及180天的缓冲期，并施压环球同业银行金融电讯协会（SWIFT），要求其切断与伊朗的联系。2018年8月7日，美国正式重启对伊朗金融、金属、矿产、汽车等一系列非能源领域制裁。同年11月5日，美国制裁将升级至能源、航运领域。

按照美国公布的制裁实施计划，美对伊的第一轮制裁聚焦于金融业、黄金和贵金属交易、汽车和航空业等非能源领域，包括禁止与伊朗之间的一系列贸易活动，禁止伊朗政府购买美元，禁止伊朗政府进行黄金和贵金属交易、发行国债并制裁与此相关的特定金融业务。第二轮制裁主要适用于能源与金融领域，美国恢复对伊朗国家石油公司以及其他多家能源企业制裁，禁止购买伊朗石油、石油制品和石化产品，并制裁伊朗航运业、造船业、保险业、能源行业等。此外，外国金融机构与伊朗中央银行交易也将受到制裁。此次美国重启伊朗制裁，可谓大规模覆盖伊朗经济的所有领域，尤其是伊朗经济支柱——能源领域的上中下游产业，且制裁措施种类繁多、来势猛烈、影响广泛。然而在第二轮制裁生效前夕，美国公布豁免名单，暂时允许8个国家和地区（中国大陆、中国台湾、印度、韩国、日本、希腊、意大利和土耳其）继续进口伊朗石油。[①]

（三）国际社会各方对于美国重启制裁的反应

随着美国单方面退出伊核协议，重启"史上最严制裁"后，国际社会各方对此的公开表态也各不相同。

被制裁方伊朗的回应立场强硬。一方面，领导人和政府部门表态伊朗不惧怕美国的制裁，威胁将全面恢复铀浓缩生产，并在两轮制裁生效时在霍尔木兹海峡分别举行了大规模的军事演习以表抗议。另一方面，在重压之下，伊朗积极同欧盟、俄罗斯和中国展开外交斡旋，利用各种措施力保石油出口，化被动为主动，试图在美国之外的国际框架内最大限度地保全伊核心利益。伊朗政府目前已允许伊朗私营炼

---

① 人民网. 制裁伊朗，特朗普政府提出"豁免名单"背后有何考量. http://world. people. com. cn/n1/2018/1105/c1002-30381193. html.

油企业转售伊朗石油，并且关闭运输船只追踪系统以及与其他国家专卖的方式，使得美国无法估计伊朗的石油出口量。同时，伊朗也早已开始布局去美元化，早在2016年1月，伊朗就宣布在与外国进行交易时停止使用美元结算，使用包括人民币、欧元、卢布等货币签订合同。[①]

中国立场态度清晰，在两轮制裁后中国外交部均第一时间表示："中伊之间一直保持着正常的经贸往来。中方将在不违反自身国际义务的前提下继续同伊朗进行正常、透明的务实合作。""中方一贯反对单边制裁和'长臂管辖'，中方同伊方在国际法框架下开展正常合作，合情、合理、合法，理应得到尊重和维护。"

目前，协议其他缔约方均对美国政府单方面退出伊核协议表示遗憾，表态称将继续维持伊核协议。欧盟，尤其是英法德作为伊核问题六国中的三国，态度同样强硬，均表示反对美国制裁，并且打算继续遵守伊核协议条款。第一轮制裁后，欧盟正式启动新的"阻断法规"，取消欧洲投资银行的限制，以保护涉事的欧盟企业免受美国的制裁。同时，欧盟还宣布援助伊朗1 800万欧元，用于扶持被允许转售石油的伊朗私营企业发展壮大。欧盟近日也宣称在加紧推动建立对伊朗的"特殊目的实体"专用结算制度，从而确保伊朗继续出口石油和天然气。但是有一点我们必须考虑的是，虽然欧盟在政府层面积极努力维护与伊朗的经济利益，但是欧洲的国际大石油公司严重依赖美元进行结算，依靠美国的银行提供资金支持，其多数股东来自美国并在美国有较大的业务。鉴于美国当前的强大影响力，一旦开始全面实施制裁，欧盟各国公司将不得不屈从于美国的经济利益而从伊朗撤离，并削减从伊朗的石油进口量，这将使伊朗与欧盟的经济利益难以保证，面临不确定性。

制裁实施国美国在最后关头态度有所软化，在第二轮制裁生效前夕对8个国家和地区给予伊朗石油进口豁免权。可见，若过分逼迫欧盟、中国等与伊朗进行石油往来的国家，将导致这些国家寻求建立绕过美国的新体系，最终加剧全球去美元化的趋势，削弱美国的霸主地位。[②]

（四）美国对伊朗制裁对全球能源安全的实际影响

美国对伊朗的制裁确实增加了国际市场对石油供给的不确定因素。2018年5月至11月第二轮制裁前夕，布伦特及WTI原油现货价格加速上升。尤其是2018年8月第一轮制裁生效后，原油价格在10月初达四年以来的最高位。第二轮制裁前夕，美国能源信息署（EIA）10月公布的数据上调了对原油现货价格的预期，预期2018

①　蒋真. 美国对伊朗的单边制裁及其局限性. 国际论坛，2018（4）：16-21.
②　崔守军等. 美国对伊朗石油禁运与全球能源安全. 地理研究，2018，37（10）：1879-1898.

年布伦特平均油价为 74 美元/桶，2019 年布伦特平均油价为 75 美元/桶，分别上调 2 美元和 1 美元。EIA 预期 2018 年 WTI 平均油价为 68 美元/桶，2019 年 WTI 平均油价为 70 美元/桶。EIA 预期第四季度布伦特平均油价为 81 美元/桶，较上个月公布数据上调了 5 美元。[①]

然而，受美国公布制裁豁免名单、世界主要原油生产国供应创纪录新高以及对全球经济增长的担忧等因素的影响，原油现货价格开始下降。2018 年 12 月初，OPEC 和 OPEC＋宣布计划从 2019 年 1 月开始减产，卡塔尔宣布退出 OPEC。但是宣布减产的效应并未完全改变原油价格一路下跌的态势。布伦特原油现货价格从 2018 年 10 月的每月平均 81 美元/桶降至 12 月的 57 美元/桶，低于 5 月美国宣布退出伊核协议时的油价，更低于 2018 年年初水平（见图 4）。可见，制裁效果随着时间的推移作用已逐渐下降。

图 4　月度原油现货价格走势情况（单位：美元/桶）

资料来源：美国能源信息署（EIA）.

美国宣布单方面退出伊核协议以后，伊朗原油产量和出口量在 2018 年 11 月 4 日正式制裁之前已经出现小幅下滑的趋势，而且伊朗原油出口额降幅大于原油产量降幅。就伊朗原油出口量而言，2018 年上半年伊朗原油出口量均值为 217 万桶/天，在 7 月份达到峰值 270 万桶/天，比 2018 年前 4 月平均值高 30 万桶/天。随后伊朗原油出口量从高位下滑，9 月原油出口量为 190 万桶/天。就原油产量而言，2018

---

① EIA. Iranian sanctions contribute to supply uncertainty. https://www.eia.gov/petroleum/weekly/archive/2018/181011/includes/analysis_print.php.

年上半年伊朗原油产量维持在381.2万桶/天，7月伊朗原油产量开始出现下降，8、9月均环比下滑15万桶/天左右，9月伊朗原油产量为344.7万桶/天，较2018年产量高点下降37.6万桶/天。从伊朗原油出口流向来看，伊朗原油主要出口至亚洲（见表1），其中中印两国从伊朗进口原油总和约占伊朗原油出口总额的48%。2018年上半年，中国平均每天从伊朗进口原油64.9万桶，印度55.7万桶；9月，中国平均每天从伊朗进口原油36.4万桶，是继2015年11月以来最低水平，印度50万桶，均出现了下降。

表1　2018年1—9月伊朗每月原油出口目的地排名[①]

序号	1月	2月	3月	4月	5月	6月	7月	8月	9月
1	西欧	中国	中国	中国	印度	印度	印度	中国	印度
2	中国	印度	西欧	印度	中国	中国	中国	印度	中国
3	印度	西欧	印度	西欧	西欧	西欧	西欧	西欧	西欧
4	韩国	韩国	韩国	韩国	韩国	韩国	日本	日本	日本
5	日本	日本	日本	日本	日本	日本			

资料来源：美国能源信息署（EIA）.

此前，印度虽表态将会相应缩减进口量，但在2018年11月依然大幅进口伊朗原油30万桶/天。而主要进口国韩国早在7月就停止从伊朗进口石油，日本在10月停止进口石油。作为积极维持现有协议的伊核问题六国之一的法国也迫于美国压力悄悄地停止了对伊朗石油的进口。总体而言，各国从伊朗原油进口量在一定程度上都有所收缩，但后期有所反弹。可见，特朗普在退出伊核协议时所宣称的将伊朗石油出口量打压至零这一目标不切实际。

三、美国重启制裁与中伊能源合作

（一）中伊能源合作的现实基础

近年来，中国的石油对外依存度不断提高。根据中国石油集团经济技术研究院发布的《2018年国内外油气行业发展报告》，在2018年，中国全年石油净进口量为4.4亿吨，同比增长11%，石油对外依存度升至69.8%。预计2019年，中国石油对外依存度还将继续上升。[②] 中国石油对外依存度高企，要求中国构建全面开放条件下的油气安全保障体系，提升国际油气市场话语权来维护国内的能源安全。

[①]　表中西欧国家指法国、意大利及西班牙三国。
[②]　中国石油集团经济技术研究院．2018年国内外油气行业发展报告．2018－01－16.

　　而伊朗在中国石油进口量中占据着重要的地位。20 世纪 90 年代以来，中国从伊朗进口原油量不断增长，虽然在上一轮美国对伊朗制裁中有所波动，但大体维持了较高水平。2017 年全年，中国从伊朗进口了 3 115 万吨原油，成为伊朗原油第一大出口国，也是其第一大贸易伙伴；同时，伊朗成为中国第四大原油进口国，占到了中国石油消费总量的约 5%（见图 5）。

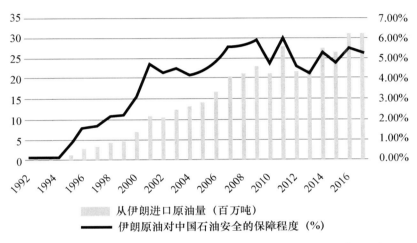

图 5　1992—2017 年中国从伊朗进口原油量及占中国石油消费量比例

资料来源：UN Comtrade，英国石油公司.

（二）中国对美国重启对伊朗制裁的态度

　　对于美国重启对伊朗制裁，中国一直是持反对态度。

　　在国际舞台上，2018 年 7 月 6 日的六国外长会议上，包括中国在内的各方重申致力于实现一系列目标，包括保持和促进与伊更广泛的经济和各领域联系，使伊朗能够继续出口石油、气体凝析油、石油产品、石化产品，促进对伊出口信贷等。2018 年 9 月 26 日的第二次六国外长会议上，中国强调保护各国经济实体与伊朗自由开展合法贸易的决心，重申上次各项目标，特别是采取切实有效措施保护对伊朗结算渠道，以及使伊朗继续出口石油、凝析油、石油和石化产品。支持建立促进伊朗进出口（包括石油）结算的"专门机制"，帮助并确保经济实体与伊开展合法贸易。

　　从国内来看，中国外交部发言人也曾在 2018 年 5 月 9 日和 11 月 5 日，也就是美国两轮制裁实施之后表态，中伊之间一直保持着正常的经贸往来，中方一贯反对单边制裁和"长臂管辖"。中国和伊朗在国际法框架下开展正常合作，合理、合法，理应得到尊重和维护。

（三）美国对伊朗制裁的消极影响

伊朗的石油蕴藏量位居世界第四，是石油输出国组织（OPEC）成员中仅次于沙特和伊拉克的第三大产油国。

首先是对国际油价波动的整体影响。在两轮制裁发生之前，国际社会预计国际油价可能因为伊朗出口大幅下降而出现供不应求，油价上涨。实际上，在第二轮制裁宣布之后，国际油价并未发生剧烈上涨，反而在 2018 年底出现了较大幅度的下跌。这背后的原因包括美国实际豁免的 8 个国家和地区占到了伊朗出口原油量的 3/4 以上，短期内并未使得伊朗出口明显下降；此外沙特在卡舒吉案发生之后宣布大幅提高原油产量，美国的页岩油开采量也在 2018 年 11 月达到了新的峰值，由此产生的替代效应抵消了国际油价的上涨预期。

其次，对于国际油价走势研判和在长期范围内的油价波动风险仍然值得警惕。例如在 2018 年底，中国石化的子公司联合石化被报道在采购进口原油过程中，由于对国际油价趋势判断失误，部分套期保值业务交易策略失当，在油价下跌过程中部分原油套期保值业务的期货端产生损失。公告显示，联合石化 2018 年经营亏损约人民币 46.5 亿元。[①] 因此，在伊朗受到制裁的大背景下，中国在同相关国家开展能源合作时，应当加强市场研判，提高危机应对和风险管控能力。

此外，还有对中国企业同伊朗开展正常贸易往来的影响。中国企业目前同伊朗有着广泛的合作，在制裁背景下如何继续开展贸易往来需要相关企业进行权衡和考量。例如在 2018 年，中兴通讯因为向伊朗售卖了被美国禁止出口到伊朗的商品而遭到了 10 亿美元的罚款。中国企业在同伊朗合作的过程中，既要维护自身的合法正当权益，也要最大限度避免因违反美国制裁而受到损失。

（四）美国对伊朗制裁的积极影响

美国单方面重启对伊朗制裁并不受到其欧洲盟友的欢迎。法国、德国及英国均表示特朗普决定重启对伊朗制裁令他们感到非常遗憾，欧盟将根据相关法律条款，继续保护与伊朗从事合法商贸交易的欧洲经济行为体。

由于美国银行业的 SWIFT 系统在国际金融服务市场占据垄断地位，各国主要银行都已加入该系统。在美国的制裁下，任何国家通过 SWIFT 与伊朗进行金融往来都变得"非法"。为此，欧洲方面筹备设立"特殊目的实体"，旨在绕过美方制

---

① 新华网. 中国石化发布 2018 年业绩快报并公布联合石化套保核查情况. http://www.xinhuanet.com//2019-01/25/c_1124044395.htm.

裁，继续与伊朗开展合法贸易活动。2019 年 1 月 31 日，法国、德国和英国发表联合声明，宣布三国已建立了与伊朗开展贸易的专门机制，其本质是一个在美国主导的全球金融体系之外运作的支付机制。这一"特殊目的实体"最初重点是涉及伊朗民生的关键领域，如药品、医疗设备和农产品，长期目标是向愿意与伊朗进行贸易的第三方经济体开放。该实体设在法国，仍需要数月才能开始运作。①

欧盟的这一做法也为中国提供了一种思路，即在中东的能源贸易中绕开美元，更多地使用人民币进行结算。伊朗等国已经从西方的单方面制裁中看到继续使用美元作为石油结算货币的巨大风险，而中国的巨大经济实力和市场潜力为其提供了一种更好的选择，即使用人民币计价结算石油贸易。事实上，早在上一轮制裁期间，伊朗方面就曾停止使用美元结算交易订单；在特朗普掀起新一轮制裁的时候，也正是中国可以推行人民币国际化的好时机。

此外，在美国制裁的压力下，部分西方国家跨国公司选择暂时中止或退出与伊朗的能源合作项目，这对参与竞争的中国能源企业来说是一个较好的消息。自从 2018 年 5 月美国正式宣布退出伊核协议到 2018 年 11 月开启第二轮制裁，至少有近 90 家外资企业宣布中止、结束或削减伊朗业务，其中大部分与伊朗油气行业开采、冶炼、船运、保险以及其他银行业务有关。② 例如法国道达尔公司表示因为美国制裁而选择退出世界上最大的天然气田——伊朗南帕尔斯天然气田的开发协议，而此前该项目的持股比例为法国道达尔持股 50.1%，中石油持股 30%，伊朗国家石油公司持股 19.9%。在外国企业纷纷选择中止或退出的情况下，中资企业在合法合规范围内积极开展同伊朗能源贸易往来，也是促进合作提升效益的重要方式。

因此，整体来看，美国此轮重启对伊朗制裁对国际油价以及对中国的影响并不及预期明显，一方面是美国设置的豁免期尚未产生明显抑制效应，另一方面是包括中国、欧盟在内各国共同抵制的效果。但是在长期范围内来看，尤其是当 180 天的豁免期结束后，如何进一步应对美国对伊制裁带来的威胁，是值得进一步研究和思考的。

---

① 新华网. 法德英建立专门机制以继续与伊朗开展贸易. http://www.xinhuanet.com/2019-02/01/c_1124075248.htm.

② 何韵，王海滨，朱琳. 美欧对伊朗的石油制裁及其影响. 世界政治与经济论坛，2019 (1)：36-54.

后　记

　　进入 21 世纪，中国能源国际合作发展日益迅猛，成为中国整体国际合作最重要的组成部分，取得了很大的成就，但也存在许多问题，面临十分严峻的挑战。中国人民大学国际能源战略研究中心尝试在这个研究领域做一些梳理和长期跟踪性的工作。

　　2009 年，中国人民大学设立了明德研究品牌计划，资助范围包括基础研究项目、跟踪调查与评价项目，还有决策支持研究和基础积累项目等。国际能源战略研究中心以"中国能源国际合作的理论与实践"为题获得了学校的立项资助。在项目的基础上，中心将每年推出一部《中国能源国际合作报告》，作为项目的代表性成果。自 2012 年起，《中国能源国际合作报告》被纳入中国人民大学研究报告系列，向社会隆重推出。

　　本报告中涉及的绝大多数资料均来自国内外专业网站和学术期刊，如所引数据及信息与事实有出入，敬请读者谅解。在此向这些网站和期刊表示感谢。我们希望通过整合各种信息，给读者提供一个整体的年度国际能源发展形势和国际能源合作概貌，作为进一步比较研究的基点。

　　本报告旨在对中国能源国际合作的实践做一种尝试性的梳理，限于资料和能力，可能存在许多不足，我们将努力在今后的报告中弥补并修正这些不足。我们的目的是抛砖引玉，敬请读者批评指正。

　　让我们为中国能源的对外合作和中国能源发展事业共同努力。

　　本期报告因为各种原因是出版十年以来最晚一次提交给出版社进行校正，对延误表示抱歉。在做最后整理的时候，正值北京 2020 年 2 月新型冠状病毒肆虐之际，更是提醒我们要通过国际合作，携手促进全球能源转型，使我们的地球更加清洁，环境更好。

最后，衷心感谢中国人民大学国际关系学院原院长陈岳教授一直以来对本报告的关心和指导。同时，感谢中国人民大学出版社对本报告的大力支持。

中国人民大学"中国能源国际合作的理论与实践"课题组
2021 年 2 月

图书在版编目（CIP）数据

中国能源国际合作报告. 2018/2019：中国能源国际
合作七十年：成就与展望/许勤华主编. --北京：中
国人民大学出版社，2021.10
（中国人民大学研究报告系列）
ISBN 978-7-300-29965-5

Ⅰ. ①中… Ⅱ. ①许… Ⅲ. ①能源经济-经济合作-
国际合作-研究报告-中国- 2018 - 2019 Ⅳ. ①F426.2

中国版本图书馆 CIP 数据核字（2021）第 205893 号

中国人民大学研究报告系列
中国能源国际合作报告 2018/2019
——中国能源国际合作七十年：成就与展望
主　编　许勤华
Zhongguo Nengyuan Guoji Hezuo Baogao 2018/2019
——Zhongguo Nengyuan Guoji Hezuo Qishinian：Chengjiu yu Zhanwang

出版发行	中国人民大学出版社			
社　　址	北京中关村大街 31 号		邮政编码	100080
电　　话	010 - 62511242（总编室）		010 - 62511770（质管部）	
	010 - 82501766（邮购部）		010 - 62514148（门市部）	
	010 - 62515195（发行公司）		010 - 62515275（盗版举报）	
网　　址	http://www.crup.com.cn			
经　　销	新华书店			
印　　刷	唐山玺诚印务有限公司			
规　　格	185 mm×260 mm　16 开本		版　　次	2021 年 10 月第 1 版
印　　张	12.25 插页 1		印　　次	2021 年 10 月第 1 次印刷
字　　数	217 000		定　　价	65.00 元